Die Kleinen Blauen

Bretagne

MIT 15 REISEROUTEN

SOWIE 16 KARTEN UND PLÄNEN

VERLAG MOLDEN – S. SEEWALD GmbH

Die Kleinen Blauen, Band 13: Bretagne

Die vorliegende Regionalausgabe Bretagne ist dem Blauen Führer Frankreich Nord (Copyright © 1979 Librairie Hachette, Deutsche Ausgabe 1980 Verlag Fritz Molden) entnommen und mit Ergänzungen und Erweiterungen versehen.

Herausgeber und Bearbeiter der deutschen Ausgabe:
Alexander Potyka.

Das Umschlagfoto zeigt die Küste des roten Granit bei Ploumanac'h (Photo: Anthony Verlag, Starnberg).

1. Auflage 1983

Hersteller: Volker Pfeifle
Satz: Fotosatz-Service Weihrauch
Druck und Bindung: Freiburger Graphische Betriebe, Freiburg i. Br.

ISBN 3-88919-123-1

Vorwort

Die Bretagne zieht den Reisenden zu allererst durch ihre Landschaft in den Bann. Man denkt an die unendlich lange, unzählige Male eingeschnittene, unterbrochene, wild zerklüftete Küste mit ihren Felsklippen, an denen die oft meterhohen Wellen zerschellen. Eine Küste, wie man sie sich kaum wilder vorstellen kann. Und doch gibt es hier auch – selbst abseits der großen Badeorte und mondänen Seebäder wie Dinard und La Baule – immer wieder einladende Badestrände mit feinstem Sand, reizvolle Kaps und kleine Buchten und, einen Steinwurf vom Festland, eine Unzahl kleiner und kleinster Inseln.
Die Bretagne besteht freilich nicht bloß aus ihrer Küste, sondern bietet auch ein besonders reizvolles Landesinneres, dessen Bergkämme, Wiesen und Wälder, gleichsam in Analogie zur Küste, immer wieder von Felsen durchbrochen werden.
Die besondere Eigenheit der Bretonischen Landschaft aber bilden – gewissermaßen als Verbindung von Natur und Kultur – die unzähligen Steinreihen, Megalithen und freistehenden Menhire, deren weit zurückreichende Geschichte noch heute voll der ungeklärten Geheimnisse steckt.
Die Bretagne bietet aber auch einige Sehenswerte, einstmals umkämpfte Städte, wie Rennes, Nantes, Quimper, Brest und Morlaix. Und so erfolgreich die Menhire ihre Geheimnisse auch hüten, so großzügig tun sich diese Städte dem Besucher auf. Neben den sehenswerten und die Geschichte widerspiegelnden Bauwerken wie dem Kloster des Mont-St.-Michel und der Stadtmauer von Saint-Malo, den Kirchen und Kathedralen von Tréguier, St.-Pol, Dol, Quimperlé und Quimper, bieten sich dem Reisenden hervorragende Museen in Nantes, Quimper und Rennes.
Der Reisende findet hier also eine ideale Kombination aus kulturellem Reichtum und faszinierender Landschaft vor, die den Aufenthalt in der Bretagne auf jeden Fall zum Erlebnis macht.

Alexander Potyka
Die Blauen Führer
Verlag Molden – S. Seewald GmbH

Schlüssel für die Benützung des Führers

Dieser Führer ist in drei Teile gegliedert:

A. einen kurzen historischen Überblick, der GESCHICHTE IM ZEITRAFFER;
B. praktische Tips und Hinweise für IHRE REISE, von der Reisezeit bis zu einem kleinen Sprachführer;
C. der eigentliche beschreibende Teil, der in Hauptrouten mit vielen Nebenrouten und Abzweigungen eingeteilt ist. So können dem Benützer des Führers alle Sehenswürdigkeiten der Region schnell und einfach nahegebracht werden.

Dazu kommt noch ein ausführliches HOTELVERZEICHNIS und ein umfassendes REGISTER.

Um sich ein Bild über die allgemeine Anlage dieses Führers zu verschaffen, studieren Sie zuerst das Inhaltsverzeichnis (S. 7), das die Reiserouten und ihre Abzweigungen in jener Reihenfolge aufzählt, wie sie im Führer beschrieben werden. Jede Hauptreiseroute enthält eine durchlaufende Ordnungsziffer, die halbfett in Klammern **(2)** auf jeder Seite oben vor dem Kolumnentitel steht.

Um eine leichtere Lesbarkeit und raschere Handhabung des Führers zu gewährleisten, ist der beschreibende Text in zwei Schriftgraden gesetzt. Der Haupttext steht im normalen Schriftgrad; erläuternde Detailinformationen sowie durch einen Pfeil •→ gekennzeichnete Abzweigungen (Zeichenerklärung s. S. 10) sind im kleineren Schriftgrad abgefaßt. Darüber hinaus sind die Kilometerangaben der Hauptrouten halbfett, jene der Nebenrouten in der normalen Schriftstärke gesetzt.

Inhalt

Verzeichnis der Karten und Pläne

Abkürzungen und Zeichen

AB	Autobahn	Nr.	Nummer
Bd.	Boulevard	O	Osten
Di.	Dienstag	öst.	östlich
Do.	Donnerstag	Pl.	Plan
Eintr.	Eintritt	Rte 16	Route 16
Ew.	Einwohner	r.	rechts
Fr.	Freitag	S	Süden
geschl.	geschlossen	s.	siehe
ha	Hektar	s. d.	siehe diese(s)(n)
Hl.	Heilige(r)	s. o.	siehe oben
Hll.	Heilige (Mz.)	s. u.	siehe unten
Jh.	Jahrhundert	S.	Seite
Kfz.	Kraftfahrzeug	Sa.	Samstag, Sonnabend
km	Kilometer	So.	Sonntag
km^2	Quadratkilometer	SO	Südosten
l.	links	Std.	Stunde
m	Meter	südl.	südlich
Mi.	Mittwoch	SW	Südwesten
Mo.	Montag	t	Tonne
N	Norden	tgl.	täglich
n. Chr.	nach Christi Geburt	v. Chr.	vor Christi Geburt
nachm.	Nachmittag	vorm.	Vormittag
NO	Nordosten	W	Westen
nördl.	nördlich	westl.	westlich
NW	Nordwesten	Z	Zimmer

Sehenswürdigkeiten
(Orte, Bauwerke, Kunstwerke und landschaftliche Höhepunkte) werden durch Sterne gekennzeichnet und klassifiziert:

*** außerordentlich ** sehr interessant * bemerkenswert

Wegweiser
Zur schnellen Information dienen die Wegweiser-Zeichen, die auf einem Blick den Verlauf von Haupt- und Nebenrouten bzw. Abzweigungen von diesen erkennen lassen.

 Hauptreiseroute  Nebenstrecke 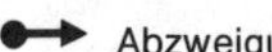 Abzweigung

A. Geschichte im Zeitraffer

ca. 2700–1600 v. Chr. – Bedeutende Megalithkultur in der Bretagne. Dolmen, Menhire, Steinhallen in Carnac.

um 1600 v. Chr. – Glockenbecherkultur aus der iberischen Halbinsel.

1300–800 v. Chr. – Urnenfelderkultur.

4. Jh. v. Chr. – Einwanderung des Keltenstammes der Veneter in die Bretagne.

56 v. Chr. – Aufstand ganz Galliens unter Vercingetorix.

51 v. Chr. – Das gesamte Gebiet Galliens wird römische Provinz.

16–13 v. Chr. – Bei der Neuordnung durch Augustus wir das Gebiet der Bretagne Teil der Provinz Lugudunensis.

284–305 n. Chr. – Consul Constantinus erhält bei Diocletians Reichsreform Spanien und Gallien, in dem die Bretagne enthalten ist.

486 – erobert der Franke Chlodwig das Gebiet zwischen Somme und Loire.

507 – Chlodwig erobert das gesamte West-Gotenreich.

596 – Briten siedeln in die nach ihnen benannte Bretagne über, in Folge der Landnahme der Angeln, Sachsen und Jüten in ihrer Heimat.

826 – Ludwig der Fromme setzt Nominoe als Grafen der Bretonischen Mark ein.

845 – Nominoe erhebt sich und trägt den Sieg über Karl den Kahlen davon, wird zum König gesalbt. Er gründet das Erzbistum Dol, macht die britische Kirche von Tours unabhängig, erobert Rennes, Nantes, Vannes und Retz südlich der Loire.

851 – Nach dem Tod seines Vaters erhält Erispoe von Karl dem Kahlen diesen Besitz bestätigt, und wird König gegen Anerkennung von dessen Lehenshoheit.

Im Laufe der nächsten Jahrhunderte ist die Bretagne eine von Frankreich unabhängige Grafschaft, bzw. ein Herzogtum, von Zeit zu Zeit unter Lehenshoheit der Normandie.

874 – Erispoes Cousin Salomon, der seit 857 regiert, wird ermordet.

919 – Zum Schutz gegen Normanneneinfälle läßt König Alain Barbe-Torte Burgen errichten.

939 – Die Normannen werden aus der Bretagne vertrieben.

952 – Tod König Alains. Nach ihm Herrschaft der Burgherren; Alain war letzter König der Bretagne.

1154–1189 – Heinrich II. von England hat Lehnshoheit über die Bretagne – er ist im Besitz der Normandie.

1214 – Im Frieden von Chinon wird die Bretagne an das Haus Dreux, eine kapetingische Nebenlinie, als Lehen gegeben.

1341 – Johann III. stirbt ohne Nachkommen, seine Nichte Johanna und sein dritter Bruder Johann von Montfort streiten um die Erbfolge. Johann bekommt den keltischen, Johannas Gemahl, Karl von Blois, den französischen Teil.

29. Sept. 1364 – Johann von Montfort besiegt und tötet Karl von Blois in der Schlacht von Auray. Zuerst huldigt er Karl V. für das Herzogtum Bretagne, fällt dann zu England ab und kann sich gegen den französischen König durchsetzen.

1440 – Koalition der Herzöge von Bourbon, Alençon und Bretagne, die Einblick in die königlichen Finanzen haben und bürgerliche Ratgeber des Königs verdrängen wollen. Dieser Aufstand, die sogenannte „Praguerie“, wird von Karl VII. niedergeworfen.

1445–1453 – Die Bretagne wird von England besetzt.

1460 – Gründung der Universität Nantes.

1491 – Karl VIII. von Valois erwirbt die Bretagne durch Heirat mit Anna von Bretagne.

1499 – Nach dem Tod Karls VIII. heiratet Anna Ludwig XII. von Frankreich, ihr Herzogtum wird dessen Reich aber nicht einverleibt.

1532 – Annas Tochter Claudia, verheiratet mit Franz I. von Angôuleme, König von Frankreich, tritt die Bretagne an Frankreich ab.

13. April 1598 – Heinrich IV. von Navarra gewährt den Protestanten bedingte Religionsfreiheit im Edikt von Nantes und beendet damit die Unruhen und Glaubenskriege.

1675 – Bauernaufstand in Folge einer Steuereinführung durch Colbert, da sich die Bretagne von dieser Steuer freigekauft hatte. Niederwerfung des Aufstandes, das Parlament muß nach Vannes ins Exil.

1685 – Ludwig XIV. hebt das Edikt von Nantes wieder auf; eine halbe Million Hugenotten verlassen das Land.

22. Dezember 1720 – Großbrand in Rennes, bei dem mehrere Stadtviertel zerstört werden.

1789 – Begeisterung für die französische Revolution in der Bretagne.

1793 – Generäle La Hoche und Kléber gehen gegen die Royalisten und Antirevolutionäre in der Bretagne (Nantes, Quiberon, Dol) – unter Cottereau – vor. Massenertränkungen in Nantes, angeführt von Carrier.

1794 – Gründung des Bundes der Chouans.

1806 – Kontinentalsperre für England von seiten Frankreichs, da England neutrale Boote kapert und Frankreichs Häfen blokkiert.

1832 – Aufstand der Royalisten, angefacht durch die Herzogin von Berry, scheitert.

1914–1918 – Im 1. Weltkrieg muß die Bretagne einen hohen Verlust an Menschenleben hinnehmen.

1940 – Anschluß an De Gaulles Widerstandsbewegung durch die Männer der Insel Sein, die kurze Zeit Stützpunkt der Alliierten war.

1942 – England und Kanada greifen den Flottenstützpunkt St. Nazaire an.

1944/45 – Rückzug der deutschen Truppen, Zerstörung von Brest, Lorient, St. Malo und St. Nazaire.

1966 – Das Gezeitenkraftwerk an der Rance sowie das Atomkraftwerk in der Nähe von Brennilis werden in Betrieb genommen.

1975 – Erste Erdölbohrungen im Kontinentalsockel im Mer d'Iroise.

B. Ihre Reise

1. Wann?

Klima und Reisezeit. – In der Bretagne herrscht ozeanisches Klima, das vom Meer sehr stark beeinflußt ist – immerhin ist von keinem Ort der Bretagne die Entfernung zum Meer größer als 130 km. Die ausgleichende Wirkung des Meeres sorgt für milde Winter und nicht allzu heiße Sommer, vor allem entlang der Küste sind die Temperaturunterschiede zwischen Winter und Sommer ziemlich niedrig. Während des ganzen Jahres weht in der Bretagne ein Westwind, der bis zum Sturm anwachsen kann. Wärmste Monate sind Juli und August mit Durchschnittstemperaturen bis 20° Celsius. Niederschlagsärmer als die Küstenregionen sind die Gebiete um Vannes, Rennes und St. Malo. Reisezeit ist an sich das ganze Jahr über, besonders schön ist der bretonische Frühling. Im Sommer ist der Monat August besonders beliebt zum Baden und Segeln z. B. Wer eine authentische Bretagne kennenlernen will, kommt im Herbst, in den Monaten September, Oktober und November, wenn der Touristenstrom nachgelassen hat und sich dem Reisenden die Natur der Bretagne mit ihren wunderschönen herbstlichen Gegensätzen darbietet.

2. Wissenswertes vor Reiseantritt

Auskunftsstellen. – Für Reiseauskünfte steht das Französische Fremdenverkehrsbüro – *Secrétariat d'Etat au Tourisme,* Avenue de l'Opéra 8, F-75001 Paris – zur Verfügung. Darüber hinaus besitzt das Französische Fremdenverkehrsamt im deutschen Sprachgebiet Informations- und Werbebüros, die Ihnen schon vor Reiseantritt kostenlos Auskünfte erteilen und Prospektmaterial (besonders auch Hotellisten) abgeben.
Bundesrepublik Deutschland: D-6000 Frankfurt, Kaiserstr. 12, Tel. 0611/752029; D-4000 Düsseldorf, Berliner Allee 26, Tel. 0211/328564; D-2000 Hamburg, Alstertor 21, Tel. 040/324739;
Schweiz: CH-8022 Zürich, Bahnhofstr. 16, Tel. 01/2113085; CH-1201 Genf, Rue du Mont Blanc 3, Tel. 022/233320;
Österreich: A-1030 Wien, Landstrasser Hauptstraße 2, Hilton Center Nr. 259, Tel. 0222/757062.

In Frankreich stehen außer der genannten Zentralstelle in Paris zahlreiche regionale und örtliche Informationsstellen – „Syndicats d'Initiative" – zur Verfügung, die über Hotels, Ausflugsmöglichkeiten usw. Informationen erteilen (s. Hotelverzeichnis).

Einreisebestimmungen. – Deutsche, österreichische und Schweizer Reisende können derzeit entweder mit dem Reisepaß oder auch mit dem gültigen Personalausweis nach Frankreich einreisen. Mitreisende Kinder benötigen entweder einen eigenen Personalausweis bzw. Paß oder müssen im Reisepaß der Eltern eingetragen sein. Bürger der DDR benötigen einen gültigen Reisepaß samt Visum.
Für die vorübergehende Einfuhr eines Kfz (bis 6 Monate) sind keinerlei Zolldokumente notwendig. Es genügen lediglich die nationalen Autopapiere. Auch für die Mitnahme von Booten bis 5,5 m Länge, Motorbooten mit Innenbordmotoren sowie Motorbooten mit Außenbordmotor über 92 cm^3 sind keine Zolldokumente erforderlich.
Die internationale Grüne Versicherungskarte für Kraftfahrzeuge, welche von den Versicherungsanstalten des Heimatlandes ausgestellt wird, ist für Reisen nach Frankreich zwar nicht vorgeschrieben, ihr Erwerb wird aber empfohlen, um Komplikationen zu vermeiden.
Die französischen Straßengrenzzollämter haben in der Regel für den Reiseverkehr Tag und Nacht geöffnet; die Eisenbahn-, Hafen- und Flughafenzollämter nach Bedarf.

Benzin. – Die Mitnahme von Treibstoff im Reservekanister ist bis zu 5 l zollfrei.
Fahrzeuge, die für den Betrieb mit Flüssiggas (GPL) ausgerüstet sind, können nur dann bei den GPL-Tankstellen in Frankreich aufgetankt werden, wenn sie ausschließlich für den Antrieb mit GPL vorgesehen sind.

Geld – Geldwechsel. – Die französische Währungseinheit ist der Franc Français (abgekürzt FF) = 100 Centimes. Ausländische Währungen und Landeswährungen dürfen bis zum Gegenwert von FF 5.000,– ohne Einschränkung eingeführt werden. Für darüber hinausgehende Beträge besteht Deklarationspflicht. Bei der Ausreise gelten die gleichen Bestimmungen, d. h. bis zum Gegenwert von FF 5.000,– frei, darüber hinaus bis zur bei der Einreise deklarierten Höhe. Euroschecks werden im ganzen Land akzeptiert.

Reisegepäck. – Gegenstände des täglichen und persönlichen Gebrauchs dürfen zollfrei mitgenommen werden, u. a. 2 Fotoapparate mit 10 Filmen je Kamera, 1 Filmkamera mit 10 Filmrollen, 1 Fernglas, 1 tragbares Radio-, Tonband- und Fernsehgerät. Camping- und Sportausrüstung. 2 Jagdgewehre mit je 100 Schuß

Munition. Bei Touristen über 15 Jahren ferner 200 Zigaretten oder 50 Zigarren oder 250 g Tabak, 2 l Wein, 1 l Spirituosen.
Bei der Ausreise müssen alle Gegenstände, ausgenommen die zum Verbrauch bestimmten Waren, wieder ausgeführt werden.

Tiere. – Für die Mitnahme von Haustieren (Hunde, Katzen) ist ein frühestens 3 Tage vor der Abreise ausgestelltes und von der zuständigen französischen Botschaft beglaubigtes amtstierärztliches Herkunfts- und Gesundheitszeugnis erforderlich, aus dem hervorgeht, daß das Tier aus einem tollwutfreien Land stammt und sich seit mindestens sechs Monaten dort aufgehalten hat. Kann dieses Zeugnis nicht erbracht werden, so ist ein mindestens einen Monat und längstens 12 Monate vor Einreise ausgestelltes Tollwutimpfzeugnis vorzulegen.

Verkehrsbestimmungen. – Im allgemeinen gelten in Frankreich die gleichen Verkehrsregeln wie in der Bundesrepublik Deutschland, Österreich und der Schweiz.
Die Höchstgeschwindigkeiten werden streng kontrolliert und betragen:

	Ortsgebiet	Überlandstraßen	Autobahnen
Pkw	60 km/h	90–110 km/h	130 km/h
Pkw mit Wohnwagen	60 km/h	90–110 km/h	130 km/h
Motorräder	60 km/h	90 km/h	130 km/h
Autobusse	50 km/h	75– 90 km/h	90 km/h

Die Verwendung von Spikes ist von Mitte November bis Mitte März gestattet. Kraftfahrzeuge mit Spikes müssen mittels eines eigenen Aufklebers (an der Grenze erhältlich) gekennzeichnet sein. Die Höchstgeschwindigkeit beträgt in diesem Fall 90 km/h.
Bei eingebauten Sicherheitsgurten besteht Anlegepflicht.
Kinder unter 12 Jahren dürfen nur auf den Rücksitzen befördert werden.
Motorradfahrer müssen auch bei Tag mit Abblendlicht fahren, ebenso besteht sowohl für Motorrad- als auch Mopedfahrer Sturzhelmpflicht.
Parken ist nur in der Verkehrsrichtung gestattet. Rotgelbe Streifen an den Randstreifen bedeuten Parkverbot.
Bei Pannen ist das mitgeführte Warndreieck mindestens 50 m hinter dem abgestellten Fahrzeug aufzustellen.

3. Die Anreise

Flugzeug. – Der Luftverkehr zwischen der Bundesrepublik Deutschland, der Schweiz und Österreich einerseits und Frank-

reich andererseits wird meist von der Air France, der Lufthansa, der Swissair und den Austrian Airlines durchgeführt.
In der Saison ist es ratsam, Flugtickets entsprechend früh über eine der Fluglinien oder über Ihr Reisebüro im voraus zu reservieren.
In die Bretagne gibt es keine Direktflüge aus dem deutschsprachigen Raum.

Eisenbahn. – Die Anreise nach Frankreich kann nahezu von jeder Stadt und jedem größeren Ort der Bundesrepublik, der Schweiz und Österreich – zumindest mit Umsteigen – erfolgen. Informieren Sie sich bei den Informationsstellen der Französischen Staatsbahnen (SNCF) in Frankfurt, Bern und Wien, sowie bei den Informationsstellen des Französischen Fremdenverkehrsamtes bzw. bei Ihrem Reisebüro.
Auskunftsstellen der Französischen Staatsbahnen (SNCF): D-6000 Frankfurt, Rüsterstr. 11, Tel. 061/728444; CH-3001 Bern, Effinger Str. 31, Tel. 031/251101; A-1070 Wien, Opernring 1, Tel. 0222/572406.
Auto. – Die Anreise mit dem eigenen Auto ist völlig problemlos.

4. Reisen im Lande

Flugzeug. – Das französische Flugnetz ermöglicht dem Flugtouristen, im allgemeinen nahe – wenn nicht direkt – an seinen Zielort zu gelangen. Die Inlandslinien werden von der staatlichen Gesellschaft „AIR INTER“ beflogen. Im Raum der Bretagen gehören die Flughäfen Rennes, Brest, Quimper, Lorient und Nantes zum „AIR INTER“-Netz.
Informationen erhalten Sie bei den Büros der Air France in der Bundesrepublik Deutschland, Österreich und der Schweiz sowie bei den Informations- und Reservierungsbüros der „AIR INTER.“

Büros der „AIR INTER“ in Paris:
Rue de Castiglione 12, 75001 Paris, Tel. 2603646
Rue de Châteaubriand 4, 75008 Paris, Tel. 2561268
Rue Gauguet 8, 75014 Paris, Tel. 3201360
Aérogare des Invalides, 75007 Paris, Tel. 550772
oder bei den Flughäfen:
Orly Ouest, Tel. 6751212
Charles de Gaulle 2, Tel. 8623490.

Innerhalb der Bretagne fliegt auch der „Touraine Air Transport“, Aérodrome de Dinard-Pleurtuit, Tel. (99) 461547.

Eisenbahn. – Ausgehend von dem Mittelpunkt Paris, zieht sich das Eisenbahnnetz auf ca. 30.000 km Schienenstrang über das ganze Land. Die Züge der SNCF – Societé Nationale des Chemins de Fer – zählen zu den bequemsten und schnellsten der Welt; sie erreichen heute Durchschnittsgeschwindigkeiten von 120 km/h und mehr. Die Waggons sind schallisoliert und meist klimatisiert. All diese schnellen Zugverbindungen sind platzkartenpflichtig. Entsprechend zeitgerechte Vorausreservierungen sind unbedingt anzuraten.

Die SNCF gibt Touristen recht bedeutende Ermäßigungen, so u. a. die Touristenkarte (20% Ermäßigung für eine Strecke von 1.500 km und mehr); die Eisenbahn-/Autobus-Fahrkarte mit 20% Ermäßigung auf der Eisenbahn- und 10% Ermäßigung auf der Autobusstrecke. Touristen über 65 Jahre (bei Damen 60 Jahre) können eine Seniorenkarte – „Carte Vermeil" – für eine 30%ige Ermäßigung erhalten. Familienkarten – hier zahlen 2 Personen den vollen Tarif, jede weitere Person erhält eine Ermäßigung von 75%. Nähere Auskünfte über die einzelnen Ermäßigungen erteilen die Bahnhöfe sowie die Auslandstellen der Französischen Staatsbahnen.

Auto im Reisezug. – Im Rahmen des „Auto-im-Reisezug"-Service der Französischen Staatsbahnen verkehren – in der Hauptsaison meist täglich – Züge von den Ausgangsbahnhöfen Paris, Metz, Straßburg in die verschiedenen Regionen Frankreichs.
Mit solchen Auto-Reisezügen können von Paris aus die bretonischen Bahnhöfe St. Brieuc, Quimper, Auray und Nantes erreicht werden. Auf bestimmten Strecken können Sie Ihr Auto auf sogenannten Autoexpreßzügen befördern lassen, während Sie selbst einen fahrplanmäßigen Zug Ihrer Wahl benützen. Am Ankunftsbahnhof finden Sie dann Ihren Wagen vor. Genauere Informationen erhalten Sie bei den Büros der SNCF in Ihrem Lande.

Autobus. – Das französische Autobusnetz kann als dicht und ausreichend bezeichnet werden. Nahezu jeder größere Ort wird, wenn nicht täglich, so zumindenst laufend von einer der Autobusgesellschaften angefahren. Zahlreiche private Unternehmen und die Busse der Französischen Staatsbahnen fahren im Lokalverkehr und im Überlanddienst.
Informationen über bestimmte Busverbindungen sind aus dem Kursbuch der Touristenautobusse – „Indicateur Tourisme" – erhältlich bei den Dienststellen der Französischen Staatsbahnen – ersichtlich.

Auto. – Autoreisen in oder durch Frankreich sind komplikationslos möglich. Der zumeist ordentliche Straßenzustand ermöglicht ein rasches und sicheres Vorwärtskommen.
Sowohl Hauptverkehrs- als auch Nebenstraßen sind meist asphaltiert, man findet kaum Straßen, die wirklich schlecht sind. Stark frequentiert – in erster Linie in der Hochsaison – sind u. a. die großen Durchgangsstrecken in Richtung Spanien und der Raum um Paris. Hier sind Kolonnenbildungen unvermeidlich.
Auch das Autobahnnetz wurde in den letzten Jahren stark vergrößert, so daß man heute weite Strecken in Nord-Süd- und Ost-

West-Richtung rasch durchqueren kann. Die Benützung der Autobahnen ist gebührenpflichtig. Informieren Sie sich vor Ihrer Abreise bei Ihrem Automobilclub über die Höhe der zu entrichtenden Maut.

Auto am Bahnhof. – Ein weiterer guter Dienst der Französischen Staatsbahnen ist ein Leihwagen-Service. Für Ihre Spazierfahrten stehen an rund 200 Bahnhöfen Frankreichs Leihwagen französischer Fabrikate zur Verfügung. Die Bereitstellung erfolgt über ein einfaches Reservierungssystem am Ankunftsbahnhof. Verlangen Sie bei den Bahnhöfen das Faltblatt „Avec le train et une voiture de location SNCF".

Leihwagen. – Alle internationalen Leihwagenfirmen sind in Frankreich vertreten. Dazu kommen noch regionale Autoverleiher, die aber kaum bessere Konditionen bieten als ihre internationalen Konkurrenten.
Im Zeitalter des Schlagwortes „Fly and drive" kann man über jedes große Reisebüro schon im voraus gemeinsam mit der Flugreise einen Leihwagen buchen. In der Regel empfiehlt sich dieser Weg auch, da der bestellte Wagen meist schon bei der Ankunft am Flughafen bereitsteht, Sie die anfallenden Gebühren (in vielen Fällen pauschaliert) schon im voraus bezahlen können und Ihnen letztlich einige Laufereien erspart bleiben. Nötige Dokumente für den Autoverleih: Reisepaß oder Personalausweis, gültiger Führerschein.

5. Praktische Reisetips und Tips für das Leben im Lande von A bis Z

Apotheken. – Pharmacie = Apotheke; Pharmacie de garde = diensthabende Apotheke. Adressen der Apotheken mit Nachtdienst bzw. Adressen der diensthabenden Apotheken sind an jeder Apotheke angebracht. Vielfach haben Apotheken nicht nur sonntags, sondern auch am Montagvormittag geschlossen.

Ärztliche Hilfe. – Médecin = Arzt; Hôpital = Krankenhaus; Ambulance = Krankenwagen; Poste de secours = Rettungsstation. In allen größeren Städten gibt es Krankenhäuser und Spezialkliniken, ebenso (vor allem in Fremdenverkehrsgebieten) Ärzte mit Fremdsprachenkenntnissen. Frankreich hat mit mehreren Staaten internationale Gegenseitigkeitsabkommen, so auch mit der Bundesrepublik Deutschland und Österreich. Auf Grund dieser Vereinbarung können im Krankheitsfall die Leistungen der ausländischen Krankenkasse in Anspruch genommen werden. Vor Reiseantritt den entsprechenden Urlaubskrankenschein („Internationaler Krankenschein") nicht vergessen! Da erfahrungsgemäß trotz des Gegenseitigkeitsabkommens Unklarheiten und Schwierigkeiten bei Geltungsansprüchen bestehen, ist es empfehlenswert, eine entsprechende Krankenversicherung vor der Abreise im Heimatland abzuschließen.

Campingwesen. – 5.000 Campingplätze zeugen vom Beliebtheitsgrad des Campens in Frankreich. Die einzelnen Plätze sind, ähnlich wie die Hotels, in 4 Kategorien eingeteilt. Es gibt fast keine Stadt bzw. kein Dorf ohne eigenen Campingplatz, dem sogenannten „Camp Municipal". Nicht immer ist alles so blitzblank, wie es sein sollte, doch man bemüht sich, ist freundlich und liebenswürdig. „Camping am Bauernhof", „Camping im Schloß" sind liebenswerte Varianten dieser Art des Reisens.
In der Hochsaison sind die Campingplätze fast überall voll. Zeitgerechte Vorausbuchungen sind empfehlenswert.
Campingplatzlisten sind bei den Stellen des Französischen Fremdenverkehrsamtes erhältlich. Weitere Auskünfte erteilen die Féderation Française de Camping et de Caravaning, Rue de Rivoli 78, Paris I, sowie die Automobil- und Campingclubs Ihres Heimatlandes.

Feiertage. – Gesetzliche Feiertage sind: 1. Jan., 1. Mai, 14. Juli (Nationalfeiertag), 15. Aug., 1.Nov., 11. Nov. (Waffenstillstand 1918), 25. Dez., Ostermontag, Christi Himmelfahrt und Pfingstmontag.
Ähnlich wie in Italien ist der August der beliebteste Ferienmonat der Franzosen. Weit über die Hälfte der Bevölkerung bleibt im Lande und reist „aufs Land". Hotelreservierungen sind für diese Zeit unbedingt anzuraten!

Geldwesen. – Die Währungseinheit ist der Französische Franc (FF). Ausländische Schecks (Euroschecks) werden von den meisten Banken, vielfach auch vom Hotelier, akzeptiert. Mit Traveller-Schecks muß man sich jedoch unbedingt zur Bank bemühen.

Hotelwesen. – Die französischen Beherbergungsbetriebe sind in der Regel als gut zu bezeichnen und halten im allgemeinen hohes Niveau. Sie werden regelmäßig einer Inspektion durch das *Commissariat Général du Tourisme* unterzogen. Dadurch stehen über 12.000 Hotels (durch blau-weiß-rote Schilder am Eingang gekennzeichnet) unter staatlicher Kontrolle. Aus diesen Schildern ist die Kategorie des jeweiligen Betriebes (mit Sternchen) zu ersehen, und darüber hinaus findet man auch Hinweise über den Preis, 4 Sterne mit einem L bezeichnen Luxusbetriebe; 4 Sterne Häuser ersten Ranges; 3 Sterne sehr gute Hotels; 2 Sterne gute Beherbergungsbetriebe mit annehmbarem Komfort und 1 Stern einen einfachen, aber sauberen Betrieb.
Zu den erwähnten 12.000 Hotels kommen noch weitere rund 3.600 Hotels der *Fédération Nationale Logis de France,* einer Fremdenverkehrsvereinigung ohne kommerzielle Ziele. Diese

Hotelkette stellt wohl eine der sympathischsten Hotelketten der Welt dar, da sie es sich zur Aufgabe gemacht hat, Familienbetriebe mit sauberen und freundlichen Zimmern (wohl meist abseits der Hauptverkehrsstraßen) zu fördern und zu empfehlen. Der Aufenthalt in diesen Betrieben ist meist um vieles billiger als in Hotels gleicher Kategorie.
Kleiner und mit etwas weniger Komfort, aber im gleichen Sinne geführt sind die *Auberges de Vacances* und *Auberges Rurales.*
Dem Individualisten mit dickerer Brieftasche stehen rund 30 „Châteaux Hôtels“ (Schloßhotels) mit angeschlossenen Spezialitätenrestaurants zur Verfügung. Ausgezeichnete Hotelführer der einzelnen Regionen sind über die Dienststellen des Französischen Fremdenverkehrsamtes erhältlich. Den Hotelführer der *Fédération Nationale des Logis de France* erhält man über Rue Jean Mermoz 25, F-75008 Paris.
Natürlich gibt es – wie in jedem anderen Land – auch Privatzimmer. Hier wendet man sich am besten an die örtlichen Fremdenverkehrsstellen *(Syndicat d'Initiative,* Telefonnummer siehe Hotelverzeichnis).
Nicht zuletzt seien noch die Jugendherbergen – etwa 400 an der Zahl – erwähnt. Informationen über Lage und Preise erteilt die Fédération Unie des Auberges de Jeunesse, Rue Blanche 56, F-75016 Paris.

Notruf. – In Paris und anderen großen Städten kann man die Polizei unter der Telefonnummer 17, die Feuerwehr unter der Nummer 18 erreichen.

Öffnungszeiten. – *Banken:* Mo.–Fr. 9–12 und 14–16.00 Uhr. Banken in kleineren Städten sind vielfach Di. bis Sa. geöffnet und So. und Mo. geschl. Wechselstuben an Bahnhöfen und Flughäfen haben meist durchgehend geöffnet.

Postämter: Mo. bis Fr. 8–18.30 Uhr, Sa. 8–12 Uhr, Museen sind meist von 10 bis 12 und 14 bis 17 Uhr geöffnet. An Dienstagen und oft auch Freitagen sind die Museen normalerweise geschlossen.

Geschäfte und Warenhäuser: Di. bis Sa. 9.30–18.30 Uhr, Mo. meist geschl. Lebensmittelgeschäfte haben vielfach auch am Sonntag von 9 bis 13 Uhr geöffnet.

Pannenhilfe. – Ausländischen Kraftfahrern wird gegen geringe Gebühr vom „Touring Secours“ des Französischen Automobilclubs (TCF) überall im Lande geholfen.
Entlang der Autobahnen stehen Notrufsäulen zur Verfügung (für Polizei, Rettung und Pannenhilfe).

Parkplätze. – Bewachte Parkplätze sind in den großen Städten zahlreich (Parkgebühr), doch leider fast immer überfüllt. Es ist jedoch empfehlenswert, Kraftfahrzeuge nur auf bewachten Parkplätzen oder in Parkgaragen abzustellen. In jedem Fall wird aber dringend empfohlen, keinerlei Gegenstände, auch nur für kurze Zeit, sichtbar im Auto zu belassen.

Post – Telefon. – Die Briefkästen sind normalerweise gelb, vielfach finden sich aber noch alte blaue Briefkästen. Im Zeitalter der Telefonautomation kann sowohl von als auch nach Deutschland, Österreich und der Schweiz „durchgewählt" werden.

Stromspannung. – Die Stromspannung beträgt normalerweise 220 Volt, vereinzelt bzw. bei älteren Installationen noch 110 Volt. Bitte erkundigen Sie sich bei der Rezeption. Schukostecker sind vielfach noch selten, so daß bei Geräten mit Schukosteckern ein Zwischenstecker verwendet werden muß.

Toiletten. – In ganz Frankreich findet man meist recht gute sanitäre Anlagen. Wie es auch sei, nehmen Sie eine Rolle Toilettenpapier mit. Das in Frankreich übliche Papier entspricht selten unseren Anforderungen.

Trinkgeld. – Die Trinkgeldsitten sind in Frankreich ähnlich wie in unseren Breiten. Wenn auch Festpreise inklusive Service bestehen, erwartet man sich dennoch ein Trinkgeld. 10 bis 15% sind üblich, wenn auch der tatsächlich geleistete Obolus sich nach dem Grad des erbrachten Service richten sollte.
Bei Taxifahrten rundet man entsprechend auf. 1 bis 2 Francs ist der Mindestbetrag.
Eine französische Spezialität ist es, dem Platzanweiser im Kino (der bzw. die meist auch Konfekt, Eis und Süßigkeiten verkauft) ein Trinkgeld zu geben – ebenfalls 1 bis 2 Francs; desgleichen Kofferträgern.

Zeit. – In Frankreich gilt die Mitteleuropäische Zeit (MEZ).

Kleiner Sprachführer

1. Ausprache

1. Vokale

[i]	ici [isi] île [il] style [stil]	geschlossenes i (mit gespreizten Lippen straff artikuliert)
[e]	léger [leʒe] les le] nez [ne]	geschlossenes e
[ɛ]	sec [sɛk] père [pɛr] tête [tɛt] lait [lɛ] neige [nɛʒ]	offenes e
[a]	patte [pat] noix [nwa]	helles a
[ɑ]	phrase [frɑz] âme [ɑm]	dunkles a
[o]	pot [po] dôme [dom] taupe [top] beau [bo]	geschlossenes o
[ɔ]	poche [pɔʃ] Laure [lɔr] album [albɔm]	offenes o
[ø]	peu [pø] nœud [nø]	geschlossenes ö
[ø]	seul [sœl] cœur [kœr] feuille [fœj]	offenes ö
[ə]	dis-le [dilə] que veux-tu [kəvøty] dehors [dəɔr] autrement [otrəmɑ̃] petit [p(ə)ti] chemin [ʃ(ə)mɛ̃] temple [tɑpl(ə)] zèbre [zɛbr(ə)]	kurzes, dumpfes ö

[u]	**sou**ci [susi] g**oû**t [gu] **oû** [u]	geschlossenes, straff gerundetes u
[y]	**usu**re [yzyr] s**û**r [syr] j'ai **eu [ʒey]**	ü-Laut
[ɛ̃]	**vin** [vɛ̃] **im**pair [ɛ̃pɛr] pl**ain**te [plɛ̃t] **rein** [rɛ̃] bi**en** [bjɛ̃]	nasales ɛ
[ɑ̃]	**dans** [dɑ̃] **lam**pe [lɑ̃p] **en**trer [ɑ̃tre] **em**bêter [ɑ̃bete]	nasales a
[õ]	**ton** [tõ] p**om**pe [põp]	nasales o
[œ̃]	l**un**di [lœ̃di] par**fum** [parfœ̃]	nasales œ

2. Halbvokale (Halbkonsonanten)

[j]	b**i**en [bjɛ̃] abe**ill**e [abɛj] cra**y**on [krɛjõ]	j-Laut, gleitendes i
[w]	L**ou**is [lwi] tr**oi**s [trwa] l**oin** [lwɛ̃]	konsonantisches, gleitendes u
[ɥ]	l**u**i [lɥi] h**u**er [ɥe] n**u**age [nɥaʒ]	konsonantisches, gleitendes ü

3. Konsonanten

Die meisten Konsonanten werden wie im Deutschen ausgesprochen. Im Folgenden die Ausnahmen:

[s]	**s**on [sõ] ta**ss**e [tas] **c**es [se] **ç**a [sa] se**c**tion [sɛksjõ]	(stimmloser) s-Laut
[ʃ]	**ch**ou [ʃu] ta**ch**e [taʃ]	(stimmloser) sch-Laut
[z]	ro**s**e [roz] **z**éro [zero]	stimmhafter s-Laut («weich»)
[ʒ][7])	**j**our [ʒur] ca**g**e [kaʒ] **g**ilet [ʒilɛ]	stimmhafter sch-Laut («weich»)
[ɲ]	ga**gn**er [gaɲe] vi**gn**e [viɲ]	nj-Laut, mouilliertes oder palatales n

2. Wörterverzeichnis

Die persönlichen Fürwörter

ich	je
du	tu
er, sie	il, elle
wir	nous
ihr	vous
sie	ils, elles
Sie, (Höflichkeitsform Ez. und Mz.)	vous

Die wichtigsten Fragewörter

wer?	qui?
was?	quoi?
wie?	comment?
wieviel?	combien?
wann?	quand?
wo?	où?
woher?	d'où?
wohin?	vers où?
warum?	pourquoi?
weil	parce que

Die Zahlen

0	zéro
1	un
2	deux
3	trois
4	quatre
5	cinq
6	six
7	sept
8	huit
9	neuf
10	dix
11	onze
12	douze
13	treize
14	quatorze
15	quinze
16	seize
17	dix-sept
18	dix-huit
19	dix-neuf
20	vingt
21	vingt-et-un

30	trente
40	quarante
50	cinquante
60	soixante
70	soixante-dix
80	quatrevingt
90	quatrevingt-dix
100	cent
200	deux-cent
1 000	mille
1 Million	un million
erster	premier
zweiter	deuxième (second)
dritter	troisième
vierter	quatrième

Zeitangaben

Sonntag	dimanche
Montag	lundi
Dienstag	mardi
Mittwoch	mercredi
Donnerstag	jeudi
Freitag	vendredi
Samstag (Sonnabend)	samedi
Januar	janvier
Februar	février
März	mars
April	avril
Mai	mai
Juni	juin
Juli	juillet
August	août
September	septembre
Oktober	octobre
November	novembre
Dezember	décembre
Frühling	printemps
Sommer	été
Herbst	automne
Winter	hiver
heute	aujourd'hui
gestern	hier
morgen	demain
vorgestern	avant-hier
übermorgen	après-demain
in der Früh	le matin
am Nachmittag,	l'après-midi
am Abend	le soir

zu Mittag	à midi
um Mitternacht	à minuit
Wie spät ist es?	quelle heure est-il?
es ist 1 Uhr	il est une heure
es ist 2 Uhr	il est deux heures
eine Stunde	une heure
eine Minute	une minute
eine Sekunde	une seconde
eine halbe Stunde	une demi-heure
Weihnachten	noël
Karwoche	sainte-semaine
Ostern	pâques
Pfingsten	pentecôte

Gruß-, Frage- und Höflichkeitsformen

Guten Morgen, guten Tag (Vormittag)	bonjour
Guten Tag (Nachmittag)	bon après-midi
Guten Abend	bonsoir
Gute Nacht	bonne nuit
Auf Wiedersehen, bis bald	au revoir, à bientôt
Bis morgen	à demain
Gute Fahrt	bonne route
Viel Vergnügen	amusez-vous bien
Wie geht es Ihnen?	comment allez-vous?
Danke, sehr gut	merci, très bien
ja	oui
nein	non
danke, vielen Dank	merci beaucoup
bitte, gern geschehen	de rien
bitte	s'il vous plaît (s.v.p.)
entschuldigen Sie	excusez
Sagen Sie mir bitte	dites-moi, s.v.p.
Sehr erfreut (Nach Vorstellung)	enchanté
Was wünschen Sie?	que voulez (désirez)-vous?
Sprechen Sie deutsch?	parlez-vous l'allemand?
Ich spreche nicht französisch	je ne parle pas le français
Ich verstehe nicht	je ne comprends pas
Wie sagt man auf französisch?	comment dit-on en français?
Sie sprechen zu schnell	vous parlez trop vite
Sprechen Sie bitte langsam	parlez moins vite, s.v.p.
Herr	monsieur
Frau	madame
Fräulein	mademoiselle
Wie heißen Sie?	comment vous appelez-vous?
Können Sie mir ... geben?	pouvez-vous me donner ...?

Können Sie mir sagen ...	pouvez-vous me dire?
Einverstanden	d'accord
gern	volontiers
schade	dommage
Es tut mir leid	je suis désolé

Hinweise

Halt!	stop
Achtung, Vorsicht	attention
Gefahr	danger
ziehen	tirer
drücken	pousser
Rauchen verboten	défense de fumer
Eingang	entrée
Ausgang	sortie

Beim Stadtbesuch

nahe, in der Nähe von	près, près de
weit	loin
rechts	à droite
links	à gauche
geradeaus	tout droit
oben	en haut
unten	en bas
(Stadt) Zentrum	centre (de ville)
Umgebung	banlieue
Stadtviertel	quartier
Straße, Gasse	rue
Platz	place
Platz mit Grünfläche	square
breite Straße	avenue, boulevard
Weg	chemin
Überlandstraße	route
Brücke	pont
Rathaus	Hôtel de Ville
Kirche	église
Kloster	couvent, monastère
Wo ist, wo befindet sich?	où est, où se trouve?
Wissen Sie, wo ...?	savez-vous, où?
Taxi	taxi
Nur eine Fahrt	un aller seulement
Hin und zurück	aller et retour
Was kostet, was bin ich Ihnen schuldig?	combien coûte, je vous dois combien?

Grenze, Post, Bank

Grenze	frontière
Paß	passeport

Führerschein	permis de conduire
Grüne Karte	carte verte
Zoll	douane
Haben Sie etwas zu verzollen?	avez-vous quelque chose à déclarer?
Nichts zu verzollen	rien à déclarer
die Post	la poste
Postamt	bureau de poste
Brief	lettre
Einschreibbrief	lettre recommandée
Postkarte	carte postale
einen Brief aufgeben	poster une lettre
Briefmarke	timbre
Briefkasten	boîte postale
postlagernd	poste restante
Telegramm	télégramme
Telefon	téléphone
Mit wem wollen Sie sprechen?	à qui voulez-vous parler?
Verbinden Sie mich mit	donnez-moi
Vorwahl	préfixe
Bank	banque
Sparkasse	caisse d'épargne
Geldwechsel	change

Im Hotel

Zimmer	chambre
Haben Sie ein Zimmer frei?	avez-vous une chambre libre?
ich möchte ein	je voudrais une
... Einbettzimmer	... chambre simple
... Zweitbettzimmer	... chambre double
... mit Bad	... avec salle de bain
Frühstück	petit déjeuner
Mittagsmahl	déjeuner
Abendbrot	dîner, souper

Im Restaurant

Ich möchte essen	je veux manger
Ich habe Durst	j'ai soif
Ich habe Hunger	j'ai faim
Die Speisekarte, bitte!	la carte, s.v.p.
Vorspeise	entrée, hors d'œuvre
Suppe	soupe
Fleisch	viande
Rind	bœuf
Kalb	veau
Hammel	mouton
Lamm	agneau
Schwein	porc

Huhn	poulet
Gans	oie
Ente	canard
Braten	rôti
Kotelett	côtelette
Kartoffel	pomme de terre
Reis	riz
Fisch	poisson
Ei	Œuf
Salat	salade
Gemüse	légumes
Nachspeise	dessert
Eis	glace
Brot	pain
Kaffee	café
Tee	thé
Milch	lait
Butter	beurre
Honig	miel
Marmelade	confiture
Getränk	boisson
Wasser	eau
Mineralwasser	eau minérale
Fruchtsaft	jus de fruit
Apfelsaft	jus de pomme
Obst	fruits
Wein	vin
Rotwein	vin rouge
Roséwein	rosé
Weißwein	vin blanc
Bier	bière
Teller	assiette
Löffel	cuillère
Gabel	fourchette
Messer	couteau
Tasse	tasse
Flasche	bouteille
Glas	verre
Serviette	serviette
Salz	sel
Pfeffer	poivre
Mostrich (Senf)	moutarde
Öl	huile
Essig	vinaigre

Im Auto unterwegs

Wagen, Auto	voiture
Rechts (links) einbiegen	tourner à droite (gauche)

Parkplatz	parking
Garage	garage
Tankstelle	poste d'essence
Volltanken	faire le plein

Topographische Ausdrücke und Sehenswürdigkeiten

Kloster, Abtei	abbaye
Amphitheater	arènes
Altar	autel
Staudamm	barrage
Aussichtswarte	belvédère
Wald	bois, forêt
Kap, Landzunge	cap
Wasserfall	cascade, saut
Berghütte	chalet
Kapelle	chapelle
Kartause	chartreuse
Schloß	château
Paß	col
Küste	côte
Hof	cour
Wehrturm	donjon
Kirche	église
Kuranstalt	établissement thermal
Teich	étang
Bauernhof	ferme
Brunnen, Quelle	fontaine
Golf	golfe
Schlucht	gorge
Grotte, Höhle	grotte
Insel	île
Park, Garten	jardin
See	lac
Haus	maison
Sumpf, Mohr	marais, marécage
Kloster	monastère
Berg, Gebirge	montagne, mont
Leuchtturm	phare
Berggipfel	pic
Strand	plage
Spitze (Berg-)	pointe
Tür, Tor	porte
Halbinsel	presqu'île
Reede, Bucht	rade
Schutzhütte	refuge
Stadtmauer	remparts
Altarblatt	retable
Fels	roc, rocher

Salzgärten	salins
Saal	salle
Pfad, Weg	sentier
Quelle	source
Rundfahrt, Turm	tour

C. Routen durch die Bretagne

1 – Rennes

Rennes, auf bretonisch *Roazan,* die ehemalige Hauptstadt der Bretagne, 206.000 Ew., Département Ille-et-Vilaine, Sitz eines Erzbischofs und einer Universität, liegt am Zusammenfluß von Ille und Vilaine. Die Altstadt liegt am r. Ufer der Vilaine, die neuen Stadtviertel am l. Ufer.
Nach dem großen Brand 1720 wurde das Stadtzentrum nach einem Plan von strenger Regelmäßigkeit des Stadtbauingenieurs Robelin fast zur Gänze neu errichtet.
Lebhafte Industrie: Bauwesen, Automobilbau (Citroën-Werke). Jahrmarkt-Messe in den Monaten April und Mai.

Geschichte. – Rennes war zur Kelten- und Römerzeit die Hauptsiedlung der *Redones.* Der Name des Stammes wurde mit der Zeit zum Namen der Siedlung. Erst im 10. Jh. gewann Rennes politisches Gewicht als Hauptstadt der Bretagne. Die Angliederung an Frankreich (1491) brachte Rennes keinen Nachteil. Das im Jahr 1551 geschaffene Parlament der Bretagne erhielt 1561 seinen Sitz in Rennes und verteidigte die traditionellen Privilegien der Stadt und der Provinz. 1675 mußte das Parlament nach einem Aufstand wegen einer neuen Steuer nach Vannes verlegt werden. Dieses Exil dauerte bis 1689. 1720 zerstörte eine sieben Tage andauernde Feuersbrunst 850 Häuser der Stadt. Die Bombenangriffe der Jahre 1943 und 1944 trafen vor allem das Stadtviertel Saint-Hélier im SO und die Vorstädte im NW, die heute alle wiederaufgebaut sind.

Ein Tag in Rennes. – Ohne große Eile können Sie die wichtigsten Sehenswürdigkeiten von Rennes eigentlich in einem Tag besichtigen, da sie auf relativ engem Raum zusammenstehen. Am Vormittag sollten Sie vielleicht durch die Gassen schlendern, den Nachmittag über können Sie dann das Musée de la Bretagne besichtigen.

Wo parken? – Wenn Sie Optimist sind, können Sie versuchen, im Zentrum bei einem Parkometer einen Platz zu finden; es ist aber klüger, zu einem bewachten Parkplatz zu fahren (etwa la Vilaine, zwischen Place de la République und Place du Maréchal-Foch, Pl. I, A 2; alternativ dazu bei der Place Sainte-Anne, Pl. I. AB 1).

Zu Fuß in der Stadt. – Obwohl die Stadt beständig anwächst, befinden sich doch alle Sehenswürdigkeiten im relativ kleinen historischen Kern. In zwei Stunden können Sie das Viertel der Kathedrale und der alten Häuser besichtigen.

Stadtführungen finden vom 15. Juni–15. September tgl. außer So. um 10 Uhr statt; Auskünfte beim Fremdenverkehrsamt.

Zentrum der Stadt ist die *Place de la République* (Pl. I, B 2–3); die zum Teil über den Fluß gebaut ist; Gebäude der Handelskammer *(Palais du Commerce;* 1886–1930).

Die *Rue d'Orléans* führt zur *Place de la Mairie* (Pl. I, B 2), mit dem Theater und dem ***Rathaus** *(Hôtel de Ville)* aus dem 18. Jh. Über die *Rue Brilhac* gelangt man zur *Place du Palais* (Pl. I, B 2), einem weitläufigen Viereck mit Häusern aus dem 18. Jh.

Im N des Platzes das schönste Baudenkmal der Stadt, der ****Justizpalast** *(Palais de Justice),* ursprünglich Sitz des Parlaments der Bretagne, nach Plänen von *Salomon de Brosse* 1618–1654 erbaut; imposante toskanische Fassade, großartige ***Innenausstattung* (zur Besichtigung wenden Sie sich an den Portier; Trinkgeld).

Salle des Pas-Perdus (36,60 m lang, 13 m hoch) mit hölzernem Tonnengewölbe; *Salle des Assises* mit wunderbaren Holztäfelungen im Stil Louis Quatorze; *Cabinet du Premier Président* mit Malereien von *Errard* (1706) und einem *Christus von *Jouvenet; – 2e Chambre Civile,* von *L.-F. Elle* ausgestattet (1706); *1re Chambre Civile,* mit großartiger Holztäfelung (ab 1669); die ***Gemälde** (1694) in diesem Raum sind das Beste, was *Jouvenet* geschaffen hat.

Absolutes Prunkstück der Inneneinrichtung ist die ****Grand'Chambre du Parlement** (20,40 m lang, 10,65 m breit und 7,20 m hoch) mit unglaublich reichen Verzierungen: bemalte und vergoldete *Holzvertäfelungen* (1660), bemalte **Holzdecke* mit Werken von *Noël Coypel* (1656–1660), an den Wänden **Gobelins* (1901, Geschichte der Bretagne).

Im SO des Platzes öffnet sich die *Rue Saint-Georges* (alte Häuser); r. die **Kirche Saint-Germain** (Pl. I, B 2) aus dem 15. und 16. Jh.; die Straße mündet in die *Rue Gambetta.*

In der Rue Gambetta die ehemalige **Abtei Saint-Georges** (Pl. I, B 2), die auf eine lange Geschichte zurückblickt.

Gegründet im Jahre 1032 durch den Herzog Alain III. Moralischer und religiöser Verfall im 15. und 16. Jh. Neuer Aufschwung im 17. Jh., unter der strengen Führung der wohlbegüterten Magdeleine de la Fayette, die die Gebäude 1670 wiedererrichten ließ.

Einige schöne Häuser säumen die Straße, die in den *Contour de la Motte* übergeht, der in den *Square de la Motte* einmündet und vor der *Präfektur* (1715) endet. Jenseits der Präfektur führt die Rue de Fougères zur Place Saint-Melaine mit der **Kirche Notre-Dame** (Pl. I, B–C 1), ehemalige Stiftskirche, teils romanisch, im 14. Jh. wiederaufgebaut. An der Nordflanke der Kirche befinden sich die Gebäude der ehemaligen *Abtei Saint-Melaine* mit schönem *Kreuzgang aus dem 17. Jh. Daneben der ehemalige *Sitz des Erzbischofs* (Pl. I, B 1) aus dem 17. und 18. Jh., in dem heute die Rechtsfakultät untergebracht ist. R. der Kirche öffnet sich der ***Jardin de Thabor** (Pl. I, B–C 1–2); durch die Gartenanlagen r. gelangt man zur *Rue Martenot,* dann wieder r. zur *Rue Victor-Hugo* und zur *Place du Palais.*

L. neben dem Justizpalast führt die *Rue Nationale* (Pl. I, B 2), eine der Hauptstraßen der Stadt, zu der klassizistischen **Kathedrale Saint-Pierre** (Pl. I, A 2), erbaut 1787–1844 auf Resten aus dem 16. Jh. Die beiden 40 m hohen **Fassadentürme* wurden 1541 begonnen und 1703 fertiggestellt.

In einer Seitenkapelle r. ein ***Altaraufsatz* aus geschnitztem und vergoldetem Holz, ein deutsches Meisterwerk aus dem 15. Jh. (Stammbaum Christi und das Leben der Gottesmutter).

Das Stadtviertel um die Kathedrale blieb vom Brand des Jahres 1720 verschont und ist der malerischste Stadtteil von Rennes mit zahlreichen Gebäuden aus dem 16. und 17. Jh. Sehenswert vor allem die ***Rue de la Psalette** und die *Rue Saint-Guillaume* (Pl. I, A 2): auf Nr. 3 die ***Maison Double** aus dem 16. Jh. mit kleinen Statuen des Hl. Michael und Hl. Sebastian am Tor. Gegenüber der Kathedrale führt eine schmale Gasse unter der **Porte Mordelaise** (Pl. I, A 2) aus dem 15. Jh. hindurch zur langen *Place des Lices* (Häuser und Stadtpalais aus dem 17. Jh.).

Am Chor der Kathedrale beginnt die *Rue du Chapitre* (auf Nr. 6 das **Hôtel de Blossac,** 1730), die zur kleinen *Place du Calvaire* (Pl. I, A–B 2) führt; l. die **Basilika Saint-Sauveur** (Pl. I, A 2) im klassizistischen Stil (1703–1728; moderne Glasfenster); r. gelangt man zum *Quai de la Vilaine,* über den man zur Place de la République zurückkehrt.

Am l. Ufer, am *Quai Emile-Zola,* etwa 300 m flußaufwärts, der **Palais des Musées** (Pl. I, B 3), nach 1945 vollkommen restauriert. Das ***Musée de Bretagne** (Erdgeschoß) ist besonders gut angelegt und zeigt die Entwicklung der Bretagne und ihrer Bewohner von der Urgeschichte bis zu unserer Zeit; schöne ***Sammlung bretonischer Trachten,** Möbel aus dem 19. Jh.

Das ****Kunsthistorische Museum** *(Musée des Beaux-Arts)* ist im ersten Stock des Palais untergebracht. Die mittlere Halle im Erdgeschoß ist besonderen Ausstellungen vorbehalten.

Öffnungszeiten: 10–12 und 14–18 Uhr; Di. geschl.

Die drei großen Säle sind Werken der Französischen Schule des 16. Jh. gewidmet *(Jean Cousin, Fr. Quesnel),* des 17. Jh. *(Georges de la Tour,* **der Neugeborene; *L. Le Nain, Ph. de Champaigne, Le Sueur, Jean Jouvenet, Antoine Coypel)* und des 18. Jh. *(Chardin, Fr. Desportes, C. van Loo,*

Tocqué, Colson, Tournières). Italienische Schule: Werke von *Veronese* (*Perseus befreit Andromeda), *Tintoretto, Carrachi, Guerchino, Luca Giordano* (*Vorstellung im Tempel), *Casanova, Tiepolo* und *Guardi.* Flämische Schule: *Samtbrueghel, Jordaens, Rubens* (*Tiger- und Löwenjagd), *M. Stomer.* Holländische Schule: *Heemskerk, G. Honthorst* (*Hl. Petrus), *Rembrandt, P. Wouwermans, Adr. Brouwer,* usw. Zwei Säle sind der französischen Malerei des 19. Jh. vorbehalten *(J. Dupré, Jongkind, Eugène Boudin, Sisley, Gauguin)* und einigen zeitgenössischen Werken *(P. Bonnard, R. Bissière, R. Delaunay, Picasso, Utrillo, Vlaminck, J. Le Moal, J. Lemordant).* Drei Säle enthalten eine ***Sammlung von Graphiken** großer Meister (Wechselausstellungen).
Im ersten Stock um die große Halle eine ***Keramiksammlung** mit Fayencen aus Rennes, Dinan, Quimper und Le Croisic.

Hinter den Museen die **Eglise de Toussaints** (Pl. I, B 3), erbaut 1624–1651, und die alte Jesuitenkapelle (vergoldete Altaraufsätze, moderne Kirchenfenster von *Max Ingrand).*

Etwas weiter im S in der Avenue Jean-Janvier die *Cité Administrative* (Stadtverwaltung), das *Rundfunkgebäude* und der Kulturpalast *(Maison de la Culture;* erbaut 1965, Architekten *Carli* und *Joly).*

Die neuen Viertel von Rennes.

Das **Quartier Colombier** überragt im S die Stadt mit seinen weißen, 30geschoßigen Wohntürmen *(L. Arretche).* Verwaltungs- und Wohnzentrum auf 22 ha.
Bourg-l'Évêque (im W) bietet den Kontrast einer alten Siedlung mit Granithäusern und Neubauten, die von zwei 100 m hohen, elliptischen und aneinandergebauten Türmen, *„Les Horizons"* genannt *(G. Maillols),* beherrscht werden.
Im **Quartier Villejean-Malifeu** im NW der Stadt, das sich bis zur *Rocade Ouest* erstreckt, sind vor allem Universitätsinstitute untergebracht. Die **Kirche Saint-Marc** (1970; *Yves Perrin)* war ursprünglich als Prototyp für weitere Satellitenstädte gedacht. Elf sechseckige Zellen können jeweils selbständig verwendet werden.
Die **Cité Gros-Chêne-Europe** liegt im NO. Ihre Wohnbauten gruppieren sich rund um die vor allem durch ihre Dachgestaltung auffallende **Kirche Saint-Jean-Marie-Vianney.**
Das **Wohnviertel Maurepas** im NO umkränzt den gleichnamigen, als Erholungsfläche ausgestalteten Park.
Der im Krieg beschädigte **Faubourg Saint-Hélier** im SO wurde inzwischen wiederhergestellt. Die **Kirche Saint-Hélier** (15.–16. Jh.) wurde 1925 vergrößert und wird seit dem Krieg restauriert.

☞ **1. Von Rennes nach Saint-Malo oder nach Dinan und Dinard.** – 69 km in Richtung nach Saint-Malo auf der N 137; 51 km nach Dinard.

Ausfahrt aus Rennes in Richtung NW auf dem Boulevard de Chézy und der N 137 (Pl. I, A 1). – 22 km: r. neben einem Teich Straße nach (1 km) *Hédé,* 1.500 Ew., auf einem 97 m hohen Hügel; Reste einer Burg, romanische Kirche.

In Richtung W nach (7 km) **Les Iffs; **Kirche** aus dem 15. Jh. mit neun Kirchenfenstern aus dem 16. Jh.; *Château de Montmuran* aus dem 12.–14. Jh. (im Sommer jeden Nachmittag geöffnet).

27,5 km: **Tinténiac,** 2.400 Ew., am Kanal Ille-et-Rance. Große *Kirche* (1908) mit Renaissanceportal; alte Häuser.

12 km im NO: **Combourg,** s. Rte 14.

8,5 km im WSW: *Bécherel,* 500 Ew., auf einem 175 m hohen Hügel. Bedeutende Reste der alten Befestigungen, Häuser aus der Renaissance; *Château de Caradeuc,* spätes 17. Jh.; Besichtigung der Gartenanlagen.

33,5 km: *Saint-Dominieuc;* Überquerung des Ille-et-Rance-Kanals und Weiterfahrt auf einer Anhöhe. – 36,5 km: *Pleugueneuc.*

0,5 km im NO das *Château de la Bourbansais* aus dem 16. und 17. Jh. (Tiergarten, tgl. geöffnet).

40 km: Straßenkreuzung.

L. die D 794 nach (51 km) **Dinan,** s. Rte 14. – Von Dinan nach Dinard: 22 km auf der D 766. – 73 km: **Dinard,** s. Rte 12, km 254.

42 km: *Saint-Pierre-de-Plesguen.* – 48 km: *Le Vieux-Bourg;* die Straße kreuzt die N 176.
55 km: *Châteuneuf-d'Ille-et-Vilaine,* in einer lieblichen Wiesen- und Weidelandschaft gelegen; im Park des Schlosses aus dem 17. Jh. die Ruinen eines Renaissanceschlosses; *Château de la Basse-Motte* aus dem 18. Jh.

4,5 km im NW: *Saint-Suliac,* ein malerischer kleiner Ort in einer Bucht des r. Rance-Ufers; Kirche aus 13., 14. und 16. Jh.

61,5 km: *Saint-Jouan-des-Guérets.* – 67 km: *Saint-Servan,* s. Rte 13.
69 km: **Saint-Malo,** s. Rte 13.

2. Von Rennes nach Redon und Saint-Nazaire. – 115 km nach SW auf der D 177, 164, 773 und N 771.
Ausfahrt aus Rennes in Richtung SW auf der D 177 (Pl. I, A 4). – 11,5 km: *Bas-Launay.*

R. nach 1,5 km das *Château de Blossac* aus dem 18. Jh. beim Zusammenfluß Vilaine-Meu.

14,5 km: *Pont-Réan;* Überquerung der Vilaine an einer malerischen Stelle. – Die Straße führt durch eine wüstenartige Gegend.
64 km: **Redon** (s. Rte 10, km 70); Überquerung der Vilaine; weiter auf der D 164 in Richtung SO nach Nantes. – 65 km: *Saint-Nicolas-de-Redon;* r. weiter auf der D 164. – 70 km: Straßenkreuzung; r. auf die D 773 abbiegen. – 73 km: *Frégréac;* kurz nach dem Ort Über-

querung des Kanals Nantes-Brest. – Die Straße führt durch einen Tannenwald. – 81,5 km: *Saint-Gildas-des-Bois,* 2.600 Ew.; Kirche aus dem 13. bis 15. Jh. – Weiterfahrt durch eine sumpfige Ebene. 92 km: **Pontchâteau** (s. Rte 6, km 212); l. auf die N 165 abbiegen, um den Brivet zu überqueren; bei der Ortsausfahrt r. auf die D 773. – 104 km: *Chaussée-de-Nion;* r. auf die N 771. – 107 km: *Montoir-de-Bretagne.*
115 km: **Saint-Nazaire,** s. Rte 9.

☞ **3. Von Rennes nach Nantes.** – 106 km auf der N 137 in Richtung La Rochelle und Bordeaux.
Ausfahrt auf der N 137 (Pl. I, B 4); die Straße führt an den Citroën-Werken vorbei. – 26 km: *Poligné.* Die Straße überquert den Semnon und führt an den Landes de Bagaron entlang.
32 km: **Bain-de-Bretagne,** 5.000 Ew.; Häuser aus dem 15. und 16. Jh.; neben einem 30 ha großen Teich die Reste eines Schlosses.
45,5 km: *La Belle-Etoile;* Straßenkreuzung.

R. nach (1 km) **Grand-Fougeray,** 2.000 Ew.; zum Teil romanische Kirche; Wehrturm aus dem 14. Jh.; im Friedhof ein Kreuz aus dem 16. Jh.

☞ Überquerung der Chère. – 53 km: *Derval.* – 65 km: *Nozay.* – 78,5 km: *Glanet;* Überquerung des Kanals Nantes-Brest, 500 m vor der Kreuzung mit der D 164. – 102 km: *Pont-du-Cens;* Überquerung des Cens; große moderne Kirche.
106 km: **Nantes,** s. Rte 8.

Von Rennes nach Brest; über Saint-Brieuc, Morlaix und Landerneau: s. Rte 2; – **über Loudéac und Carhaix:** s. Rte 3.
Von Rennes nach Fougéres: s. Rte 2, in umgekehrter Richtung. – **nach Vitré:** s. Rte 4, in umgekehrter Richtung; – **nach Angers:** s. Blauer Führer Frankreich Nord, – **nach Ploërmel, Hennebont (Lorient) und Quimper:** s. Rte 5; – **nach Loudéac, Carhaix, Châteaulin, Crozon und Morgat:** s. Rte 4; – **nach Pontorson (Mont Saint-Michel):** s. Rte 14; – **nach Caen:** s. Blauer Führer Frankreich Nord.

2 – Von Fougères über Rennes und Saint-Brieuc nach Brest

Man fährt über Fougères, ein sehr schön gelegenes Städtchen mit einer berühmten Burg, nach Rennes, der ehemaligen Hauptstadt der Bretagne. Über Lamballe führt die Straße nun zur Küste des Ärmelkanals (in Saint-Brieuc wunderbarer Ausblick auf die gleichnamige Bucht). Höhepunkte der Fahrt durch die Bretagne sind die Durchquerung von Guingamp und die Rundblicke, die man vom

Menez Bré von einer Höhe von über 300 m genießt, bevor man in die fruchtbare, vom Léguer bewässerte Weidelandschaft gelangt. Nach einem kurvenreichen Abschnitt führt die Straße nach Morlaix mit zahlreichen alten Häusern und einem Erholungszentrum an der Küste, dann über Saint-Thégonnec (sehenswerte Pfarre) und das Elorn-Tal (mit der alten Stadt Landerneau) nach Brest.

Straßen: auf den N 12 und D 712 über (47 km) Rennes, (125 km) Lamballe, (145 km) Saint-Brieuc, (230 km) Morlaix und (254 km) Landivisau nach (290 km) Brest.

***Fougères,** Département Ille-et-Vilaine, 29.000 Ew., Industrie- und Handelszentrum (Schuhfabriken; Viehhandel). Die Stadt ist wegen ihrer außergewöhnlich schönen Lage auf einem terrassenförmig abfallenden Hügel über dem Couesnon-Tal und ihrer Burg besonders sehenswert; sie erlitt 1944 Kriegsschäden.

Geschichte. – Der Name der Stadt taucht erstmals in Verbindung mit einem Schloß aus dem 11. Jh. auf. Die Herren von Fougères konnten ihre Herrschaft nur durch taktierende Bündnispolitik und ständige Bereitschaft zum Bündniswechsel zwischen Normannen und Bretonen erhalten. Diese Politik, die ihnen lange Zeit Reichtum brachte, führte letztlich auch zum Niedergang: 1166 wird das Schloß von Heinrich II. Plantagenet, Herzog der Normandie und König von England geplündert und gebrandschatzt. Erst sieben Jahre später beginnt der Wiederaufbau, der nie abgeschlossen werden sollte, weil in den folgenden Jahrhunderten immer neue Verteidigungszubauten notwendig wurden. Der Besitz ging nun zudem von einer Familie zur anderen über, bis er 1428 von Johann V., Herzog der Bretagne, erworben wurde. Ab diesem Zeitpunkt wurde Fougères zum Angelpunkt der bretonischen Grenzlinie.
In der Schlacht von Saint-Aubin-du-Cormier gibt die Mauer aber an ihrer scheinbar stärksten Stelle nach: Fougères wird 1488 an Frankreich angeschlossen. Die Stadt wurde nun zum Lehen, bis sie 1566 wieder in den Besitz der Krone überging. Ludwig XV. gab die Stadt ein weiteres Mal dem Herzog von Penthièvre als Lehen, der sie bis zur Revolution behielt.
Die Verteidigungsanlagen von Fougères, die die Stadt so viele Male vor Überfällen geschützt hatten, wurden bald zum allgemein geschätzten Vorbild für Stadtwälle.
Fougères nimmt einen ganz besonderen Platz in der Literaturgeschichte des 19. Jh. ein. Châteaubriand gehörte ebenso zu ihren regelmäßigen Gästen wie Alfred de Musset, Balzac und Victor Hugo.

Besichtigung der Stadt. – Von der Place Gambetta (Pl. II, C 1), die das Zentrum der Stadt bildet, kann man mit dem Auto über den Boulevard de Rennes (Pl. II, BA/1) bis zum Schloß fahren und dabei die N-Flanke des Stadtwalles sehen.
Für eine komplette Besichtigung der Stadt zu Fuß sollten Sie (großzügig bemessen) etwa drei Stunden rechnen; von der Place Gambetta über die Place Aristide-Briand und die Rue Porte-Roger gelangen Sie zur Kirche Saint-Léonard. Von hier erblicken Sie das Schloß mit seiner Umwallung und dem danebenliegenden Park. Gehen Sie wieder zurück und biegen Sie l. in die gewundene Rue de la Pinterie (Neubauten). Sie erkennen von hier die Pechnasentürme der Avancée.

Die **Place Aristide-Briand** (Pl. II, C 1) wird vom Tribunal, dem ehemaligen *Hôtel de la Bélinaye* (1740–1742) gesäumt. Kriegerdenkmal. – Über die **Rue Porte-Roger** und die **Rue Châteaubriand** gelangt man zur Place aux Arbres.
Eine der hübschesten Stellen der Stadt ist die ***Place aux Arbres** (Pl. II, A 2), ein terrassenförmig angelegter Park über dem Nançon-Tal, der von den alten Stadtmauern der Oberstadt (13. Jh.) beherrscht wird; **Blick* auf das Schloß und weit ins Land hinaus. Am Rand des Platzes die *Kirche Saint-Léonard* (15./16. Jh.) und das *Hôtel de Ville* (14.–16. Jh.). Über die Rue Nationale gelangt man zur *Tour du Beffroi* (Pl. II, B 1) aus dem 14. und 15. Jh.
Über die *Rue de la Pinterie* (Pl. II, B 1 bis A 1), am Nançon-Tal entlang, das von den alten Stadtmauern beherrscht wird, hinunter zum ****Château de Fougères** (Pl. II, A 1), einem imposanten mittelalterlichen Gebäudekomplex aus dem 12. bis 15. Jh. mit einem vollständig erhaltenen Mauerring mit 13 Türmen.

Öffnungszeiten: tgl. 10, 11, 14 und 15 Uhr; in der Saison auch um 9, 16, 17 und 18 Uhr.
Eingang über eine Brücke im O unter einem viereckigen Turm aus dem 12. Jh., der von zwei runden Türmen eingerahmt ist. Geht man den Rundweg entlang, kommt man an folgenden Sehenswürdigkeiten vorbei: im S die *Tour du Cadran* (12. oder 13. Jh.), die *Türme Raoul und Surienne,* beide aus dem Jahr 1480. Im W auf einem Felsvorsprung die *Tour Mélusine* (13./14. Jh.); von der Turmspitze **Aussicht* auf die Altstadt von Fougères und im N die *Tour du Gobelin* (13. und 14. Jh.), die *Tour de Guibé* (spätes 13. Jh.) und *de Coigny* (frühes 13. Jh.).

Gehen Sie auch außen um das Schloß herum; im S die ***Kirche Saint-Sulpice** (Pl. II, A 1–2) aus dem 15., 16. und 17. Jh. Hinter der Kirche die **Porte Notre-Dame;* ihr vorgelagert ist eine Brücke über den Nançon; sie wurde zwischen zwei großen Türmen aus dem 14. und 15. Jh. durch die Mauer gebrochen.

Umgebung. – 1. Forêt de Fougères (3 km nach NO auf der D 177) auf einer Fläche von 1.555 ha; herrliche *Buchenwälder.
2. Pontmarin (16 km nach NO auf der D 177, D 19 und D 290); vielbesuchter Wallfahrtsort mit der Basilika Notre-Dame de Pontmarin.

Von Fougères nach Vire und Caen: s. Blauer Führer Frankreich Nord. – **von Fougères über Combourg nach Dinan:** s. Rte 14. – **über Vitrè nach Nantes:** s. Rte 4.

☛ Wenn man nicht über Dinan (Abkürzung von 16 km, jedoch ohne den Besuch von Rennes; s. Rte 1,1) nach Brest fahren will, verläßt man Fougères auf der N 12 (Pl. II, A 1). – **20** km: *Saint-Aubin-du-Cormier,* 3.100 Ew.; die Schlacht von 1488 bedeutete das Ende der Unabhängigkeit der Bretagne. Über einem Teich und dem Tal des Couesnon die Ruinen des *Schlosses* (13.–15. Jh.). – **29** km: *Liffré,* 4.100 Ew. – Auf einer Strecke von 5 km durchfährt die Straße die Forêt de Rennes (2.000 ha).
47 km: **Rennes** (s. Rte 1), die ehemalige Hauptstadt der Bretagne. Ausfahrt auf der Avenue du Mail und der N 12 (Pl. I, A 2–3).
69 km: *Bédée.*

In Richtung S auf der D 72 nach (5 km) **Montfort-sur-Meu,** 3.200 Ew., von den alten Befestigungsanlagen ist ein Turm aus dem 14. Jh. erhalten.

77 km: **Montauban-de-Bretagne,** 3.000 Ew.

Auf der D 16 nach N zum (1,5 km) *Château de Montauban* aus dem 14./15. Jh.

Von Montauban-de-Bretagne führt l. die N 164b nach Loudéac, Rostrenen, Carhaix-Plouguer, Pleyben, Châteaulin, Crozon und Morgat (s. Rte 4); diese Route ermöglicht außerdem die Weiterfahrt nach Brest auf einer sehr schönen Strecke durch das Landesinnere (s. Beschreibung Rte 10).

86,5 km: *Quédillac:* Kirche aus der Romanik und dem 15. Jh. – Abfahrt in das Rance-Tal; der Fluß wird l. überquert; die Straße steigt bis nach (**89** km) *Saint-Jouan-de-L'Isle* an, wo man die Straße Saint-Malo–Dinan–Ploërmel und Vannes (s. Rte 14,2) kreuzt; Markthallen aus dem 18. Jh. – **99** km: *Broons,* 2.900 Ew.; in der Nähe das *Château de la Motte-Broons.* – **111,5** km: *Noyal:* r. Einmündung der N 176 (s. Rte 14, km 136).
125 km: **Lamballe,** 10.000 Ew.; die Stadt liegt am r. Gouëssan-Ufer und war von 1134 bis 1420 die Hauptstadt der Grafschaft Penthièvre.

Auf dem Hügel Saint-Sauveur, der die Stadt beherrscht und wo sich das Schloß befand, erhebt sich die **Kirche Notre-Dame* im gotischen Stil der Normandie: Türen aus dem 12. Jh., Schiff aus dem 13. Jh. mit Seitenschiffen aus dem 15. Jh., Chor aus dem 14. Jh. und Mittelturm aus dem Jahr 1695. In der Unterstadt die *Kirche Saint-Jean* aus dem 15. Jh. (achteckiger Turm aus dem 17. Jh.) und alte Häuser. Im N der Place du Martrai die *Kirche Saint-Martin,* zum Teil aus dem 11. Jh.

Von Lamballe nach Dinan und Dol-de-Bretagne (Mont Saint-Michel): s. Rte 14 in umgekehrter Richtung; – **nach Dinan (Saint-Malo) oder nach Loudéac, Pontivy und Auray:** s. Rte 12, 2

138 km: *Yffiniac;* nach dem Ort steigt die Straße an; r. **Blick* auf die *Bucht von Saint-Brieuc.* – **142** km: r. auf die Einfahrtstraße nach Saint-Brieuc einbiegen (Überquerung des Gouëdic-Tales auf einem Viadukt aus dem Jahr 1962).
145 km: ***Saint-Brieuc,** Département Côtes-du-Nord, 56.500 Ew.; liegt auf einem Plateau zwischen den Tälern des Gouëdic und des Gouet.

Geschichte. – Die Stadt verdankt ihren Namen einem gallischen Missionar namens Brieuc, der hier Ende des 6. Jh. mit 84 Getreuen an Land ging, um die Armorique zu bekehren. Über seinem Grab (in der jetzigen Kathedrale) ereigneten sich zahlreiche Wunder, die den Ort zur Wallfahrtsstätte machten und zur Gründung der Stadt führten.
Von 1220 bis 1234 war Guillaume Pinchon, ein Bauernsohn, Bischof der Stadt, die er gegen den Herzog Mauclerc verteidigen mußte. Er war es auch, der den Neubau der Kathedrale begann. Dafür wurde er bereits 1247 heilig gesprochen. Er ist der erste der bretonischen Heiligen.
In den unruhigen Zeiten des 14. Jh. baute der Bischof – mehr Heerführer als Kirchenfürst – die mächtige Kathedrale zu einer Festung aus. Diese hielt

zahlreichen Schlachten stand, bis der Konnetabel de Clisson sie erobern konnte – indem er sie in Brand steckte.

Saint-Brieuc blieb nun lange Zeit hindurch eine unbedeutende kleine Stadt (7.000 Ew. bis zur Revolution), eigentlich eine Siedlung rund um den Bischofssitz. In der Zeit der Revolution entscheidet sie sich sehr früh für die Republik.

Heute ist Saint-Brieuc hauptsächlich Industriestadt, die vor allem wegen ihrer Kathedrale und ihren alten Holzhäusern sehenswert ist.

Lebhafte Industrie: Bauwesen, Metallindustrie, Agrar- und Nahrungsmittel.

Im Zentrum der Altstadt, auf der *Place du Général-de-Gaulle* (Pl. V, A 3) die ***Kathedrale Saint-Etienne.** Sie geht auf das 14. und 15. Jh. zurück, aber Pfeiler, Arkaden und das Langhaus stammen aus den Jahren 1712–1715.

Strenge **Fassade** ohne Schmuck, von zwei bewehrten Türmen flankiert (der höchste mißt 33 m und trug einst eine 26 m hohe Turmspitze). Am Fundament des Turmes, an den Säulen und den Kapitellen Überreste des ersten Baus aus dem 12. und 13. Jh.

Das **Innere** ist 73 m lang, 41 m breit und 19 m hoch. Im Langhaus über dem Eingang **Orgelgehäuse** (1540), **Kanzel** (18. Jh.). Im südl. Seitenschiff *Liegestatue des Bischofs Porc de la Porte* (1632).

Bei der 4. Empore *Kapelle aus dem 15. Jh.* mit Taufbecken. Große **Verkündigungskapelle** im Flamboyant-Stil; gegenüber Statuen der Hll. Franz von Sales und Vinzent von Paul *(Yves Carlay Sohn).* **Grabmahl des Hl. Guillaume-Pinchon.**

In der Apsiskapelle **Alabaster-Madonna** (15. Jh.).

Rathaus *(Hôtel de Ville)* mit einer **Statue* Gilles de Bretagne aus Eichenholz (15. Jh.); **Präfektur** und das ehemalige **Erzbischöfliche Palais** (bretonische Renaissance). Im unmittelbar daneben gelegenen Stadtviertel einige alte Häuser, vor allem in der *Rue Fardel* (Pl. A 2; Haus Nr. 15 aus dem Jahr 1572) und der *Rue de Gouet.*

Von der Kante des Plateaus im NO großartiger ***Rundblick* auf den **Tertre d'Aubé** (Pl. V, B–C 1), das Tal des Gouet, den Hafen Légué und die Tour de Cesson (s. Umgebung, 1). Das **Palais de Justice** (Pl. V, B 3) beherrscht die Schlucht des Gouëdic und liegt inmitten der Gärten der *Grandes Promenades:* Büste des Schriftstellers Villiers de l'Isle-Adam (1838–1889), der hier geboren wurde; Gefallenendenkmal von *F. Renaud.*

Umgebung. – 1. Tour de Cesson (3,5 km nach NO auf der N 778a; Ausfahrt Pl. V, C 1): Ruine aus dem 14. Jh. über der Mündung des Gouet und der Bucht.

2. Mündung des Gouet (5,5 km nach NO auf der D 24; über die Brücke in Pl. V, C 1, sofort nachher r. abbiegen). – 2 km: *Le Légué,* Hafen von Saint-Brieuc. – 3,5 km: *Sous-la-Tour,* kleiner Fischerhafen. – 5,5 km: *Saint-Laurent-de-la-Mer.*

3. Plage des Rosaires (9 km nach N) und Pointe du Roselier (10 km nach NO) über Plérin (s. Rte 12; Ausfahrt auf der D 786, Pl. V, A–B 1).

4. Camp de Péran (6 km nach SSW) s. u.

Von Saint-Brieuc nach Paimpol, Perros-Guirec, Lannion und Morlaix (Brest) oder nach Dinard, Saint-Malo, Pontorson und zum Mont Saint-

Michel: s. Rte 12; – **nach Dinan und Dol-de-Bretagne (Mont-Saint-Michel):** s. Rte 14 in umgekehrter Richtung; **nach Quimper:** s. Rte 14,3.

Ausfahrt aus Saint-Brieuc auf der N 12 (Pl. V, A 3) über das Gouet-Tal zum (**159** km) *Pont des Iles.*
163 km: **Châteaulaudren,** 1.000 Ew., im Leff-Tal. Auf einem kleinen Hügel die *Kapelle Notre-Dame du Tertre* aus dem 14., 15. und 16. Jh. mit **Malereien* auf Holz aus dem 15. Jh.; Alabasterstatue der Notre-Dame du Tertre aus dem 15. Jh.; Altaraufsatz aus dem Jahr 1589. – Eine Umfahrung weicht Guincamp aus.
177 km: ***Guincamp,** Département Côtes-du-Nord, 10.800 Ew., die ehemalige Hauptstadt des Goëlot und des Penthièvre, ist die erste Stadt auf der Strecke Paris–Brest, in der bretonisch gesprochen wird.

Auf der *Place de Verdun* das **Rathaus,** das im ehemaligen *Hôtel-Dieu* untergebracht ist (1699; bretonische Renaissance); sehr schöne Kapellenfassade (1695–1709). Im S, auf der *Promenade du Vally,* Reste eines *Schlosses* aus dem 15. Jh.

In der *Rue Notre-Dame* die ***Kirche Notre-Dame de Bon Secours** aus dem 14., 15. und 16. Jh., ein eigenartiges Gebäude aus Gotik und Renaissance mit einem mittleren Glockenturm aus dem 14. Jh.

Die Ostfassade mit reichverziertem Portal aus dem 16. Jh. ist von zwei Türmen flankiert, l. die *Tour de l'Horloge* (14. Jh.) und r. die **Tour Plate* (Renaissance). An der l. Seite bildet das große Portal eine Außenkapelle, in der die Statue der Notre-Dame du Bon Secours verehrt wird (vielbesuchte Wallfahrt am Samstag vor dem 1. Sonntag im Juli). Im Inneren bietet die r. Seite des aus der Renaissance stammenden Schiffs ein sehr hübsches *Triforium,* das Kirchenhaupt ist sehr originell angelegt.

Gegenüber der Kirche ein Haus aus der Renaissance.
Auf der Place du Centre malerische alte Häuser und hübscher ***Brunnen** aus der Renaissance, *La Plomée* genannt.

Umgebung. – 1. Die ehemalige Abtei Sainte-Croix (1 km nach S): Ruinen der Kirche (12. Jh.), gut restauriertes Schlößchen aus dem 16. Jh.
2. Kapelle Notre-Dame de Grâces (3 km nach W), 1507–1521.
3. Bourbriac (11,5 km nach S), 3.000 Ew., in einer Burgenlandschaft gelegen. In der Kirche (Turm und Tor aus dem 16. Jh.) das Mausoleum des Hl. Briac aus dem 16. Jh.; Krypta aus dem 11. Jh. – 19 km im SSW von Bourbriac die **Toul-Goulic* oder *Perte du Blaver* (s. o.).

Von Guincamp nach Lannion oder nach Pontivy und Vannes: s. Rte 6,2.

1. Von Guincamp nach Carhaix und Quimper. – 48 und 106 km nach SW auf der D 787, N 169, N 787, D 72 und D 785. – Von Guincamp auf der D 787 nach SW.
18 km: Kreuzung.

L. nach (5 km) *Pestivien* (auf dem Friedhof alter Kalvarienberg) und (6 km) *Bulat* (Gemeinde Bulat-Pestivien). *Kirche Notre-Dame de Bulat* aus der Renaissance mit sehr schönem Portal und Glockenturm, heiliges Becken (Wallfahrt am Sonntag nach dem 8. September).

28 km: *Callac.* Die D 787 führt das **Hière-Tal* hinunter.
48 km: **Carhaix,** (s. Rte 4, km 189). – Von Carhaix nach (71 km) *Châteauneuf-du-Faou* auf der N 787, s. Rte 4, km 189. – In Châteauneuf nimmt man die D 72; Talfahrt bis zur Überquerung der Aulne, dann bergauf zur Montagne Noire, durch eine wüstenartige Landschaft. – 88 km: *Edern:* Kirche aus dem 16. Jh. 89,5 km: *Briec;* Straßenkreuzung mit der D 785.
106 km: **Quimper,** s. Rte 5, km 205.

188,5 km: r. der Straße in etwa 1 km Entfernung der ***Menez-Bré,** einsame Bergspitze (302 m) mit der Kapelle Saint-Hervé; *Rundblick. – **191,5** km: *Louargat;* 2 km im N der Menhir de Pergat (10 m hoch). – Abfahrt zum Léguer-Tal.
196,5 km: *Belle-Isle-en-Terre,* 1.270 Ew., inmitten von Weiden, die vom Léguer bewässert werden.

In Richtung N zur (1,5 km) *Kapelle Locmaria* (*Lettner aus dem 16. Jh., der als Tribüne dient).

200,5 km: *Plounévez-Moëdec:* Kirche aus dem 16. Jh. mit altem Lettner. – Schöne Ausblicke von der Straße aus. – **204** km: Weiler und *Kapelle Keramanac'h* aus dem 15. Jh.

In Richtung N nach (6 km) *Plouaret,* 2.200 Ew.; Kirche aus dem 16. Jh., Kirchturm und Portal aus der Renaissance.

L. die Monts d'Arrée. – **208** km: *Plounérin.* Nach dem Ort l. der Teich Moulin-Neuf.
230 km: **Morlaix** (s. Rte 15), Fremdenverkehrszentrum; die Stadt kann im N umfahren werden.
242 km: in Richtung S nach (1 km) ***Saint-Thégonnec,** 2.000 Ew.; großartiges **Ensemble von Kunstdenkmälern innerhalb des Pfarrbereichs.

Triumphpforte aus der Renaissance (1587); Kalvarienberg aus dem Jahr 1610; ****Beinhaus** (1676) im reinsten Renaissancestil der Bretagne (Heiliges Grab aus Holz, 1699); Kirche mit ****Glockenturm-Portal** mit Kuppel aus der Renaissance (1599–1610) mit einer Reihe von Holzvertäfelungen (1724–1732) und einer **Kanzel* aus dem Jahr 1683.

2. Von Saint-Thégonnec über Guimiliau und Lampaul nach Landivisiau. – 14 km statt 10,5 km auf der N 12; sehr empfehlenswerter Umweg.
Ausfahrt aus Saint-Thégonnec nach S auf der D 118 auf einer Strecke von 2 km, dann r. auf die Straße nach Guimiliau.
7 km: ***Guimiliau;** ein kleines Dorf, das durch die reiche Vielfalt der Kunstwerke seiner Pfarre berühmt ist.

****Kalvarienberg** (1581–1588) mit mehr als 200 kleinen Figuren über das Leben Christi; *Grabkapelle* (1648); **Kirche** (17. Jh.) mit Glockenturm aus dem 16. Jh.; Beinhaus, **Tür* aus der Renaissance (1606–1617) mit Statuen von Christus und den Aposteln, dreiteilige Apsis aus dem Jahr 1627 und vierteilige *Sakristei* (1683); im Inneren *Taufbecken aus geschnitztem Eichenholz aus dem 17. Jh., und drei *Flachreliefs an der Empore.

10,5 km: **Lampaul-Guimiliau,** *Kirche* im Flamboyant-Stil mit Glockenturm (1573); Vorhalle (1533) mit Statuen der Apostel und einer Madonna mit dem Kind; dreiteilige Apsis aus dem 17. Jh. mit zwei geschnitzten Altarwänden aus dem 17. Jh. und verschiedenen anderen Holztäfelungen (Chorbalken; Choreinfriedung und -gestühl); Kanzel (1759); Taufbecken (1650); Pfarrtor (1699); Beinhaus (1667); Kalvarienberg aus dem 17. Jh.
14 km: **Landivisiau,** s. u.

☛ **254** km: **Landivisiau,** 7.800 Ew.; landwirtschaftliches Zentrum (Schweine- und Rinderzucht). Moderne Kirche mit *Tor aus dem Jahr 1554 und Glockenturm (1590). Gegenüber die *Fontaine Saint-Thivisiau* (15. Jh.), auf dem Friedhof Beinhaus (frühes 17. Jh.).

➞ In Richtung NW nach (5 km) **Bodilis:** Kirche aus dem 16. bis 17. Jh. mit *Renaissance-Portal (1601; Apostelstatue) und Sakristei (1682); im Inneren *Säulen und geschnitzte Holzbalken, fünf Altaraufsätze aus Holz, Taufbecken mit Granitbaldachin.

➞ In Richtung NNW zum (12 km) *Château de Kerjean,* s. Rte 11,3 km 41.

➞ In Richtung NO zur (7,5 km) *Chapelle de Lambader* mit einem spätgotischen *Lettner aus geschnitztem Holz im Flamboyant-Stil (1481).

☞ **3. Von Landivisiau nach Crozon und Morgat.** – 62 km nach SW auf der D 35, D 30, D 18, D 791 und D 887; sehr malerische Strecke.
Ausfahrt aus Landivisiau in Richtung S, Weiterfahrt auf den D 35 und D 30 das Elorn-Tal hinauf bis (15 km) ***Sizun,** s. Rte 10, km 271. – Von hier überquert die Route du Faou (D 18) ein Plateau.
32 km: **Le Faou** (s. Rte 11,4, km 32); nach dem Ort fährt man auf der D 791 weiter, die bald in die **Corniche de Térénez* (Küstenstraße mit Haarnadelkurven) über der Mündung der Aulne übergeht (*Blick auf die Halbinsel Landévennec und die runde Insel Térénez). – 42 km: *Pont de Térénez,* Brücke über die Aulne: flußaufwärts *Blick auf das breite Flußbecken, das im S vom Gipfel des Menez-Hom beherrscht wird. Am l. Ufer steigt die Straße steil an. – 47 km: Kreuzung.

➞ 6,5 km im NW (D 60): *Landévennec* an der Spitze einer Halbinsel in der Aulne-Mündung; Kirche aus dem 16. und 17. Jh. ganz nahe am Wasser. Reste der *Abtei von Landévennec,* im 5. Jh. vom Hl. Guénolé gegründet (Ruinen der Kapelle aus dem späten 11. Jh.) und neue Benediktinerabtei aus dem Jahr 1958.

☞ 54 km: Kreuzung *Tal-ar-Groas,* wo man auf die D 887 stößt (s. Rte 4, km 265). – 59 km: **Crozon,** s. Rte 4, km 270.
62 km: **Morgat,** s. Rte 4, km 273.

☛ **254** km: bei der Ausfahrt aus Landivisiau nimmt man die D 712 (über Landerneau, interessanter und landschaftlich schöner als die N 12). – Zwischen Landivisiau und Landerneau

führt die D 712 das *Elorn-Tal* hinunter. – **262** km: *Pont-Christ;* Ruinen einer Kapelle aus dem Jahr 1581 auf der l. Seite. – **265,5** km: 500 m l. auf einer Anhöhe **La Roche Maurice;** mittelalterliche Ruinen; *Pfarre mit einer Kirche aus dem 16. Jh. mit Renaissance-Lettner und **Kirchenfenster* mit Darstellung der Leidensgeschichte (1529); Beinhaus aus dem Jahr 1640.
270 km: ***Landerneau,** 16.000 Ew., kleine alte Stadt am Beginn der Elorn-Mündung.

Die Flußmündung beginnt unmittelbar talabwärts des **Pont de Rohan;* hübsche alte Wohnhäuser zu beiden Seiten. *Kirche Saint-Houardon* (1860 wiederaufgebaut; Tor aus dem Jahr 1604) am r. Ufer und *Kirche Saint-Thomas-de-Cantorbéry* (16. Jh.; Renaissance-Glockenturm, 1607) am l. Ufer. Alte Häuser, vor allem auf der Place du Marché.

In Richtung SO nach (3,5 km) **Pencran,** auf einem 170 m hohen Hügel; interessante Pfarre: *Monumentaltor,* Kalvarienberg aus dem Jahr 1521; Beinhaus, 1594; Kirche aus dem 16. Jh. mit Tor aus dem Jahr 1553 (Apostelstatuen; biblische Szenen) und Glockenturm aus dem Jahr 1696 mit zahlreichen Holzstatuen (Kreuzabnahme).

In Richtung N auf der D 770 nach (26 km) **Brignogan-Plage,** s. Rte 11, 3.

12,5 km im SW (D 29: ***Plougastel-Daoulas,** s. Rte 11,4, km 11.

11,5 km im S (N 170): **Daoulas,** s. Rte 11,4 km 21; weiter nach *Le Faou* und *Brest* oder *Quimper,* s. Rte 11,4.

Von Landerneau nach Huelgoat, Carhaix, Rostrenen und Nantes: s. Rte 6; – **nach Dinard, Saint-Malo, Pontorson und zum Mont-Saint-Michel über die bretonische Küste und Morlaix:** s. Rte 12.

Nach Landerneau entfernt sich die D 712 vom Elorn. – **275** km: r. nach (1,5 km) *Saint-Divy;* Kirche mit freskengeschmückten Gewölben (Geschichte des Hl. Divy; 1678). – **281** km: *Guipavas;* große moderne Kirche.
290 km: **Brest,** s. Rte 11.

3 – Von Fougères über Vitré und Châteaubriant nach Nantes

Die Route führt vorerst durch eine satte Grünlandschaft, die vor allem durch die zahlreichen Obstplantagen (Apfelbäume) reizvoll ist. Ab Vitré überquert die Straße dann das Tal der Seiche und durchquert den üppigen Wald Forêt de la Guerche, von dem aus man am großen Teich de la Forge vorbei Châteaubriant erreicht. Auch hier führt die Strecke wieder durch waldiges Gebiet weiter, durch die Wälder Forêt Pavée und Forêt Vioreau, um schließlich im Industriezentrum der Stadt Nantes zu enden.

Straßen: 29 km bis Vitré, 80 bis Châteaubriant und 141 bis Nantes auf der D 178.

Ausfahrt aus Fougères (s. Rte 2) auf der Rue de Nantes (Pl. II, A 3) zur D 178.

29 km: ***Vitré,** 12.900 Ew., ist die erste Stadt der Bretagne, in die man von O her kommt. Die frühere Festungsstadt liegt auf einer vorspringenden Anhöhe oberhalb des l. Ufers der Vilaine zu Füßen einer großartigen mittelalterlichen Burg.
Mit ihrer zum großen Teil gut erhaltenen Stadtmauer und ihren zahlreichen alten Häusern, vor allem in der *Rue Baudrairie* (Pl. III, A 1–2), *Rue d'Embas, Rue Notre-Dame, Rue Poterie, Rue de Paris* und dem malerischen **Faubourg du Rachapt** hat sich Vitré den Charakter einer mittelalterlichen Stadt bewahrt.

Stadtrundgang unter Leitung geprüfter Fremdenführer der C.N.M.H. im Sommer (Juli–August tgl.; Informationen im Fremdenverkehrsbüro).

Im W der Stadt, am äußersten Ende des Hügelvorsprungs, erhebt sich das ***Château,** eine prächtige restaurierte Festung aus dem 14. und 15. Jh. Dem dreieckigen Grundriß entsprechen drei Ecktürme: im S die *Tour Saint-Laurent* oder *Donjon* (Wehrturm); im NO die *Tour de la Madeleine* mit flachem Dach; im W die *Tour de Montafilant.*

Das Burgtor führt zu dem ***Châtelet** in der Mitte der Ostseite. Im Innenhof (freier Eintritt) liegt das im Jahr 1913 erbaute Bürgermeisteramt r. an der Nordseite. Die *Tours de l'Argenterie* (naturwissenschaftliches und mineralogisches Museum und Waffensammlungen) sind mit der *Tour de l'Oratoire* (hübsche *Renaissance-Loggia) durch eine neugotische Galerie verbunden. Im Donjon befindet sich ein *Museum* (Skulpturen von verschiedenen Baudenkmälern aus Vitré; Wandteppiche; Fayencen; Gegenstände aus Zinn; Kamin aus dem Jahr 1583; Eintrittsgebühr).

Von der Place du Château (Gefallenendenkmal 1914–1918 von *J. Boucher)* führt die *Rue Notre-Dame* zu der im 15.–16. Jh. erbauten **Eglise Notre-Dame,** die mit ihren Giebeln und Spitzsäulen ein Musterbeispiel der spätgotischen Baukunst ist: auf der r. Außenseite hübsche **Kanzel,* an der Fassade Renaissance-Portal mit Türflügel aus dem Jahr 1586. Im r. Seitenschiff Renaissance-Glasfenster. In der Sakristei Triptychon aus dem Jahr 1544 mit 32 wertvollen **Emailarbeiten aus Limoges.*
Die **Rue de Notre-Dame** (Nr. 27, *Hôtel Hardy,* Renaissance) führt zur **Place de la République** (Pl. III, B 1), wo die **Promenade du Val** (Pl. III, B 1–A 1) beginnt, die an der O- und N-Seite der guterhaltenen ***Stadtwälle** entlang führt.

Umgebung. 1. Colline des Tertres Noirs im W; *Blick auf Stadt und Schloß. – **2. Château des Rochers** (6 km im SO; Ausfahrt Pl. III, C 3): Andenken an Madame de Sévigné, die hier wohnte (Eintrittsgebühr). – **3. Champeaux** (9 km im NW); Kirche aus dem 15. und 16. Jh. mit vielen Renaissance-Kunstgegenständen wie Glasmalereien, Chorgestühl, Grabmäler der Familie d'Espinay; 1 km im S: *Château d'Espinay* aus dem 15. und 16. Jh., restauriert.

Ausfahrt aus Vitré auf der D 178 (Pl. III, B 3) in Richtung S. – **47** km: *Moutiers;* Überquerung der Seiche, die r. den großen Teich Caroraon bildet.
51 km: *La Guerche-de-Bretagne,* 3.800 Ew.; Kirche aus dem 15. Jh., Kirchenfenster und Chorgestühle aus dem 16. Jh.; alte Häuser.

16 km nach W auf der D 178 und D 47, dann auf Nebenstraßen zur ****Roche aux Fées,** einer 22 m hohen Galerie.

Die Straße durchquert nun die *Forêt de La Guerche* (2.800 ha). – **66** km: *Martigné-Ferchaud,* 3.800 Ew., das den Teich de la Forge beherrscht.

80 km: **Châteaubriant** (s. Rte 9, km 67); Überquerung der Chère. – Die D 178 durchquert die Forêt Pavée. – **99** km: *La Meilleraye-de-Bretagne,* 2,5 km nach SO (D 18) zum Trappistenkloster *Abbaye de Meilleray.* – Vorbei am Wald und am Reservoir de Vioreau (r.; 181 ha). – Kurz vor (108 km) *Joué-sur-Erdre* überquert man den Erdre. – **117** km: die Straße kreuzt die N 164; r. nach (1 km) **Nort-sur-Erdre** mit 4.500 Ew.
141 km: vor (146 km) **Nantes** (s. Rte 8) stößt man auf die N 23.

4 – Von Vitré über Rennes, Loudéac und Carhaix nach Crozon und Morgat

Diese touristisch interessante *Strecke führt durch die malerischsten Gegenden der inneren Bretagne in Richtung Küste (Möglichkeit, bis Brest weiterzufahren). Man fährt durch zahlreiche typische Ortschaften, landschaftliche Höhepunkte sind die Monts du Méné, das Poulancre-Tal, die Schluchten des Daoulas, des Blavet und des Bonnet-Rouge, die Montagne Noire, das Aulne-Tal, der Gipfel des Menez Hom und die Halbinsel Crozon, Baudenkmäler in Rostrenen, Carhaix und vor allem in Pleyben mit typisch bretonischer Architektur.

Straßen: 35 km nach Rennes, 121 km nach Loudéac, 189 km nach Carhaix, 270 nach Crozon und 273 nach Morgat auf den N 157, N 12, N 164b, N 164, N 169, N 787 und D 887.

Ausfahrt aus **Vitré** (s. Rte 3, km 29) auf der *Rue de Brest* (Pl. III, A 1) in Richtung N 157 und Rennes. – **15** km: **Châteaubourg,** wo man die Vilaine überquert. *Kirche* (19. Jh.) mit Renaissance-Portal. Auffahrt auf die Schnellstraße.
30 km: **Cesson-Sévigné,** ein Vorort von Rennes, Ursprung der berühmten Familie de Sévigné. Sie überqueren abermals die Vilaine.

31 km: **Musée Automobile de Bretagne;** das Museum besitzt 80 betriebsfähige Autos aus den Jahren 1898–1925 (*Öffnungszeiten:* tgl. außer Di. 9–12 und 14–18 Uhr).
35 km: **Rennes,** s. Rte 1. Ausfahrt auf der Avenue du Mail (Pl. I, A 2–3) und der N 12.
65 km: *Montauban-de-Bretagne* (s. Rte 2, km 77); man verläßt die N 12 und biegt l. auf die N 164 ab; Überquerung des Garun-Tals oberhalb eines großen Teiches, dann Rechtskurve und Steigung bis 114 m.
77 km: **Saint-Méen-le-Grand** (108 m), 3.500 Ew., Kreuzung mit der Straße Dinan-Vannes (s. Rte 14,2, km 34).

Reste der um 600 vom Hl. Méen gegründeten *Abtei:* ehemalige *Stiftskirche; die Fassade stützt sich auf die alten Klostergebäude aus dem 18. Jh.; viereckiger Turm mit Spitzbogenfenster aus dem späten 12. Jh. (Dachgestühl aus dem 18. Jh.); das Schiff und das r. Seitenschiff stammen aus dem späten 13. und dem 14. Jh.; im Inneren *Grab des Hl. Méen* aus dem 13. Jh.; in der Sakristei das Kreuz der Abtei, Goldschmiedearbeit aus dem 14. Jh.

●→ 2 km im NO *Kapelle und Brunnen Saint-Méen* (Wallfahrt).

☛ Nach (**83,5** km) *Trémorel* führt die Straße r. an der *Forêt de la Hardouinais* (2.700 ha) vorbei. – **93** km: *Merdrignac* (149 m), 3.000 Ew. – Von Merdrignac nach Loudéac kurvenreiche Strecke an den Hängen der Monts du Méné. R. die *Forêt de Loudéac* (2.665 ha).
121 km: **Loudéac** (161 m), 10.100 Ew., Mittelpunkt einer Viehzuchtregion (Schweine und Geflügel); Kirche aus dem 18. Jh.; Kapelle Notre-Dame des Vertus aus dem 13. Jh.; Lebensmittelindustrie.

Von Loudéac nach Dinard oder nach Pontivy und Auray: s. Rte 12,2.

130 km: *Saint-Caradec;* Kirche aus dem Jahr 1644.
140,5 km: Kreuzung.

●→ R. die Straße nach (4 km) *Saint-Gilles-Vieux-Marché* über das ***Poulancre-Tal.**

☛ **140,5** km: Kreuzung mit der D 767.

●→ 1 km l. **Mûr-de-Bretagne** (s. Rte 6,2, km 68) auf der Straße Vannes-Guincamp.

☛ **145,5** km: *Caurel;* Kirche aus dem späten 15. Jh. – **147,5** km: l. die *Kapelle Saint-Gelven* (1668). Man erreicht 215 m Höhe; l. auf die Höhen der Forêt de Quénécan; anschließend führt die Straße in das Tal hinunter.
152,5 km: *Pont de Bon-Repos* über den Daoulas, am Ausgang der wilden ***Schluchten des Daoulas.**

●→ R. führt die Straße nach (4 km) *Laniscat;* Kirche aus dem 17. und 18. Jh.

☛ 250 m nach l., beim Zusammenfluß von Daoulas und Blavet (kanalisiert) die **alte Brücke und Schleuse Bon-Repos,* in wunderschöner Lage neben den Ruinen des *Zisterzienserklosters Bon-Repos:* Monumentalportal, Gebäude aus dem 18. Jh.; Ruine einer Kapelle aus dem 13. Jh. (beim Bauernhof anfragen).

Etwa 14 km flußabwärts der Schleuse von Bon-Repos liegen die wilden **Schluchten des Blavet;** 1929 wurden sie durch den Staudamm von Guerlédan (s. Rte 6,2, km 68) in einen riesigen Stausee verwandelt, der das Tal und den alten Kanal bedeckt. Der See beginnt 2 km flußabwärts von Bon-Repos und erstreckt sich auf etwa 14 km. Am l. Ufer eine steile Felswand aus Schiefer, am r. die Hänge mit der *Forêt de Quénécan.* Am Hang bildet die Salles vier Teiche, die in sehr schönen Landschaftsbildern abgestuft sind.

3 km im SSO von Bon-Repos *Les Forges-des-Salles,* ein hübsches Dorf zwischen den beiden ersten Teichen. Etwas höher das alte *Château des Salles* am gleichnamigen Teich.

Zwischen Bon-Repos und Gouarec führt die N 164b das ***Blavet-Tal** hinauf, am kanalisierten Fluß entlang, und überquert die schmale *Schlucht von Bonnet-Rouge.* – **157,5** km: *Gouarec* (130 m), 1.000 Ew., am Zusammenfluß des Blavet und des Kanals Nantes–Brest. – Die Straße verläßt das Blavet-Tal.
168 km: **Rostrenen** (236 m), 4.800 Ew. Auf der Place de la République Granithäuser aus dem 17. und 18. Jh. *Kirche Notre-Dame du Roncier* mit viereckigem Turm (1677) und Querschiff aus dem 13. Jh., im 17 Jh. umgebaut.

15 km im NO (D 790 bis Plouvénez-Quintin, dann D 8) zur *Toul-Goulic (s. Rte 6,2, km 43,5).

1. Von Rostrenen nach Quimperlé. – 51 km in Richtung SSW auf der D 790.
Überquerung des Kanals Nantes–Brest. – 14 km: *Plouray* (199 m) in einer öden Gegend; Kirche aus dem Jahr 1666. – Die Straße führt das bewaldete Ellé-Tal hinunter. – 20 km: *Abtei Langonnet,* 1136 gegründet, 1724 umgebaut und seit 1858 von den Patres des Heiligen Geistes bewohnt; Kapitelsaal aus dem 13. Jh.; Kirche aus dem 18. Jh., im 19. Jh., restauriert. – Etwas weiter auf der l. Straßenseite die *Kapelle Saint-Sébastien* aus dem 15. und 16. Jh. – 30 km: **Le Faouet** (s. Rte 5,1, km 154). – 32,5 km: l. die **Kapelle Saint-Fiacre* (s. Rte 5,1, km 154).

51 km: **Quimperlé** (s. Rte 5, km 157).

Von Rostrenen nach Saint-Brieuc oder Quimper: s. Rte 14; – **nach Pontivy, Redon und Nantes oder nach Brest:** s. Rte 10.

Von Rostrenen nach Carhaix-Plouguer fährt man auf der N 164. – **183** km: *Le Moustoir.*
189 km: **Carhaix-Plouguer,** 9.000 Ew., einer der Ausgangspunkte der Bauernrevolte der „Rotmützen“ (Bonnets Rouges).

Auf dem gleichnamigen Platz die **Statue von La Tour d'Auvergne,** des „Ersten Grenadiers von Frankreich“ (1743–1800); sein Geburtshaus befindet sich *Rue de La Tour d'Auvergne* 13, hinter dem **Rathaus** (Andenken an den Helden). Alte Häuser, vor allem in der *Rue Brizeux:* ***Renaissancehaus** an der Ecke *Rue Félix-Faure.* Moderne Kirche Saint-Tremeur mit viereckigem Turm aus dem 16. Jh.; gegenüber Kriegerdenkmal für 1914–1918 von *Quillivic.* Am Friedhof die teils romanische, im 16. Jh. wiederaufgebaute Kirche von Plouguer.

3 km in Richtung NO auf der Straße nach Guincamp eine gallorömische Brücke über die Hière und die spätgotische Kapelle Saint-Catherine. – 21,5 km in Richtung NW auf der D 765 nach Huelgoat (s. Rte 10, km 241,5).

Von Carhaix nach Nantes oder Brest: s. Rte 10; – **nach Morlaix oder Lorient:** s. Rte 15; – **nach Guincamp oder Quimper:** s. Rte 2,1.

Ausfahrt aus Carhaix auf der N 169 das Hière-Tal hinunter. – **191,5** km: Straßenkreuzung; r. auf die N 787 über die Hière. **198,5** km: Kreuzung.

500 m l. nach **Cléden-Poher;** **Kirche* aus dem 15. und 16. Jh. mit geradem Chorabschluß aus dem Jahr 1689; schönes Fenster; im Inneren Malereien (1694) und Holzschnitzereien; **Kalvarienberg* mit Personendarstellungen (1575).

202 km: Überquerung der Aulne in *Pont-Triffen,* beim Zusammenfluß Aulne-Hière; die Straße führt über 2,5 km am r. Aulne-Ufer entlang und entfernt sich dann davon. – **209** km: l. nach Châteauneuf einbiegen (die D 787 umfährt den Ort).
212 km: **Châteauneuf-du-Faou** (133 m), 3.900 Ew., am Abhang eines Hügels am r. Aulne-Ufer gelegen. **Ausblick* auf die *Montagne Noire,* im S von der Forêt de Laz gekrönt. In der *Kirche,* in der Taufkapelle, Malereien von *Paul Sérusier* (1863–1927), der hier lebte. *Kapelle Notre-Dame* des Portes (Wallfahrt).

Châteauneuf ist ein geeigneter Ausgangspunkt für Ausflüge in die **Montagne Noire.** 8,5 km im SSW *Laz* (235 m; Kirche aus dem 18. Jh.); von hier kann man in Richtung W die ***Route des Crêtes** fahren (Kammstraße, D 41), die nach Châteaulin (33,5 km von Châteauneuf, s. u., km 236) führt. 9,5 km östl. bei *Spézet,* die *Kapelle Notre-Dame du Crann* (1532) mit einer vollständigen Serie von *Kirchenfenstern aus dem 16. Jh. (Schlüssel im benachbarten Wohnhaus oder in der Pfarre von Spézet, 800 m nordöstl.)

Von Châteauneuf-du-Faou nach Guincamp oder Quimper: s. Rte 2, 1.

226 km: ***Pleyben** (100 m), 4.000 Ew., mit großartigen Baudenkmälern.

Ein Triumphportal (1725) führt in die Pfarre mit einer spätgotischen Kirche und Beinhaus und dem triumphbogenförmigen ***Kalvarienberg** (16. und 17. Jh.). Die *Kirche* (16. Jh.) besitzt eine besonders interessante Fassade, ihr Mittelturm ist durch eine elegante kleine Brücke mit einem achteckigen Treppentürmchen verbunden; ****Glockenturm** aus der Renaissance (1588–1591) mit Vorhalle, Kuppel und kleinen Türmchen, der zahlreichen Glockentürmen und Vorhallen in der Bretagne als Vorbild diente. Elegante vierteilige Sakristei (1719). ***Dachgestühl** aus dem 16. Jh. mit geschnitzten Setzschwellen und Hängezapfen; Altaraufsatz aus dem 17. Jh.; Hauptfenster mit Darstellung der Leidensgeschichte (1564).

Von Pleyben nach Quimper und Morlaix: s. Rte 15.

236 km: **Châteaulin** (53 m; Finistère), 5.700 Ew., kleine Stadt im Aulne-Tal mit dem Kanal Nantes–Brest (Lachsfischerei von Februar bis Juni).

An beiden Ufern schattige Kais. Die Stadt liegt zum Großteil am r. Ufer; neben der modernen *Kirche Saint-Idunet* ein Kriegerdenkmal (1914–1918) von Quillivic. Am l. Ufer, auf einem Felshügel, die Ruinen des ehemaligen

Schlosses und der *Kirche Notre-Dame* (15. und 16. Jh.) mit Turm aus der Renaissance und Portal aus dem Jahr 1722; Beinhaus aus dem 16. Jh.; Kreuz mit Personendarstellungen; schöner Blick auf das Tal.

8,5 km im N die *Kapelle Saint-Sébastien* (Holzvertäfelungen aus dem 17. Jh.) über dem Aulne-Tal.

16 km im SW *Locronan,* s. Rte 5,6, km 17.

Von Châteaulin nach Brest oder Quimper: s. Rte 11,1.

Die D 887 überquert die Aulne in Châteaulin, führt einen Nebenfluß hinauf und steigt langsam an; die Landschaft wird wüstenartig. R. die drei Hügel *Trois-Canards; *Aussicht* auf die Bucht von Douarnenez. – **247** km: *Sainte-Marie-du-Menez-Hom* (196 m), Weiler mit *Kapelle (drei Altaraufsätze) und Kalvarienberg (1544) in einem alten baumbestandenen Garten. – **248** km: Kreuzung.

R. gute Straße zum (1,7 km) Gipfel des ****Menez Hom** (330 m), einem alleinstehenden Berg; sehr weiter Fernblick (Orientierungstafel).

Die Straße erreicht die 30 km lange *Halbinsel Crozon,* zwischen der Bucht von Brest im N und der Bucht von Douarnenez im S.

256 km: Kreuzung mit der Straße nach Quimper (l.; D 63; s. Rte 5,2 in umgekehrter Richtung). – Fahrt durch Kiefernwälder; Aussicht auf die Bucht von Douarnenez l. und das *Cap de la Chèvre* (geradeaus). – **259,5** km: Kreuzung.

400 m l. *Telgruc;* 2 km im SW der Strand von Trez-Bellec in der Douarnenez-Bucht.

Überquerung des Aber-Tals. – **265** km: *Tal-ar-Groas;* Straßenkreuzung mit der Straße nach Le Faou (D 791, s. Rte 2,3, km 32).

270 km: **Crozon,** 7.700 Ew., im Mittelpunkt der Halbinsel gleichen Namens. In der *Kirche* Altaraufsatz (1602) mit der Darstellung des Martyriums der Legion von Theben. Gegenüber Haus aus dem Jahr 1655.

5,5 km im N **Le Fret;** kleiner Fischerhafen; regelmäßiger Schiffsverkehr nach Brest (2 bis 3 tgl. Verbindungen in jeder Richtung; Möglichkeit, den Wagen zu verladen).

6 km im WSW die ****Pointe de Dinan;** sie endet mit einer sehr großen ruinenförmigen Felsmasse, die an zwei Stellen durch natürliche Arkaden mit dem Festland verbunden ist; auch *Château de Dinan* genannt. Die ****Höhlen des Korrigans** daneben können nur bei sehr tiefer Ebbe betreten werden (nur mit Führer).

2. Von Crozon nach Camaret. – 8,5 km in Richtung WNW auf der D 8; sehr empfehlenswerter *Ausflug. – Nach der Ausfahrt aus Crozon führt die D 8 über ein ödes Plateau, dann am l. Ufer der Bucht von Dinan entlang: schöne Aussicht auf das *Château de Dinan* (s. o.).

8,5 km: ***Camaret-sur-Mer,** 3.300 Ew.; auf Langusten spezialisierter Fischerhafen an der Spitze der Halbinsel von Crozon; wunderbare *Lage. Der Hafen befindet sich in der engen Bucht von Camaret und ist vom natürlichen Damm Sillon geschützt (600 m lang); auf dem Damm die Kapelle *Notre-Dame de Roc'h am a dour* (des Felsens inmitten des Meeres; 1512; nach dem Brand 1910 wiederaufgebaut) und die *Tour de Côte Vauban* aus rötlichem Stein. Der Turm wurde 1689 von *Vauban* erbaut und spielte bei der Vernichtung der englisch-holländischen Flotte vor Camaret am 18. Juni 1694 ein wichtige Rolle; im Inneren kleines *Historisches und Marinemuseum* (im Sommer tgl. geöffnet). L. von der Bucht die *Pointe du Grand-Grouin,* r. die *Halbinsel Roscanvel* (s. u.)

In Richtung W zur (2 km) **Pointe du Toulinguet** (Burg; Leuchtturm; Höhlen) mit rötlichen Felsen, inmitten von sehr schönen Steilfelsen. Am benachbarten Strand ist das Baden gefährlich.

1 km im W die ***Alignements de Lagat-Jar,** eine Reihe von 143 Menhiren aus weißem Quarzit.

In Richtung SW zur (3 km) *****Pointe de Pen-Hir,** 70 m hoher, gerade ins Meer abfallender Steilfelsen, dem riesige Felsklippen vorgelagert sind, die sogenannten *Tas-de-Pois;* einer der eindrucksvollsten Plätze der französischen Küste. *Widerstandsdenkmal* (1940–1944). Vom Westfelsen führt ein schmaler Weg zur Salle Verte. L. der schöne *Strand *Veryac'h.*

Im NO von Camaret liegt die befestigte **Halbinsel Roscanvel,** die Verlängerung der Bucht von Brest im W; an ihrem Ende die **Pointe des Espagnois* (12 km im NO von Camaret): ***Aussicht* auf die Bucht von Brest und die 2 km schmale Meerenge. Auf der landschaftlich sehr schönen, aber kurvenreichen D 355 kann man um die ganze Halbinsel herumfahren (26 km).

Nach der Ausfahrt aus Crozon führt die D 887 in Richtung S nach Morgat hinunter.

273 km: **Morgat,** kleiner Fischerhafen (vor allem Sardinen) an der Douarnenez-Bucht; einer der berühmtesten Badeorte der Bretagne; etwas überlaufen.

Der sehr gut geschützte ****Strand** ist nach S und O ausgerichtet. Er erstreckt sich über 1 km an der von Steilfelsen eingerahmten Bucht von Morgat. Der kleine Hafen r. ist von der *Pointe de Morgat* (Leuchtturm) beherrscht; sie ist mit Kiefernwald bewachsen und endet mit einem natürlichen Felsbogen, der *Porte de Kador.*

Morgat ist auch wegen seiner ***Höhlen** zwischen den Steilfelsen zu beiden Seiten des Strandes berühmt. Man erreicht sie mit dem Schiff. Die schönsten sind die Grotte de l'Autel, du Foyer und die Cheminée du Diable.

In Richtung WNW 5,5 km zur *Pointe* und zum *Château de Dinan,* s. o., km 270. – 4 km im SW der Tannenwald *de la Palue.*

8 km im SW das ****Cap de la Chèvre;** grandiose Steilfelsen aus Gneis und Quarz, 100 m hoch; es erstreckt sich nach S und schließt die Bucht von Douarnenez zur Hälfte ab.

Von Crozon–Morgat nach Le Faou und Landivisiau: s. Rte 2,3. – **nach Locronan und Quimper:** s. Rte 5,6.

5 – Von Rennes über Ploërmel und Hennebont (Lorient) nach Quimper

Eine weitere malerische Strecke durch das Landesinnere der Bretagne (s. auch Rte 4 von Vitré nach Morgat; zahlreiche Verbindungsstraßen zwischen den beiden Routen). Auf unserer Hauptroute: der berühmte Wald von Paimpont; die historische Stadt Ploërmel; das berühmte Schloß Josselin; kurvenreiche Strecke im Umkreis von Baud und Hennebont; Kunstdenkmäler in Quimperlé, Rosporden und Quimper. Diese Stadt ist auch der geeignetste Ausgangspunkt für Entdeckungsreisen in das südliche Finistère.

Straßen: 60 km nach Ploërmel, 72 km nach Josselin, 134 km nach Hennebont und 205 km nach Quimper auf den N 24, D 769, D 26 und N 165.

Varianten. – Wir weisen auf die Variante Josselin–Rosporden über Pontivy, Guéméné, Kernascléden und Le Faouet hin; bewundernswerte bretonische Bauwerke (2 km längere Strecke, s. Nebenrte 1). – Die Strecke Hennebont-Quimper über Lorient, Pont-Aven und Concarneau ist um 35 km länger (s. Nebenrte 2; eingehende Beschreibung s. Rte 6); sie ist in umgekehrter Richtung angegeben und eignet sich sehr gut für die Rückfahrt nach Rennes oder in Richtung Nantes.

☛ Ausfahrt aus Rennes (s. Rte 1) auf der Avenue du Mail (Pl. I, A 2–3). Straßenkreuzung: r. die N 12 nach Saint-Brieuc und Brest; Sie biegen l. auf die Straße nach Lorient und die N 24 ab. – **13,5** km: *Mordelles,* 4.000 Ew.; Überquerung des Meu. – **35** km: *Plélan-le-Grand,* 2.300 Ew. – **38** km: *Les Forges-de-Paimpont,* am Ufer eines Teiches und am Rand der **Forêt de Paimpont** (6.070 ha; 14 kleine Seen), die *Broceliande* der mittelalterlichen Ritterromane.

●→ In Richtung NW nach (4 km; N 773) **Paimpont,** 1.560 Ew., am Ufer des kleinen Sees gleichen Namens im Wald. *Kirche* aus dem 13. Jh., ehemalige Stiftskirche (*Portal, Holzvertäfelungen und Altäre aus dem 17. Jh.; Statuen aus dem 15. und 16. Jh.; Elfenbeinchristus aus dem 17. Jh.).

☛ **39** km: *La Souscouet;* Überquerung des Aff. – **42** km: *Beignon;* Kirche aus dem Jahr 1539 mit Glasfenstern aus der Zeit. – Durchquerung des Militärlagers *Camp de Coetquidan-Saint-Cyr,* wo die hohen Offiziere der französischen Armee ausgebildet werden. – **51** km: *Campénéac.*

●→ 3 km im NO (D 312): *Château de Trecesson* (15. Jh.).
6 km im N (D 134): *Tréhorenteuc,* am Ausgang des *Val-sans-Retour,* einer wilden Schlucht am Rande der Forêt de Paimpont.

☛ **60** km: ***Ploërmel** (75 m), 7.000 Ew., kleine alte Stadt mit alten Häusern und einer schönen Kirche.

Geschichte. – Ploërmel verdankt seinen Namen dem Einsiedler Armel aus dem 6. Jh., der wie so viele aus Großbritannien gekommen war, um die Heiden zu missionieren. Ab dem 12. Jh. gab es hier bereits eine befestigte Stadt, die in allen Kriegen zwischen dem 12. und dem 16. Jh. recht aktiv war. Der Graf von Richelieu begründete hier im Jahr 1273 nach seiner Rückkehr

aus Palästina eines der ersten Karmeliterklöster. Zahlreiche Herzöge der Bretagne ließen sich hier begraben.
Das Mittelalter bringt bewegte Zeiten für die Stadt, die sich inmitten eines stark umkämpften Gebietes befindet. Nur das Karmeliterkloster übersteht die kriegerischen Auseinandersetzungen, die Brandschatzungen und die Plünderungen einigermaßen heil. Zur Zeit der Religionskriege wird die Stadt zu einer Hochburg des Calvinismus.

Kirche Saint-Armel (1511–1602) mit Turm aus dem 18. Jh. Interessant vor allem das **Nordportal* und die Glasfenster aus der Renaissance; im r. Seitenschiff die Grabmäler von Philippe de Montauban und seiner Gemahlin (1515), weiße Marmorgrabstatue von Jeanne de Léhon (14. Jh.); in der *Chapelle de Crévy* die Grabstatuen der Herzöge der Bretagne Jean II. († 1305) und Jean III. († 1341) aus weißem Marmor.
Auf der *Place de l'Union* die **Maison des Quatre-Soldats** mit großem Schieferdach. In der *Rue Beaumanoir* die ***Maison des Marmousets** (1586) und das ***Hôtel des Ducs de Bretagne** (etwas älter).

→ 1,5 km im NW der *Etang au Duc* (5 km lang).

Von Ploërmel nach Dinan oder Vannes: s. Rte 14,2.

☛ Die N 24 führt durch Weiden und Wälder, – **67** km: l. erinnert ein Obelisk an den „Kampf der Dreißig" (Combat des Trente); bei diesem Herausforderungskampf zwischen je 30 französischen und englischen Rittern siegten die Franzosen (26. März 1351). – Steile Talfahrt nach Josselin.
72 km: ***Josselin** (30 m), 3.000 Ew., hübsch am l. Oust-Ufer (Kanal Nantes–Brest) gelegen, mit dem berühmtesten ****Schloß** der Bretagne.

Geschichte. – Die Geschichte der Stadt war lange Zeiten hindurch aufs Engste mit jener des Schlosses verknüpft. Dieses Schloß aus dem 11. Jh., das im 12. Jh. erst niedergebrannt und dann langsam wieder aufgebaut wurde, ging durch mehrere Hände, mußte etliche Veränderungen, Umbauten und Zubauten über sich ergehen lassen, bis es, völlig vernachlässigt, im 17. und 18. Jh. als Gefängnis diente. Erst ab dem mittleren 19. Jh. nahm sich die Familie Rohan, seit 1407 im Besitz des Schlosses, des Gebäudes an und restaurierte es von Grund auf.

Das Schloß erhebt sich auf einer felsigen Plattform zwischen Stadt und Fluß; seine Mauern fallen senkrecht zum l. Ufer des Oust, zum Becken von Saint-Nicolas (im O) und in tiefe, zu Gärten verwandelte Gräben (im N), die es von der Stadt trennen, mit der es nur durch eine kleine Brücke verbunden ist.
Während das Schloß an der Flußseite noch seinen mittelalterlichen Festungscharakter bewahrt hat, bietet die Innenfassade den ganzen Reichtum der Architektur unter Ludwig XII.

Die Außenfront aus dem 15. Jh. mit drei Türmen beherrscht das Flußufer; angelehnt daran das Manoir, von 1490 bis 1505 von Jean II. de Rohan erbaut; die Innenfront mit durchbrochener Galerie und sehr großen Fenstern ist ein Meisterwerk der flamboyanten Gotik (*Öffnungszeiten:* im Sommer tgl., im Winter Mittwoch und an Sonn- und Feiertagen 14–17 Uhr). In einem

Pavillon ist das **Kostümmuseum* untergebracht: 500 Puppen mit Kostümen.

Auf der Hauptstraße Häuser aus dem 16. und 17. Jh. **Kirche Notre-Dame du Roncier** aus dem 12.–13. Jh. (Chor und Querschiff) und dem 16.–17. Jh. (Schiff und Seitenschiff) mit dem **Grab des Konnetabeln Olivier de Clisson* († 1407) und von *Marguerite de Rohan* im Oratorium (1370). Wallfahrt der Notre-Dame du Roncier am 8. September. – Am l. Oust-Ufer die *Kapelle Sainte-Croix* (11. und 16. Jh.).

→ 10 km im SW (D 126 und 123): der großartige ****Kalvarienberg Ghéhenno** (1550).

→ 17 km im N (D 793): *La Trinité-Porhoet,* 1.000 Ew.; Kirche mit romanischem r. Seitenschiff und frühgotischem l. Seitenschiff und Portal.

Von Josselin nach Redon und Nantes oder nach Pontivy, Rostrenen, Carhaix-Plouguer, Huelgoat, Landerneau und Brest: s. Rte 10.

☞ **1. Von Josselin über Pontivy und Le Faouet nach Rosporden.** – Um 2 km längere Strecke auf der D 764 und 782; diese Route ermöglicht den Besuch einiger hübscher Orte, führt aber nicht über Quimperlé.

Von Josselin nach Pontivy: 34 km auf der D 764. – 106 km (ab Rennes): **Pontivy** (s. Rte 10, km 162); weiter auf der D 764. – 116,5 km: l. auf die D 782 abbiegen. 127 km: *Guéméné-sur-Scorff,* 2.100 Ew.; langer Hauptplatz mit Granithäusern aus dem 16., 17. und 18. Jh.

→ 2 km im NW die *Kapelle Crénéan* (Malereien und Holzvertäfelungen aus dem 17. Jh.).

→ 7,5 km im NW: *Ploërdut;* Kirche mit romanischem Schiff und Turm.

☞ Die Straße durchquert eine Heide mit einigen Wäldern. 139 km: **Kernascléden;** einfacher Weiler mit einer spätgotischen **Kirche* (15. Jh.); Fassadenglockenturm und Seitentor mit Apostelstatuen; im Inneren ****Wandmalereien** aus dem 15. Jh.

→ 13,5 km nach SSW auf der D 110 See und Wald von **Pont-Kallek** im Scorff-Tal (auf der **Straße nach Plouay;* s. Rte 15).

☞ 149 km: Man trifft auf die D 769. 154 km: ***Le Faouet** (178 m), 4.000 Ew., berühmter Wallfahrtsort; der Ort liegt in einer besonders malerischen Gegend der Bretagne. Markthallen aus dem späten 16. Jh. Kirche aus dem 16. Jh.

→ 2 km im NO auf einem bewaldeten Hügel in besonders schöner *Lage die ***Kapelle Sainte-Barbe** (1489), 100 m über dem wilden Ellé-Tal; vier Kirchenfenster aus der Renaissance; Wallfahrt am letzten Sonntag im Juni.

→ 3 km südl. auf der Straße nach Quimperlé, die ***Kapelle Saint-Fiacre** (1480) mit *Giebel-Glockenturm und Treppentürmchen mit Verbindungsgang zu beiden Seiten des Hauptglockenturms – ein vollendetes Beispiel der bretonischen Bauweise. Im Kircheninneren ein herrlicher spätgotischer *Lettner* aus geschnitztem Holz. Wallfahrt am 4. Sonntag im August.

Von Le Faouet nach Quimperlé oder Rostrenen: s. Rte 4,1 in umgekehrter Richtung; – **nach Lorient oder Carhaix und Morlaix:** s. Rte 15,4, in umgekehrter Richtung.

171 km: *Scaer* (185 m) 6.700 Ew.; Kreuz mit Figurenschmuck aus dem 15. Jh.; Gefallenendenkmal 1914–1918 von *Quillivic.*
185 km: **Rosporden,** s. u.

Bei der Ausfahrt aus Josselin überquert die N 24 den kanalisierten Oust. – **94** km: *Locminé* (100 m), 3.500 Ew.; Kreuzung mit der Straße von Vannes nach Pontivy und Guincamp (D 767, s. Rte 6,2). Kirche und Kapelle Saint-Colomban (16. Jh.) mit Beinhaus aus der Renaissance. – Kurvenreiche Strecke.
112 km: **Baud,** 5.100 Ew.; *Kirche* (1927) mit Glockenturm aus dem 16. Jh. – Kreuzung mit der Straße von Dinard nach Pontivy und Auray (N 168, s. Rte 12) über dem Evel-Tal.

2 km südwestl. eine Statue mysteriösen Ursprungs, die 2 m hohe *Venus von Quinipily,* neben den Resten des Schlosses gleichen Namens.

Die Straße überquert den Evel. – **124** km: *Languidic;* Kapelle Notre-Dame des Fleurs (15. Jh.).
134 km: **Hennebont** (s. Rte 6, km 106); Überquerung des Blavet.

2. Von Hennebont über Lorient, Pont-Aven und Concarneau nach Quimper. Empfehlenswerte schöne *Strecke; um 35 km länger als die direkte Verbindung.
In Hennebont, nach der Brücke über den Blavet, folgt man der Schnellstraße N 24. In *Lanester,* gegenüber von Lorient, überquert man den Scorff auf dem *Pont de Saint-Christophe.* – 144 km (ab Rennes): **Lorient,** s. Rte 6, km 96. – Von Lorient über Pont-Aven und Concarneau nach Quimper: 96 km, s. Rte 6. – 240 km: **Quimper,** s. u.

Auf der direkten Strecke nach Quimper fährt man in Hennebont nach der Brücke über den Blavet r. auf die D 769 und nach 3 km l. auf die D 26. – **145** km: *Pont-Scorff,* 1.760 Ew., Überquerung des Scorff; auf dem Hauptplatz **Palais* aus der Renaissance. Weiter auf der D 62.

157 km: ***Quimperlé,** 11.700 Ew., am Zusammenfluß von Ellé und Isole, der die Laita (kleiner Hafen) bildet; der Ort liegt in einer fruchtbaren grünen Gegend.

In der Unterstadt, auf der *Place Nationale,* die ehemalige *Abtei Sainte-Croix* (18. Jh.), in der heute das *Rathaus* untergebracht ist (Kreuzgang aus dem 18. Jh.).

Neben diesen Gebäuden im N die ***Kirche Sainte-Croix,** ein seltsamer runder Bau aus dem 11. Jh., zum Teil im 19. Jh. umgebaut; im Inneren steinerner **Lettner* aus der Renaissance, der den Haupteingang einrahmt; Krypta aus dem 11. Jh. (Besichtigung über den Mesner, Rue Brémond-d'Ars 13).

**Alte Häuser* im N der Kirche, in der *Rue Brémond-d'Ars* (Reste der Kirche Saint-Colomban) und *Rue Dom-Morice.*

In der Oberstadt die ***Kirche Notre-Dame de l'Assomption** (13. und 15. Jh.); zwei Seitenportale und großen viereckigen Turm aus dem 15. Jh. (reiche Verzierungen).

Umgebung. – 1. *Rochers du Diable (Teufelsfelsen; 11,5 km nordöstl. über Locunolé); ein riesiges Felsengewirr über dem Ellé-Tal; malerische *Lage.

2. Le Faouet (21 km im NNO auf der D 790): s. o.

3. Forêt de Clohars-Carnoët (3,5 km südl.) am r. Ufer der Laita: Ruinen des *Château de Carnoët;* weitere sehenswerte Stellen: *Rocher Royal* und *Chaire de l'Evêque.*

4. Le Pouldu (13 km südl.): s. Rte 6.

Von Quimperlé nach Quimper folgt man der N 165. – **172** km: *Bannalec,* 5.200 Ew.; der Kirchturm der Kirche besitzt übereinanderliegende Balkone; altes Schloß Quimerc'h.

183 km: **Rosporden** (118 m), 6.100 Ew. *Kirche* mit *Glockenturm und Tor aus dem 14. Jh. am Ufer eines vom Aven gebildeten Teiches.

192 km: **Saint-Ivy;** Beinhaus aus dem 15. Jh. – Die Straße beherrscht das Odet-Tal und Quimper; *Aussicht.

205 km: ***Quimper,** Département Finistère, Bischofssitz und ehemalige Hauptstadt der Grafschaft Cornouaille, 63.500 Ew. Die Stadt hat charmanten bretonischen Charakter und liegt am Zusammenfluß von Steir und Odet, am Beginn eines der schönsten Mündungsgebiete der Bretagne. Der kleine Hafen ist 16 km vom Meer entfernt. Im Juli findet das große Fest der Königinnen von Cornouaille statt.

Geschichte. – Quimper entstand aus dem jetzigen Vorort Locmaria (der im 11. Jh. noch civitas Aquilonia genannt wurde) am Zusammenfluß (auf bretonisch *Kemper*) von Odet, Steir und Jet. Die Stadt wurde bald zur Hauptstadt der Könige oder Grafen von Cornouaille. Einem davon, dem legendenhaften König Gradlon oder Grallon, der aus Großbritannien gekommen war, schreibt man die Gründung des bretonischen Bistums von Quimper zu, dessen erster Bischof Corentin (gegen 500) war. Bis zur Revolution hieß die Stadt Quimper-Corentin, 1793 nannte sie sich Montagne-sur-Odet, dann kehrte sie wieder zur Bezeichnung Quimper zurück.

Im Jahr 1066 wurde das ehemalige Königreich, das zur Grafschaft herabgesunken war, durch Eheschließung an das Herzogtum Bretagne angeschlossen. Im 13. Jh. beginnt die Stadt Eigenständigkeit zu entwickeln: sie wird mit einer Stadtmauer umgeben. Gleichzeitig beginnt der Bau der Kathedrale (1240–1300). Aber der Bretonische Erbfolgekrieg bringt die Arbeiten zum Erliegen; 1344 kommt es zur Brandschatzung der Stadt durch die Truppen des Charles de Blois. Erst 20 Jahre später kann Jean de Montfort die Stadt wieder einnehmen. Auch in den Religionskriegen leidet die Stadt stark. Die im 15. Jh. fast fertiggestellte Kathedrale erhielt ihre steinernen Türme erst im Jahre 1856.

Der Zweite Weltkrieg ging nahezu spurlos an Quimper vorüber.

Der Dichter *Max Jacob* (1876–1944) ist einer der berühmtesten Söhne Quimpers.

Besichtigung der Stadt.

Ein Tag in Quimper. – Quimper ist sicherlich die an mittelalterlichen Ansichten reichste Stadt der Bretagne. Von Juli bis Sept. finden tgl. Führungen statt (Auskünfte beim Syndicat d'Initiative). Das Durchwandern der Gäßchen ist ein Vergnügen, aber es sei auch ein Besuch des Kunsthistorischen Museums empfohlen, das zu den schönsten Frankreichs zählt. Auch das Bretonische Landesmuseum sollte man gesehen haben. Ganz besonders lohnt der Aufenthalt während des großen Cornouaille-Festes am 4. Sonntag im Juli.

Parken ist in Quimper, vor allem im Sommer, ein echtes Problem. Wenn Sie eine Parklücke finden, sei sie auch weit vom Zentrum entfernt, nehmen Sie sie! So eine Gelegenheit ist leider selten.

Am r. Odet-Ufer befindet sich ein schattiger ***Kai;** der *Rue du Parc* (Pl. VI, B 1) genannte Teil ist der belebteste Punkt der Stadt.
Die *Rue Gradlon* verbindet den Kai mit der *Place Saint-Corentin* (Pl. VI, B 1); ****Kathedrale Saint-Corentin;** dieses Meisterwerk der Gotik entstand vom Jahr 1210 bis zum frühen 16. Jh. mit einer Unterbrechung von 1336 bis 1408. Die Fassade und ihre beiden 76 m hohen Türme stammen aus dem 15. Jh., die Spitzen wurden im reinen bretonischen Stil in den Jahren 1854–1856 hinzugefügt. Im Schiff aus dem 15. Jh. ****Kirchenfenster** aus der Zeit; Chor aus dem 13. und 14. Jh. In der Taufkapelle unter dem Nordturm **Alabasterstatue* des Hl. Johannes (15. Jh.).
R. von der Kathedrale befindet sich das ehemalige *Erzbischöfliche Palais* (16./17. Jh.). Heute ist darin (Pl. VI, B 1) das ***Bretonische Landesmuseum** untergebracht (*Öffnungszeiten:* tgl. 1. Juli bis 15. September 10–12 und 14–18 Uhr, das übrige Jahr am Di. geschl.; sonst nur bis 16.30 Uhr geöffnet). Antiquitäten und Kunstgegenstände der unteren Bretagne, **Volkstrachten der Cornouaille,* Keramiken aus Quimper.
Zwischen der Kathedrale und einem Rest der Stadtmauern aus dem 15. Jh. der *Erzbischöfliche Garten (Jardin de l'Evêché).*
L. von der Kathedrale die Statue von Laënnec (1781–1826) und das **Rathaus** *(Hôtel de Ville;* Pl. VI, B 1) mit dem ***Kunsthistorischen Museum.**

Öffnungszeiten: 10–12 und 14–19.30 Uhr; Di. geschl. Gemäldesammlung der italienischen, flämischen, niederländischen und französischen Schulen des 16., 17. und 18. Jh. Zu beachten vor allem *Bartolo di Maestro Fredi,* *Hl. Paulus mit den Briefen; *Rubens,* *Martyrium der Hl. Lucia (Skizze); *Jordaens,* *Mater Dolorosa; *Van Musscher,* der *Künstler und seine Familie; *Oudry,* *Totes Wild; *Fr. Boucher,* *Neptun und Amphitrite; *Fragonard,* *Entwurf für eine Decke.

Gegenüber der Kathedrale führt die ***Rue Keréon** (Pl. VI, B 1) mit schönen alten Häusern zu einer kleinen Brücke über den Steir (l. Reste der Stadtmauern aus dem 15. Jh.) und zur *Place Terre-au-Duc* (Pl. VI, B 1). Geht man auf diesem Platz nach l., gelangt man zu den Kais des Odet am Zusammenfluß mit dem Steir. Flußabwärts, am l. Ufer, die *Allées de Locmaria* (Pl. VI, A 2) unter den schattigen Hängen des *Mont Frugy* (Pl. VI, A–B 2); Promenade. Die Alleen führen nach **Locmaria** (Pl. VI, A 2) mit einer romanischen Kirche aus dem 11.–12. Jh.; hier befinden sich die drei großen Fayence-Manufakturen von Quimper (Besichtigung).

Umgebung. – Quimper ist ein sehr empfehlenswerter Ausgangspunkt für den Besuch der Cornouaille, der Halbinsel Crozon, der Montagne Noire und der Monts d'Arrée. Die hier beschriebenen Routen können beliebig miteinander verbunden werden. Der eilige Besucher wird vor allem eine ****Schiffsreise auf dem Odet** unternehmen (von Quimper nach Bénodet; an bestimmten Tagen fährt das Schiff bis Loctudy, s. u.; wenden Sie sich an das Syndicat d'Initiative) und den Ausflug zur *****Pointe du Raz** (s. u., Nebenrte 5, km 50). – Sehenswert sind weiters der Hafen und die Altstadt von Concarneau (s. Rte 6) auf der Küstenstraße der südl. Bretagne und Locronan (s. Nebenrte 6).

☞ **3. Von Quimper nach Bénodet und Beg-Meil.** – 16 km in Richtung S nach Bénodet auf der D 34; 29,5 km auf den Straßen D 34, D 44 und D 45 nach Beg-Meil.

Direktverbindung nach Beg-Meil, ohne den Umweg über Bénodet: 20,5 km auf den Straßen D 34 und D 45.

Ausfahrt aus Quimper über Locmaria und die D 34 (Pl. VI, A 2), die von der Mündung wegführt. – 10 km: l. führt die D 45 direkt nach Beg-Meil. – 11 km: l. die *Kapelle von Drennec,* neben einem Brunnen aus dem 16. Jh.

16 km: **Bénodet;** kleiner Hafen am l. Ufer der Odet-Mündung; sehr schöne Lage; Yachthafen, wegen seines milden Klimas berühmter Badeort. Vom Hafen führt eine kurvenreiche **Küstenstraße* zum Strand (ca. 500 m). Vom Strand führt ein Fußweg über die Felsen über die *Pointe de Bénodet* zur Lagune La Mer Blanche.

Eine Brücke über den Odet (Maut, 1972), verbindet Bénodet mit dem Hafen ***Sainte-Marine-en-Combrit** am r. Ufer, inmitten von Kiefernwäldern. 1,5 km südl. von Sainte-Marine die *Pointe* und der Strand *Combrit* und 9,5 km westl. (D 44) *Pont-l'Abbé* (s. u.)

Von Bénodet folgt man der D 44 in Richtung O. – 21 km: **Perguet;** *Kapelle Saint-Laurent,* teilweise romanisch.

➞ 3,5 km im S (D 134) zwischen zwei sehr großen Sandstränden die *Pointe de Mousterlin.*

☞ 24,5 km: *Fouesnant* (30 m), 5.000 Ew., inmitten von Obstgärten (berühmter Apfelmost); romanische **Kirche,* besonders schön das Innere mit reiner Linienführung; Gefallenendenkmal 1914 bis 1918 von *Quillivic.*

➞ 2 km südöstl. *Cap-Coz,* ein kleiner Badeort an der Bucht de la Forêt.

Von Fouesnant nach Concarneau: 13,5 km nach NO, dann SO auf den D 44 und D 783 über (3,5 km) *La Forêt-Fouesnant* (s. Rte 6).

☞ 29,5 km: **Beg-Meil** (Schiff nach Concarneau im Sommer), Badeort zwischen dem Ozean und der Bucht de la Forêt, gegenüber von Concarneau; Weide- und Obstgärtenlandschaft, sehr reiche Vegetation. – Fährt man von Beg-Meil über Fouesnant und die direkte Straße (D 45 und D 34) nach Quimper zurück, beträgt die Rundfahrt 50 km.

4. Von Quimper nach Pont-l'Abbé und Penmarc'h. – 19 km und 30 km in Richtung SW auf der D 785; 35,5 km, wenn man bis Saint-Guénolé weiterfährt.

Ausfahrt aus Quimper auf dem Odet-Kai und der D 785 (Pl. VI, A 2).
19 km: ***Pont-l'Abbé,** 7.800 Ew., 5,5 km vom Meer entfernt im Mündungstrichter des Flusses von Pont-l'Abbé gelegen; Hauptstadt des *Pays Bigouden,* das vor allem durch den besonderen Charakter seiner Bevölkerung besticht. Die Frauen tragen eine hohe steife Kopfbedeckung in Form einer Mitra. Fest der Stickerinnen am 2. Sonntag im Juli und Wallfahrt *Pardon des Carmes* am 3. Sonntag im Juli.

Neben dem kleinen See großer Turm aus dem 15. Jh. (kleines **Regional-Museum* Musée du Pays Bigouden; im Sommer tgl. außer Sonntag geöffnet) und Gebäude aus dem 18. Jh. (Rathaus), Reste des Schlosses. Neben der Kirche aus dem späten 14. Jh. (an der Fassade und im Chor zwei *Fensterrosen) eine schattige *Promenade am r. Hafen-Ufer; Gefallenendenkmal von *Fr. Bazin.* – Am l. Ufer die Ruinen der **Kirche du Lambour* aus dem 13. und 15. Jh.

Umgebung. – 1. Kerazan und Loctudy (3 km und 5,5 km in Richtung SO auf der D 2): im *Château de Kerazan* moderne Gemäldesammlung (Donnerstag, Samstag und Sonntag 10–18 Uhr). In *Loctudy* (3.500 Ew., Schiffe nach Bénodet und Quimper) eine ***Kirche,** eines der schönsten romanischen Bauwerke der Bretagne; frühes 12. Jh.; Fassade und Glockenturm aus dem 18. Jh. Der Strand dieses kleinen Badeortes befindet sich 1 km vom Ort entfernt. Der Hafen, an der Mündung des Flusses von Pont-l'Abbé, befindet sich gegenüber der *Ile-Tudy* (Eiland; Fähre für Fußgänger), einem kleinen Hafen und Badeort an der Spitze einer schmalen Halbinsel).
2. Lescronil (6 km im S auf der D 102): kleiner Fischerhafen (vor allem Sardinen) an einer wüstenartigen Küste.
3. Kapellen Tréminou und **Notre-Dame de Tronoën** (2,5 km und 8,5 km in Richtung W; Nebenstraße über *Saint-Jean-Trolimon):* Die Kapelle Tréminou stammt aus dem 15. Jh.; die Kapelle Notre-Dame de Tronoën (spätes 14. Jh.) erhebt sich an einer wildromantischen Stelle, etwa 1,5 km vom Meer entfernt; daneben ein ****Kalvarienberg** aus dem späten 15. Jh., Vorbild vieler bretonischer Kalvarienberge (Wallfahrt am 3. Sonntag im September).

Weiter auf der D 785. – 21 km: 700 m l. das *Château de Kernuz* (15.–16. Jh.), von einer weitläufigen Festungsmauer umgeben. – 24,5 km: *Plomeur.*

5,5 km südl. *Le Guilvinec,* ein bedeutender Fischerhafen (Sardinen).

Man fährt durch eine Gegend mit zahlreichen Megalithen. Kurz vor Penmarc'h auf der r. Seite ein 8 m hoher Menhir: *Pierre de la Vierge.*
30 km: **Penmarc'h,** 7.300 Ew.; der Name stammt von der Form der Halbinsel und bedeutet Pferdekopf. Sehr schöne spätgotische

Kirche Saint-Nonna (frühes 16. Jh.). Gefallenendenkmal 1914 bis 1918 von *P. Lenoir.*
32 km: **Kerity,** bedeutender Fischerhafen (Sardinen); Kirche *Sainte-Thumette* (16. Jh.).
33 km: **Pointe de Penmarc'h,** niederes, von Riffen umgebenes Felsplateau mit dem 65 m hohen ***Leuchtturm Eckmühl** (1897 vollendet; tgl. geöffnet; 303 Stufen; wunderbarer Blick); *Kapelle Saint-Pierre* (15. Jh.); kleiner Hafen. – Man fährt in Richtung N auf der Küstenstraße D 80 weiter; l. die *Kapelle Notre-Dame de la Joie* (16. Jh.) mit Kalvarienberg (1588; Wallfahrt am 15. August).
35,5 km: ***Saint-Guénolé,** bedeutender Fischerhafen der Gemeinde Penmarc'h in einer öden Gegend; der Ort liegt an einem niederen Hang mit ausgezackten Felsen; oft gefährlicher Wellengang. Lebensmittelindustrie (Sardinen).

Hinter Saint-Guénolé kann man in Richtung NO auf der Küstenstraße weiterfahren; 1,5 km: ***Museum der Vorgeschichte des Finistère** (im Sommer tgl. geöffnet); rundherum eine Megalithensammlung mit wieder zusammengefügten alten **Skulpturen.* In der Nähe, in der Bucht der Torche, der Strand *Porz-Carn.* – 3,5 km (ab Saint-Guénolé): *Pointe de la Torche* (*Aussicht); r. führt eine Straße direkt nach (5 km) *Plomeur* (s. o.) und (10,5 km) *Pont-l'Abbé.* So würde die Rundfahrt Quimper–Pont-l'Abbé–Saint-Guénolé–Pont-l'Abbé–Quimper insgesamt 68,5 km betragen.

☞ **5. Rundfahrt Quimper–Audierne–Pointe du Raz–Douarnenez–Locronan–Quimper.** Richtung NW; **Rundfahrt von 123 m, die schönste, die man von Quimper aus unternehmen kann; von Quimper zur Pointe du Raz: 50 km auf der D 784; von der Pointe du Raz nach Douarnenez: 46 km auf Nebenstraßen und der D 765; von Douarnenez mit dem Umweg über Locronan nach Quimper: 27 km auf der D 7 und D 63; von Locronan könnte man nach Crozon und Morgat weiterfahren (s. Nebenrte 6); wer Locronan gesondert besuchen will, kann von Douarnenez auf der D 765 direkt nach Quimper zurückfahren: 22 km.
Ausfahrt aus Quimper auf der *Rue de Douarnenez* und der D 765 (Pl. VI, A 1); nach 4 km biegt man l. auf die D 784 ab.

Die D 765 führt direkt nach (22 km) Douarnenez, doch wir empfehlen die hier beschriebene Route.

Die D 784 führt über ein Plateau. – 25 km: **Plozévet;** Kirche mit vier romanischen Arkaden; Gefallenendenkmal 1914–1918 mit 10 m hohem Menhir und Statue von *Quillivic.* – 30,5 km: **Plouhinec;** *Kirche* aus dem 16. Jh. mit **Turm* aus dem 14. Jh.; Gefallenendenkmal 1914–1918 von *Quillivic.* – Kurz vor der Einfahrt in Audierne Überquerung der Goyen-Mündung.

35 km: ***Audierne,** 3.700 Ew., bedeutender Fischerhafen (Langusten; Zuchtbecken) am r. Ufer der Goyen-Mündung, 2 km vom Meer entfernt. Die alte Kirche auf einem Hügel ist von kleinen, reich mit Blumen geschmückten Gassen umgeben. Der feine Sandstrand ist 2 km vom Ort entfernt, r. vom großen Damm, der die Mündung schützt (Bootsausflüge zur Ile de Sein, s. u.).

Ausfahrt aus Audierne auf der D 784; sie steigt an und führt über ein kahles Plateau. – 39 km: 660 m l. die **Kapelle Saint-Tugen* (1515–1530). – Die Straße führt in die Loch-Bucht hinunter und steigt dann wieder an; die Landschaft wird immer öder. – 45 km: *Plogoff*.

2 km nordöstl.: **Cléden-Cap-Sizun;** Kirche mit schönem Glockenturm aus dem 16. Jh. und Seitenportal aus der Renaissance.

59 km: *****Pointe du Raz,** eines der Wunder Frankreichs; unvergleichlich schöne wilde Landschaft und schönes Meer. Große, vom Ozean ausgezackte Felsspitze; von einem Ende zum anderen von Felsspalten durchzogen, in denen die Wellen eine dumpfe Musik schlagen. Ein Fußweg führt um sie herum; einige Stellen für Schwindelanfällige schwierig; es ist zu empfehlen, einen Führer zu nehmen. Die eindrucksvollste Stelle ist der Trichter *Enfer de Plogoff* an der r. Flanke. An der Vorderseite der Landspitze erhebt sich der Leuchtturm *Phare de la Vieille* auf einem Felsen des *Raz de Sein,* einer gefährlichen, von Riffen übersähten Meerenge zwischen der Pointe du Raz und der **Ile de Sein;** die Insel ist knapp über dem Wasser sichtbar; jenseits der Leuchtturm Ar-Men auf einem einsamen Felsblock im Meer.

Die **Ile de Sein** (Insel Sein) ist nur etwa 2 km lang und völlig flach und nackt. Lange galt sie als verwunschen. Heute leben 600 Menschen dort, vor allem vom Fischfang (Schalentiere). Widerstands-Denkmal. An der NW-Spitze erhebt sich der Leuchtturm von Sein.
Zwischen Sein und Audierne besteht eine regelmäßige Schiffsverbindung (Juli–August drei Fahrten tgl.; das übrige Jahr eine tgl. Verbindung außer am Mittwoch; die Überfahrt dauert etwa 1 Std.), sowie zwischen Sein und Sainte-Evette.

Von der Pointe du Raz fährt man auf der D 784 2,5 km zurück; l. gelangt man auf eine Straße, die an der *Baie des Trépassés* (*Strand) vorbeiführt und nach einem kleinen Umweg bei der (57,5 km) ****Pointe du Van** endet; 65 m hohes Felsmassiv: ***Aussicht* auf die Pointe du Raz und die Insel Sein, die Bucht von Douarnenez und das Cap de la Chèvre.
Von der Pointe du Van folgt man der guten Straße (s. o. und dann D 7), die in einiger Entfernung an der Südküste der Bucht von Douarnenez entlangführt. – 61 km: l. die Straße zur *Pointe de Brézellec.* – 66 km: l. erstreckt sich auf ca. 2 km das ***Ornithologische Reservat des Cap-Sizun** (Besuch nur mit dem Wärter vom 1. April bis 31. Juli); es wurde 1959 zum Schutz der Seevögel, die von März bis Juli diese Küste bevölkern, eingerichtet. Das Reservat umfaßt den Felsvorsprung ****Castel-ar-Roc'h** (71 m). Hier kann man verschiedene seltene Vogelarten beobachten.
73 km: *Beuzec-Cap-Sizun;* Kirche mit gotischer *Turmspitze aus dem 16. Jh. und Tor aus dem 17. Jh.

2 km nordwestl. die ***Pointe du Château de Beuzec** mit Fernblick über die Bucht von Douarnenez.

☞ Hinter Beuzec auf der direkten Straße nach Douarnenez (D 7) weiterfahren; nach 3 km r. auf die Straße nach Pont-Croix abzweigen.
80 km: ***Pont-Croix,** 2.000 Ew., kleine alte Stadt über dem r. Ufer des Goyen. *Kirche Notre-Dame de Roscudon* mit beachtenswertem **Schiff* aus dem 13. Jh., im 15. Jh. umgebaut; die **Südvorhalle* mit hohem Giebel und der Glockenturm mit sehr schönem, 67 m hohen **Steinhelm* stammen aus der gleichen Zeit.
Ausfahrt aus Pont-Croix auf der N 165. – 85,5 km: *Comfort;* Kalvarienberg vor der spätgotischen Kirche aus dem 16. Jh. (merkwürdiges Rad mit Glockenspiel). – 94,5 km: *Pouldavid* am Beginn des gleichnamigen Mündungstrichters; bei der Ortsausfahrt nimmt man l. die Straße nach Douarnenez, die am r. Mündungsufer verläuft.
96 km: **Douarnenez,** 19.500 Ew., ehemals der erste französische Sardinenfischereihafen, tief in der **Bucht von Douarnenez* gelegen, am r. Ufer und an der Mündung von Pouldavid, die die Stadt von Tréboul trennt. Die Stadt ist eine typische Küstenstadt, deren Männer immer noch der Fischerei nachgehen, während die Frauen in der Fischkonserven-Industrie arbeiten. Der immer noch rege *Hafen ist besonders malerisch. Von der Mole ***Ausblick* auf die Bucht, die im NO von den drei Gipfeln des *Menez-Hom* beherrscht und im NW vom *Cap de la Chèvre* fast geschlossen wird.

Umgebung. – 1. Ploaré (1 km im SO) von einem 55 m hohen ***Glockenturm* aus dem 16. Jh. beherrscht. Am Friedhof Gefallenendenkmal 1914 bis 1918 von *A. Beaufils* und Grab des berühmten Arztes Laënnec (1781 bis 1826).
2. Plage (Strand) du Ris (3 km im SO auf der D 7) s. u.
3. **Tréboul (2 km im NW; Überquerung der Mündung auf der Viaduktbrükke): Fischerhafen am l. Ufer der Mündung von Pouldavid, gegenüber der *Insel Tristan* (Leuchtturm); das Badeviertel und die Hotels sind 1,5 km vom Hafen entfernt (NW), an der *Plage (Strand) des Sables Blancs.* – 4 km nordwestl. von Tréboul die ***Pointe de Leydé** (Ausblick über die Bucht).

Von Douarnenez kann man auf der D 765 (direkte Verbindung) über (14 km; 110 km) *Plonéis* (Kirche aus dem 16. Jh.; Beinhaus) nach (22 km; 118 km) *Quimper* zurückfahren. – Man kann jedoch auch die Rundfahrt über Locronan (s. u.) fortsetzen.
Um nach Locronan zu gelangen, fahren Sie bei der Ausfahrt aus Douarnenez auf der D 7. – 98 km: *Plage du Ris* (6 km lang; *Aussicht). – 101,5 km: *Kerlaz;* Kirche aus dem 16. und 17. Jh. mit Glockenturm aus dem Jahr 1660; Kalvarienberg (1654) und Beinhaus (1550).
106 km: **Locronan,** s. u. Für die Rückfahrt nach Quimper nimmt man die D 63 in Richtung NW. – 109,5 km: *Plogonnec*, s. u.
123 km: **Quimper.**

☞ **6. Von Quimper nach Locronan, Crozon und Morgat.** – 54 km in Richtung NW auf der D 63 und D 887. – Ausfahrt aus Quimper auf der Rue de la Providence und der D 63 (Pl. VI, A 1) das *Steir-Tal hinauf. – 13,5 km: *Plogonnec;* gotisches Triumphtor;

Kirche aus dem 16. Jh. mit Glockenturm aus der Renaissance und Glasfenster aus dem 16. Jh.
17 km: ***Locronan,** kleiner Ort am Fuße der Montagne de Locronan (289 m), berühmter Wallfahrtsort; Wallfahrt am 2. Sonntag im Juli; Prozession der *Petite Troménie;* alle sechs Jahre findet die ***Grande Troménie** statt, eine 12 km lange Prozession; die nächsten sind für die Jahre 1983 und 1989 vorgesehen.

Sehr hübscher ****Platz** mit Kirche, Häusern aus der Renaissance (16.–17. Jh.) aus Granit und altem Brunnen. Interessantes Museum (moderne Malerei und Bildhauerei).
Die ***Kirche** aus dem zweiten Drittel des 15. Jh. besitzt einen viereckigen **Turm* aus grauem Granit mit goldenen Verzierungen; die Spitze wurde unglücklicherweise 1808 zerstört. Dem Turm vorgelagert eine schöne Vorhalle mit Holzstatue des Hl. Ronan. Das dreiteilige Schiff endet beim großen Kirchenhaupt mit drei spätgotischen Fenstern. An der l. Flanke hübsche Vorhalle und elegante Sakristei. An der r. Flanke, parallel zur Kirche, die *Chapelle du Pénity* (1510–1514); dreijochig mit einer Grablegung aus Stein aus dem 16. Jh. und dem ebenfalls aus dem 16. Jh. stammenden Grab des Hl. Ronan. Die Kirche beherbergt zahlreiche Kunstwerke, darunter eine Kanzel aus dem Jahr 1707, ein **Glasfenster* mit Darstellung der Leidensgeschichte (15. Jh.) am Kirchenhaupt, zahlreiche holzgeschnitzte Statuen und ein **Kirchenschatz* (Auskünfte beim Mesner). Hinter der Kirche auf dem Friedhof ein schönes verziertes Kreuz.

Von Locronan nach Châteaulin (s. Rte 4, km 236): 16 km in Richtung NO auf der D 7; auf dieser Straße bei km 3,5 die gotische **Kapelle Kergoat** mit sieben alten *Glasfenstern.

Nach der Ausfahrt aus Locronan fährt man auf der D 63 weiter. – 21 km: *Plonévez-Porzay.* – 22 km: Kreuzung.

→ L. Straße zur (3 km) *Kapelle Sainte-Anne-la-Palud* inmitten einer menschenleeren Heide; sie liegt etwa 500 m vom Meer entfernt in der Bucht von Douarnenez (**Sandstrand); berühmte ****Wallfahrt** (letzter Sonntag im August).

☞ 25 km: **Ploéven;** Kirche mit Malereien aus dem 16. Jh. – 28 km: *Plomodiern;* geradeaus die D 47; Sie biegen aber l. ab und bleiben auf der D 63. – 33 km: *Saint-Nic;* Kirche aus dem 16. Jh. und Kalvarienberg.

→ In Richtung SW nach (1,5 km) **Pentrez-Plage;** kleiner, neuer Badeort mit 4 km langem ***Sandstrand*, der ebenso schön ist wie der Strand von *Sainte-Anne-la-Palud,* von dem er nur durch die *Pointe de Talagrip* getrennt ist.

→ 5,5 km im NO (D 108 und D 83) der Gipfel des ****Menez Hom** (s. Rte 4, km 248).

☞ Nach Saint-Nic steigt die Straße an: ***Aussicht* l. auf die Bucht von Douarnenez. – 37 km: Kreuzung mit der D 887; l. abbiegen (s. Beschreibung Rte 4). – 51 km: **Crozon,** s. Rte 4, km 270.
54 km: **Morgat,** s. Rte 4, km 273.

Von Quimper nach Morlaix: s. Rte 15,3. – **nach Carhaix und Guincamp:** s. Rte 2,1; – **nach Rostrenen und Saint-Brieuc:** s. Rte 14,3; – **nach Concar-**

neau, Pont-Aven, Lorient, Hennebont, Auray, Vannes und Nantes (Küstenstraße der südl. Bretagne): s. Rte 6.

6 – Von Quimper über Concarneau, Lorient und Vannes nach Nantes

Herrliche *Strecke, zum Großteil an der Südküste der Bretagne: Concarneau, Pont-Aven, zahlreiche kleine Häfen und Badeorte, der Hafen Lorient; hinter Lorient Fahrt durch Heideland zu den alten Städten Auray und Vannes am Golf von Morbihan, einem kleinen Binnenmeer mit vielen kleinen Eilanden, sehr malerische Bootsausflüge. Vor Nantes fährt man an der Kammlinie der Hügel des Sillon de Bretagne entlang.

Straße: 261 km in Richtung SO auf der D 783, D 24, D 49, D 224, D 162, D 306, D 152, D 29, N 24 und N 165.

Varianten. – Von Quimper auf der direkten Verbindung (N 165, D 62, D 26) über Quimperlé nach Hennebont, ohne Besuch von Concarneau und Pont-Aven (s. Rte 5,2 in umgekehrter Richtung; diese Strecke ist um 35 km kürzer). – Von Auray: Umweg über Carnac (s. Rte 7). – Von Vannes: Umweg über den Golf von Morbihan bis Port-Navalo (s. Nebenrte 1). – Von La Roche-Bernard: Umweg über Le Croisic, La Baule und Saint-Nazaire (s. Rte 9 in umgekehrter Richtung).

☛ Ausfahrt aus Quimper (s. Rte 5, km 205) auf der *Rue Le Déan* und der D 783 (Pl. VI, C 2). – **15** km: r. die Straße nach *La Forêt-Fouesnant* (2 km; Kirche und Kalvarienberg aus dem 16. Jh.) und Fouesnant (5 km; s. Rte 5,3). – **21,5** km: l. die Straße nach Rosporden (10,5 km; s. Rte 5, km 183).

23 km: ****Concarneau,** 19.000 Ew., bedeutender Hafen (Thunfisch und Sardinen), berühmte Altstadt. Concarneau ist auch ein gut besuchter Badeort an der *Baie de la Forêt.*

Der *Hafen (sehr rege, Thunfischflotille) ist durch die ****Altstadt** vom Hinterhafen getrennt. Die Altstadt steht auf einem 500 m langen Eiland, das durch eine Brücke mit der Place Jean-Jaurès verbunden und von einer dicken Granitmauer mit Türmen umgeben ist. Die Mauern wurden im 15. Jh. erbaut und im 18. Jh. von *Vauban* für die Artillerie umgebaut (Promenade; Eintrittsgebühr). In der Altstadt ein *Fischereimuseum.* – Das Badeviertel Sables-Blancs erstreckt sich am Rand der Baie de la Forêt; Strände Petits-Sables-Blancs (1 km vom Zentrum) und Grands-Sables-Blancs (1,5 km).

●→ 16 km im SW (Sommerausflug) die **Iles Glénan,** eine Gruppe von neun kleinen Inseln; Wassersportzentrum und Segelschule; die größte ist die **Ile Saint-Nicolas** (Schalentierzucht); auf der *Insel Penfret* ein 36 m hoher Leuchtturm.

☛ Ausfahrt aus Concarneau in Richtung NW auf dem *Quai Carnot;* r. auf die D 783 abbiegen, die den Moros überquert. – **26,5** km: **Kerviniou;** r. Straße zur *Pointe du Cabellou* (Strand, belebter neuer Badeort). – **29,5** km: *Trégunc;* 8 km südl. die *Pointe de Trévignon* (kleiner Hafen).

38 km: ***Pont-Aven,** 3.500 Ew., im Aven-Tal, am Beginn des Mündungsgebiets (6 km vom Meer entfernter kleiner Hafen).

Der Ort ist wegen seiner malerischen Lage am Flußufer berühmt; zahlreiche Felsformationen und alte Mühlen. Pont-Aven wurde von Gauguin in Bildern verewigt und war ein beliebter Aufenthaltsort für Künstler zu Beginn dieses Jahrhunderts.
Am 1. Sonntag im August findet die *Wallfahrt der Fleurs d'Ajonc* statt; sie wurde vom Barden Théodore Borel (1868–1925) begründet (dessen Statue am r. Ufer); zu diesem Anlaß legen die Frauen ihre alten Trachten an. Von der Brücke flußaufwärts die **Promenade du Bois d'Amour,* 1 km nordwestl. die gotische *Kapelle Trémalo.*

3,5 km südl. das **Château du Hénan** aus dem 15.–16. Jh.
10 km südl. am r. Ufer und an der Mündung des Aven liegt ***Port-Manec'h,** kleiner Fischerhafen und Badeort in sehr schöner Lage.

Ausfahrt aus Pont-Aven auf der D 783, die den Aven überquert. – **42,5** km: *Riec-sur-Bélon;* die D 783 führt nach (12,5 km) Quimperlé (s. Rte 5, km 175); Sie fahren r. auf die D 24, die eine zeitlang am r. Bélon-Ufer verläuft und ihn dann überquert. – **49,5** km: **Moëlan-sur-Mer;** im S die *Kapelle Saint-Roch* mit Kalvarienberg und Brunnen (15. Jh.).

5 km im W (D 116) führt r. ein kleiner Weg zur *Kapelle Notre-Dame de Lanriot.* Die D 116 führt danach nach (7,5 km) **Kerfany-les-Pins,** einem kleinen, hübsch gelegenen Badeort auf einer bewaldeten Landspitze über der für ihre Austern berühmten Bélon-Mündung.

In Richtung SW nach (5 km; D 216) **Brigneau:** malerischer kleiner Fischerhafen an einer kleinen Mündung.

54 km: *Clohars-Carnoët.*

4 km nach SW auf der D 316 zum kleinen Fischerhafen **Doëlan.*

Man fährt auf der D 24 in Richtung SO. – Hinter (**55,5** km) *Langlazic* biegt man r. auf die D 124 ab, die sich dem Meer und den Stränden nähert.

60 km: **Le Pouldu,** Badeort; der Strand *Les Grands-Sables* befindet sich am Meer, während der kleine Hafen am r. Ufer der Laita-Mündung liegt. **Kapelle Notre-Dame de la Paix* aus dem 15. und 17. Jh., die 1959 von Pont-Aven hierher verlegt wurde (moderne Glasfenster). Wohnhaus des Philosophen Alain (1868 bis 1951).
R. auf die D 49 abbiegen. – **65** km: *Le Zouave;* Straßenkreuzung: r. auf die D 224 einbiegen; r. der Straße die *Abtei Saint-Maurice* (Kapitelsaal aus dem 13. Jh.). – **67,5** km: Überquerung der Laita (*Aussicht). – Nach der Brücke fährt man bis (**71** km) *Guidel* auf der D 162; in Guidel zweigt man r. in Richtung SW auf die D 306 ab. – **75** km: *Le Bas-Pouldu,* Feriendorf gegenüber von Le Pouldu. Hier beginnt die ***Route de Corniche** (D 152), die am dünenumrahmten Ufer verläuft. R. der ehemalige Leuchtturm *Pouldu-en-Guidel* (kleines Marinemuseum; Aussicht). – **79** km: *Fort-Bloqué;* Strand und kleine Burg auf einem Inselchen. – Die Straße schneidet die *Pointe du Talut.* – **86** km: *Loméner,* kleiner Hafen an der Stolé-Bucht, gegenüber der *Ile de Groix* (s. u.).

90 km: **Larmor-Plage,** kleiner Fischerhafen und Badeort am Eingang der Reede von Lorient, gegenüber von Port-Louis. Zwei **Strände; Kirche* aus dem 15. und 16. Jh. mit Turm aus dem Jahr 1615; im Inneren flämischer **Altaraufsatz* mit Darstellung der Kreuzigung.
Einfahrt nach Lorient auf der Schnellstraße (D 29); r. der U-Boot-Stützpunkt und der Fischerhafen Keroman, s. u.

96 km: ***Lorient,** Département Morbihan, 72.000 Ew., bedeutender Militär-, Handels- und Fischerhafen (der zweitgrößte Frankreichs), 6 km vom Meer entfernt in der Reede zwischen den Mündungen des Scorff und des Blavet gelegen. Die Deutschen hatten hier von 1941 bis 1945 einen ihrer großen Marinestützpunkte. Das Stadtzentrum aus dem 17. und 18. Jh. wurde völlig zerstört. Durch den Wiederaufbau entstand eine schöne moderne Stadt; Lorient ist heute das größte Handels- und Industriezentrum des Morbihan und erlebt eine rege und rasche Entwicklung.

Das Zentrum. – Die ***Place Alsace-Lorraine** (Pl. VIII, B–C 2) wurde vom Architekten *J.-B. Houlier* im bretonischen Stil wiederaufgebaut. *Kirche Notre-Dame de la Victoire.* Neben drei belebten Plätzen *(Place A.-Briand, de l'Hôtel-de-Ville* und *Jules-Ferry)* erhebt sich das neue **Rathaus** (Hôtel de Ville). Von hier kann man zum Arsenal (s. u.) gelangen.
Das Arsenal und die Häfen. – Der *Militärhafen* (Pl. VIII, C 2) befindet sich an der Scorff-Mündung; am l. Flußufer die großen Reedereien Lanester.
Am r. Ufer die Einrichtungen des **Arsenals** (Eingang Pl. VIII, C 3; *Öffnungszeiten:* vom 1. Mai bis 15. Oktober 14–17 Uhr; vom 16. Mai bis 14. September zusätzlich auch 9–11 Uhr, Führungen; der Besuch ist nur französischen Staatsbürgern gestattet; Lichtbildausweis).
Am Eingang zum Arsenal sieht man r. die beiden **Pavillons* (1773) der ehemaligen Marinepräfektur (restauriert). Auf einem kleinen Platz die *Tour de la Découverte* (1786; 38 m hoch; 226 Stufen; ***Rundblick* über die Reede und die Ile de Groix). Am Fuß des Turmes die beiden Schießpulvermühlen des Admirals (17. Jh.); eine davon beherbergt ein *Marinemuseum.*
2 km südl. des Stadtzentrums (Ausfahrt Pl. VIII, B 4) befinden sich der Fischerhafen und die Unterseebootbasis Keroman.
Der ***Fischerhafen Keroman** ist der modernste seiner Art in Frankreich; Aussicht auf den Eingang der Reede mit der Zitadelle Port-Louis (l.) und dem Hafen von Larmor (r.) – Der riesige ***U-Boot-Stützpunkt** (Führung: s. Arsenal) wurde 1941/42 von den Deutschen zwischen dem Hafen und der Ter-Mündung erbaut. In der Basis befinden sich drei Blöcke, für welche insgesamt 900.000 t Beton verwendet wurden; sie konnten 25 Unterseeboote aufnehmen.

Umgebung. – 1. Hafenrundfahrt im Schiff über Pen-Mané, Larmor-Kernével und Port-Louis (Anlegestelle Quai des Indes, Pl. VIII, C 3).
2. *Port-Louis (mit dem Schiff 4,5 km in Richtung SW; Anlegestelle Boulevard de l'Estacade; auf dem Landweg 18,5 km auf der N 24, r. auf die

D 194 und r. auf die D 781; Ausfahrt über den Pont Saint-Christophe, Pl. VIII, B 1). – *Port-Louis,* 3.700 Ew., alte Festung aus dem 17. Jh., Fischerhafen und kleiner Badeort, sehr hübsch zwischen dem Eingang der Reede von Lorient gegenüber von Larmor (s. o.) gelegen. Esplanade des Patis, *Zitadelle* (1616; *Öffnungszeiten:* 10–12 und 14–19 Uhr; kleines Marinemuseum; *Rundblick) und Festungsmauern (1652–1664).
Fähre nach **Gâvres** (1,5 km südl.): kleiner Fischerhafen an der Spitze einer langen sandigen Halbinsel.
Von Port-Louis nach Plouharnel: s. Rte 7,1 in umgekehrter Richtung.
3. Ile de Groix (Überfahrt von 14 km in Richtung SW, 6 km davon in der Reede; Halt in Port-Louis, s. o.; tgl. 3 bis 9 Fahrten; Autofähre; Anlegestelle Boulevard de l'Estacade, Pl. VIII, C 3). – Die Ile de Groix ist durch einen 5 km breiten Meeresarm vom Festland getrennt. Sie verläuft parallel zur Küste in 8 km Länge und 2–3 km Breite, ein nacktes, von Steilfelsen eingerahmtes Plateau. Ihre 3.500 Ew. leben vor allem vom Fischfang. Neben dem Ort Groix der Hafen *Port-Tudy,* einst der größte Thunfischhafen der Bretagne. 2,5 km östl. der Strand von Port-Mélite; 4,5 km im WNW die Pointe de Pen-Men (Leuchtturm). Sehenswert vor allem die ***Südküste:** *Trou de l'Enfer* und *Port Saint-Nicolas.*

Von Lorient nach Le Faouët, Carhaix, Huelgoat und Morlaix: s. Rte 15,4; – **nach Quimper:** auf der direkten Verbindung N 165: 20 km in Richtung NW; über Hennebont und Quimperlé: s. Rte 5,2.

☛ **Fortsetzung der Strecke nach Nantes.** – Ausfahrt aus Lorient, indem man auf dem Pont Saint-Christophe (Pl. VIII, B 1) den Scorff überquert; weiter auf der Schnellstraße N 24.
106 km: ***Hennebont,** 12.500 Ew., merkwürdige kleine Stadt; ein Drittel wurde 1944/45 zerstört; sie liegt am l. Ufer und in der Mündung des Blavet, der hier einen kleinen Hafen bildet.

Kirche Notre-Dame du Paradis (1513–1530) mit riesigem spätgotischem Turm (72 m, drei Turmspitzen). Altstadt mit gut erhaltenen Stadtmauern aus dem 15. Jh. ***Porte du Bro-Erec'h* (15. Jh.) mit zwei Türmen. Einige alte Häuser in der Grande-Rue. – 500 m flußaufwärts von der Brücke, am l. Ufer, die Reste der 1270 gegründeten Abtei de la Joie.

●→ 14 km im SSW auf der D 781: **Port-Louis,** s. o.

Von Hennebont nach Ploërmel und Rennes: s. Rte 5 in umgekehrter Richtung; – **nach Carhaix und Morlaix:** s. Rte 15,4; – **nach Quimper auf der direkten Verbindung (über Rosporden und Quimperlé):** s. Rte 5,2.

☛ Nach Überquerung des Blavet Ausfahrt aus Hennebont auf der N 165 in Richtung O; l. die N 24 nach Rennes. – Vor Auray Fahrt durch eine Heidelandschaft.
134 km: ***Auray,** 10.400 Ew., kleine alte Stadt über dem r. Ufer des Loch oder Rivière d'Auray, der hier einen kleinen Hafen und später eine breite Mündung bildet (Austernzucht), die 10 km im SO im Golf von Morbihan endet.

An der *Place de la République* das **Rathaus** aus dem späten 18. Jh. Die *Rue du Père-Eternel* mit der Kapelle gleichen Namens (geschnitzte Chorstühle) führt zur *Promenade du Loch* über dem r. Flußufer (Belvedere, 1727–1823; Ausblick auf das Mündungsgebiet). Am l. Ufer befindet sich der *Faubourg Saint-Goustan:* alte Häuser aus dem 15. Jh.; *Kirche Saint-Goustan* (Vorhalle aus dem 16. Jh.).

Umgebung. – 1. Sainte-Avoye (4,5 km in Richtung SO): Weiler auf dem r. Bono-Ufer; *Kapelle aus dem 16. Jh. mit Lettner aus geschnitztem Holz (1554).
2. *Bono (5 km in Richtung SO auf der D 101): kleiner Hafen am r. Bono-Ufer; Metallbrücke und Hängebrücke (*Aussicht). 1 km südwestl. die gedeckte Allée du Rocher.
3. Chartreuse d'Auray, Champ des Martyrs und Sainte-Anne d'Auray (7,5 km in Richtung NW). – Ausfahrt in Richtung NW auf der D 768. – 2,5 km: l. die bei einem Brand 1968 beschädigte **Chartreuse d'Auray;** in der Grabkapelle (1829) ein marmornes Mausoleum für die auf dem Champ des Martyrs (s. u.) Erschossenen. – Auf die D 120 in Richtung NW abbiegen. – 3,5 km: *Champ des Martyrs,* wo 1795 die 300 in Quiberon gefangengenommenen Royalisten erschossen wurden. Kapelle (1829). In der Nähe Steinkreuz zum Andenken an die Schlacht von Auray (1365), Ende des bretonischen Erbfolgekriegs. – Weiter auf der D 120, dann r. auf die D 19, 7,5 km: *Sainte-Anne-d'Auray,* berühmte Wallfahrt (26. Juli) zur Hl. Anna, die hier 1623 dem Bauern Yves Nicolazic erschienen sein soll. Basilika im Stil des Historismus (1856–1878); Kirchenschatz und Sammlung bretonischer Kunstgegenstände mit zahlreichen alten Statuen. Ehemaliges *Kloster des Carmes* aus dem 17. Jh. mit hübschem Kreuzgang. Auf der Esplanade der Wunderbrunnen *Scala Sancta* (1872); Heldendenkmal zum Andenken an die 240.000 im Ersten Weltkrieg gefallenen Bretonen. *Musée de la Fontaine, Musée de Cire* (Wachsmuseum) und Maison de Nicolazic.
4. **Carnac, Locmariaquer, Quiberon, Belle-Ile: s. Rte 7.

Von Auray nach Pontivy, Loudéac, Lamballe und Dinard: s. Rte 15,3 in umgekehrter Richtung.

Ausfahrt aus *Auray* auf der *Avenue du Président-Wilson* und der N 165; Überquerung des Auray und des Bono; bis Vannes Fahrt durch Heideland mit einigen kleinen Wäldern.

152 km: ***Vannes,** Département Morbihan, 45.000 Ew., Bischofssitz am kleinen Binnenmeer des Golfs von Morbihan; Bootsverbindung.

Geschichte. – Zur Zeit der Gallier war das Land um Vannes von einer Seefahrerbevölkerung bewohnt, die sich an die Spitze des armorikanischen Widerstands gegen Caesar stellte. Dieser konnte freilich ihre Flotte besiegen (56 v. Chr.) und die Römer führten nun sechs Straßen durch die Armorique nach Corseul, Locmariaquer, Hennebont, Rennes, Nantes und Angers. Im 5. Jh. erhält Vannes seinen ersten Bischof, den Hl. Patern, ab der Mitte des 6. Jh. wird es von unabhängigen Herzögen besessen, die es zu einer der Schlüssel-Städte der Bretagne machen. Einer dieser Herzöge, Nominoë, befreite sich von der karolingischen Vorherrschaft, erhob Vannes in den Rang einer Hauptstadt und legte damit einen der Grundsteine zur Bretonischen Unabhängigkeit.
Im 14. Jh. leidet die Bretagne ganz besonders unter dem Erbfolgekrieg; es herrscht Weltuntergangsstimmung: zwei Herzöge in der Bretagne, zwei Könige in Frankreich, zwei, ja bald drei Päpste für die Christenheit ... In dieser Situation stößt ein spanischer Dominikaner, Vincent Ferrier, den Herzog Johann V. 1417 gerufen hatte, auf offene Ohren: er kündigt das Kommen des Antechrist an und gibt seinen Predigten einen massenwirksamen Charakter. Der Ankou-Kult (Kult des Todes) feiert seinen Ursprung ... Der Geistliche stirbt 1419 in Vannes und wird 1455 selig gesprochen.

Als Herzog Franz II. 1487 seinen Kampf gegen den französischen König Karl VIII. aufnimmt, wird Vannes von königlichen Truppen eingenommen und ein Jahr besetzt. Die Niederlage des Herzogtums im Jahr 1488 ist vernichtend. Die schöne Herzogin rettet was zu retten ist, indem sie den Sieger, Karl VIII. heiratet. Dieser war freilich zu dem Zeitpunkt (1491) noch verheiratet, was es ihr ermöglichte, die Autonomie der Bretagne zu retten. 1532 fand dann der endgültige Anschluß der Bretagne an Frankreich statt. Er wurde hier im Beisein der Stände und König Franz I. ausgerufen.

Der Filmregisseur *Alain Resnais* (geb. 1922) ist aus Vannes gebürtig.

Führungen vom 15. Juni bis 15. September; Auskünfte beim Syndicat d'Initiative.

Zentrum der Stadt ist die **Place Maurice-Marchais** (Pl. IX, A–B 2); Reiterstandbild des Konnetabeln de Richemont (1393–1458); modernes *Rathaus; Kapelle* (17. Jh.) des *Lycée Jules-Simon,* des ehemaligen Collège Saint-Yves. Die *Rue Emile-Burgault* führt zur kleinen **Place Henri-IV** (Pl. IX, B 2; Häuser aus dem 16. Jh.) und zur ***Kathedrale** (Pl. IX, B 2).

Der Nordturm der **Kathedrale Saint-Pierre** stammt aus dem 13. Jh.; Langhaus ohne Seitenschiffe aus dem 15. Jh., das Gewölbe wurde 1768 neu gebaut; Querschiff aus dem 16. Jh. und Chor aus dem 17. Jh. Auf der l. Seite des Langschiffs die *Chapelle du Saint-Sacrement,* ein Rundbau aus der Renaissance (1537) mit dem Grab des Hl. Vinzenz Ferrier, des 1419 in Vannes verstorbenen spanischen Dominikaners, und zwei Tapisserien mit Darstellungen seiner Wunder und seiner Heiligsprechung (1615). An der Chorhaube die *Kapelle Notre-Dame* (1536–1546). Der Kirchenschatz ist seit 1960 im ehemaligen *Kapitelsaal* (1782) ausgestellt.

R. von der Kathedrale beginnt die *Rue Saint-Guenhaël* mit einer Reihe alter **Häuser.* L. führt die *Rue des Chanoines* (l. die Rue Brizeux mit der *Porte du Bourreau,* 17. Jh.) zur **Porte-Prison** (Pl. IX, B–C 2) aus dem 15. Jh. Sie gehen unter dem Tor durch und folgen r. der *Rue Le Pontois,* die von der **Promenade de la Garenne** (Pl. IX, B–C 2–3) überragt wird. R. fließt der kleine Bach Rohan *(*Waschbrücken)* am Fuße der auf dieser Seite gut erhaltenen alten ***Stadtmauer** (Pl. IX, B 3) aus dem 13., 14., 15. und 17. Jh.; im Sommer abends beleuchtete Gärten; **Tour Poudrière** (14. Jh.) und ***Tour du Connétable** (Pl. IX, B 2–3; 14. und 15. Jh.).

Der **Hafen** (Pl. IX, B 3) ist im W von der im Jahr 1661 angelegten Promenade de la Rabine eingefaßt. Gegenüber erhebt sich das alte **Erzbischöfliche Palais,** das in einem ehemaligen Karmeliterkloster untergebracht war (1629 gestiftet; Hof; Kapelle aus dem Jahr 1737). Die *Rue du Port* (auf Nr. 2 Haus aus dem Jahr 1565) führt zum **Collège Saint-Francois-Xavier** (Pl. IX, A 3), dem ehemaligen Ursulinenkloster, mit einer Kapelle im Jesuitenstil (1690).
Auf der *Place Gambetta* (Pl. IX, B 3) nördl. des Hafens befindet sich die *Porte Saint-Vincent* (1704), durch die man wieder in die Stadt gelangt. Die Rue Saint-Vincent führt zur *Place des Lices* (Pl. IX, B 2–3); von hier geht man durch die *Rue des Halles* (alte Häuser) und dann l. in die *Rue Noé:* auf Nr. 2 das alte *Hôtel du Parlament* oder *Château Gaillard* (frühes 15. Jh.) mit dem **Archäologischen**

Museum (Öffnungszeiten: 9.30–12 und 14–18 Uhr; Sonntag geschlossen); ***vorgeschichtliche Sammlungen* aus den berühmten Wohnstätten des Morbihan.
Zurück zur *Rue des Halles,* die auf die *Rue du Dr-Closmadeuc* stößt (Häuser Nr. 10 und 13 aus dem 16. Jh.); l. die *Rue Thiers* (Pl. IX, B 2); auf Nr. 9 die Maison du Tourisme (Syndicat d'Initiative; im 1. Stock das *Austernmuseum,* Samstag und Sonntag geschlossen), auf Nr. 31 das *Hôtel de Limur* aus dem 17. Jh.; hier soll das Kunsthistorische Museum untergebracht werden. Die *Rue Thiers* führt zur Place Maurice-Marchais zurück.
Im N führt die Rue du 8-Mai-1945 zum *Palais des Arts* (Pl. IX, A–B 1) mit dem Theater und der Stadtbibliothek.

Umgebung. – 1. Saint-Avé (4 km nordöstl. auf der D 126): *Kapelle Notre-Dame du Loc* aus dem 15. Jh. mit reicher Innenausstattung (holzgeschnitztes Kreuz, 1550; Altaraufsätze, Statuen; am Hauptaltar sieben Alabastertafeln aus dem 15. Jh.).
2. Conleau (4 km südwestl.): bewaldete Insel im Golf von Morbihan; Strand und Meerwasser-Schwimmbad, Restaurants).
3. *Pointe d'Arradon (9 km südwestl. auf der D 101 und D 127): sehr schöne Lage; Ausblick auf den Morbihan; Fährschiff zur *Ile aux Moines.*
4. Larmor-Baden (14,5 km südwestl. auf der D 101 und D 316): kleiner Hafen und Badeort am Morbihan, an der Mündung des Auray; kann auch mit dem Schiff erreicht werden (s. u.).
Die *Pointe de Larmor* ist über eine bei Ebbe befahrbare Straße mit der *Ile Berder* verbunden. 1 km südl. (Fähre) die **Ile des Gavrinis;** 8 m hoher ****Tumulus,** einer der schönsten Megalithe der Welt (100 m Umfang). Im S von Gavrinis die kleine Insel *Er Lannic* mit 49 Menhiren.
5. **Golf von Morbihan (Schiffsverbindung Vannes–Port-Navalo; zahlreiche tgl. Fahrten, je nach den Gezeiten in etwa 2½ Std.; Anlegestelle La Rabine, Pl. IX, B 1, oder Pont-Vert, 1 km flußabwärts; besonders empfehlenswerter Ausflug). – Der Morbihan ist ein „kleines Meer" *(Mor bihan* auf bretonisch), ein über 100 km² großes Binnenmeer mit ausgezackten Küsten und 35 bis 40 Inseln und Inselchen. Er ist durch eine Meerenge von nur 1 km mit dem Ozean verbunden.

Das Schiff fährt folgende Häfen an: – 7 km: *Ile d'Arz,* 313 ha, 3 km lang; Kirche aus dem 12.–17. Jh.; – *Pointe d'Arradon* (s. o. unter 3); – 12,5 km: **Ile aux Moines,** 6 km lang; kleiner Badeort und sehr malerischer Ort mit verwunschenen Winkeln; mehrere Kiefernwälder; – 19 km: **Larmor-Baden;** anschließend fährt das Schiff zwischen der *Ile de Gavrinis* und *Er Lannic* (s. o. unter 4) hindurch; – *Locmariaquer* (s. Rte 7) und (27 km) Port-Navalo, s. u.

☞ **1. Von Vannes nach Port-Navalo.** – 27 km in Richtung SW mit dem Schiff, s. o.; 33 km auf der D 780; man kann auch Schiff und Autobus kombinieren; Auskunft beim Syndicat d'Initiative.
Ausfahrt aus Vannes auf der Straße nach Nantes (N 165; Pl. IX, C 2). – 5,5 km: r. auf die D 780, die den Golf von Morbihan im O umfährt.
10 km: *Noyalo.* – 14,5 km: *Saint-Armel.*
21,5 km: **Sarzeau,** 4.100 Ew., der größte Ort der Halbinsel Rhuys zwischen dem Golf von Morbihan und dem Ozean. Geburtshaus von Le Sage (1668–1747).

➡ 4 km südöstl. in einer wüstenartigen Landschaft in der Nähe des Meeres die imposanten Ruinen des ***Château de Suscinio** aus dem 13., 14. und 15. Jh., der alten Residenz der Herzöge der Bretagne (Besichtigung). Badeort am schönen Strand der Bucht von Suscinio.

➡ 6,5 km südwestl.: **Saint-Gildas-du-Rhuys,** bescheidener Badeort am Ozean. Bemerkenswerte romanische **Kirche,* ehemalige Stiftskirche; Querschiff und Chor mit Chorumgang und drei kleinen Apsiden stammen zum größten Teil aus dem 11. Jh. (schöne Kapitelle; Grabsteine aus dem 11. bis 18. Jh.); das Schiff wurde von 1700 bis 1705 umgebaut; **Kirchenschatz.* Strände Port-Maria und Cornault. 1 km westl. die *Pointe du Grand-Mont:* Aussicht.

☞ 29 km: r. der 20 m hohe *Tumulus de Tumiac.* – 31,5 km: *Arzon.*

➡ 1 km im NO: *Kené,* kleiner Hafen im Golf von Morbihan (Fähre zur *Ile aux Moines).*

☞ 33 km: **Port-Navalo** (Schiffsverbindung nach Locmariaquer und Vannes, s. o. unter 5), kleiner Hafen und ruhiger Badeort auf einer schattigen Landspitze am Ende der Halbinsel Rhuys und an der Mündung des Golfs von Morbihan in den Ozean; der 1 km breite Engpaß öffnet sich zwischen der *Pointe de Port-Navalo* (Leuchtturm) und der *Pointe de Kerpenhir* (s. Rte 7,1, km 17) in der Nähe von Locmariaquer. 1,5 km nördl. die *Pointe de Monténo.*

☞ **2. Von Vannes nach Pontivy, Guincamp und Lannion.** – 52 km, 111 km und 143 km in Richtung NW auf der D 76.

Ausfahrt aus Vannes in Richtung N auf der D 767 (Pl. IX, B 2); hinter (6,5 km) *Meucon* durchquert sie einen Schießübungsplatz und die wüstenartige Gegend der Heide von *Lanvaux* mit zahlreichen Megalithen.

19 km: *Colpo.* – 28 km: *Locminé* (s. Rte 5, km 94); Kreuzung mit der N 24. – 37 km: *Siviac;* Überquerung des Evel.

52 km: **Pontivy** (s. Rte 10, km 162); bei der Stadtausfahrt Überquerung des Kanals Nantes–Brest. – Schöne Fahrt auf den Anhöhen über dem l. Blavet-Ufer.

68 km: **Mûr-de-Bretagne** (225 m), 2.250 Ew., zwischen den Tälern des Blavet und der Poulancre. Kapelle Sainte-Suzanne aus dem 17. Jh. auf einer mit alten Eichen bestandenen Anhöhe.

➡ 2 km im W eine Stelle, von der man den Stausee von *Guerlédan* (400 ha; 70 Millionen m³) überblicken kann, der sich über 13 km in den **Schluchten des Blavet* (s. Rte 4) erstreckt. 200 m langer und 45 m hoher Staudamm (Barrage de Guerlédan).

➡ Von Mûr kann man die Strecke um 2 km verlängern, indem man auf der Straße, die das ***Poulancre-Tal** hinaufführt, weiterfährt; bei km 10 stößt man auf die D 767, über (6 km) *Saint-Gilles-Vieux-Marché* und (9 km) *Saint-Mayeux.*

☞ Von Mûr führt die D 767 steil bergab, kreuzt bei km 69 die N 164b und steigt dann wieder steil an; schwierige, kurvenreiche Strecke.

81 km: **Corlay** (220 m), 1.200 Ew.; Kreuzung mit der Straße Saint-Brieuc–Quimper (s. Rte 14,3); der Ort ist durch seine Pferdezucht

bekannt (Rennen im Juni); *Kirche* aus dem 15.–16. Jh. mit schönem Portal (1575) und Beinhaus; Ruinen einer Burg aus dem 15. Jh. – Die Straße steigt bis auf 260 m an und führt dann in das *Trieux-Tal* hinunter. Während 10 km fährt man am Fluß entlang; malerische Strecke.

111 km: **Guingamp** (s. Rte 2, km 177); Ausfahrt auf der N 12 in Richtung W. – 114,5 km: Straßenkreuzung; r. auf die D 767 abbiegen. – 125 km: *Bégard*, 5.400 Ew. – 135 km: *Caouennec*, teilweise romanische Kirche mit Turmspitze aus dem Jahr 1760. – 139 km: *Buhulien*.

➞ 2,5 km im SW die Ruinen des *Château de Coat-Frec*, s. Rte 12.

☞ 143 km: **Lannion**, s. Rte 12, km 39.

Von Vannes nach Ploërmel und Dinan: s. Rte 4,1, in umgekehrter Richtung; – **nach Redon und Châteaubriant:** s. Rte 9.

☛ **Fortsetzung der Strecke nach Nantes.** – Ausfahrt aus Vannes auf der *Rue du Général-Leclerc* und der N 165 (Pl. IX, C 2). – **157,5** km: r. die D 780 nach Sarzeau und Port-Navalo (s. o., Nebenrte 1, km 33). – Bei der Ortseinfahrt von Muzillac überquert man den Fluß Saint-Eloi.

177 km: *Muzillac*, 3.000 Ew., über dem l. Ufer des Saint-Eloi, der flußaufwärts den sehr großen gewundenen **Etang de Penmur* bildet (2,5 km lang).

➞ 2,5 km südl. auf der D 5 nach **Billiers;** Reste der alten *Abtei de Prières* im Schloßpark (1841).
2 km südl. von Billiers der kleine Hafen und die *Pointe de Pen-Lan* (Leuchtturm) am r. Ufer der Vilaine-Mündung.

➞ 9 km nach S auf der D 153: *Damgan*, kleiner Badeort zwischen dem Ozean und dem Fluß Pénerf.

☛ Die N 165 umfährt *La Roche-Bernard;* sie führt über eine 407 m lange **Hängebrücke* (1960), die sich auf zwei 85 m hohe Pfeiler stützt und sich 54 m über den Fluß erhebt (*Rundblick); die Stadt liegt im S.

193 km: **La Roche-Bernard,** 1.000 Ew., auf einem Hügel des l. Ufers der Vilaine-Mündung; Häuser aus dem 15.–16. Jh.

➞ 16 km im WSW (D 34): *Pénestin*, bescheidener Badeort an der Mündung und am l. Ufer der Vilaine.

Von La Roche-Bernard nach Guérande und La Baule (Saint-Nazaire): s. Rte 9,1 in umgekehrter Richtung.

☛ Die N 165 umfährt La Roche-Bernard im N und führt l. an der Forêt de la Bretesche vorbei. – **203,5** km: Kreuzung.

➞ 500 m l. (Straße nach Missillac) das **Château de la Bretesche* (15. Jh., restauriert).

☛ **212** km: **Pontchâteau,** 6.500 Ew.; Überquerung des Brivet und der Straße Rennes-Saint-Nazaire (D 773; s. Rte 1,2).

➞ 3,5 km westl. auf der D 33: *La Madeleine;* Kalvarienberg, der 1709 vom Hl. Grignion de Montfort erbaut, von Ludwig XIV. abgerissen und 1821 wiederaufgebaut wurde (Wallfahrt).

228 km: Kreuzung mit der N 771, die, aus Laval und Châteaubriant kommend, l. nach (2 km) Savenay und (28 km) Saint-Nazaire, La Baule und Le Croisic führt (s. Rte 9). – Geradeaus weiter auf der N 165, die an der Kammlinie der Hügel des Sillon de Bretagne verläuft. – 261 km: **Nantes** (s. Rte 8).

7 – Von Auray nach Carnac und Quiberon (Belle-Ile)

Unbedingt zu empfehlende **Fahrt zu den schönsten Dolmen (keltische Großsteingräber), Laubengängen, Hünengräbern, Megalithen und Steinreihen der Bretagne, zur Halbinsel Quiberon mit ihrer großartigen Côte Sauvage und zur Belle-Ile, der größten der bretonischen Inseln mit eindrucksvollen Felsen, Grotten und Stränden.

Straße: 28 km in Richtung S auf der D 768 direkt nach Quiberon; 32 km über Carnac.

Anreise: Von Nantes oder (Brest) Quimper nach Auray, s. Rte 6; von Dinard nach Auray, s. Rte 12; von (Laval) Châteaubriant nach Vannes, in der Nähe von Auray, s. Rte 9.

Ausfahrt aus Auray (s. Rte 6, km 134) im SW auf der D 768, die durch Heidelandschaft und Kiefernwälder führt. – **10** km: nach ungefähr 100 m l. der **Dolmen von Keriaval.* 200 m weiter, r., einige Stufen erhöht, die **Laubengänge von Mané-Kerioned,* wovon einer unterirdisch verläuft. – **11** km: man verläßt die Hauptstadt, biegt l. auf eine kleine Straße in Richtung Carnac ab und kommt so zu den *Steinreihen von Ménec,* s. u.
14 km: ****Carnac,** 3.700 Ew., 1,5 km von der Küste entfernt, hochberühmt wegen seiner auf der Welt einzigartigen Ansammlung von Megalithen.

Auf dem Dorfplatz *Kirche* aus dem 17. Jh. mit einem Portal, das von einem sehenswerten steinernen Baldachin überdacht ist; das getäfelte Dachgestühl der drei Kirchenschiffe ist mit *Gemälden aus dem 17. Jh. geschmückt. *Musée Miln-Le Rouzic* (Museum mit prähistorischen Sammlungen).

1 km nordöstl. der 12 m hohe **Tumulus Saint-Michel* (Hünengrab, Besichtigungen gegen Eintritt; prähistorische Grabstätten), unterhalb der Chapelle Saint-Michel gelegen (Höhe 44 m; *Panorama).

1,5 km südwestl. des Ortes das neue Seebad *Carnac-Plage* am Rande von Kiefernwäldern, mit direkt nach Süden gelegenem *Strand in der Bucht von Quiberon, sehr mildes Klima. Salzteiche.

1,5 km südwestl. die *Pointe de Saint-Colomban.*

In Richtung O verbindet eine 4 km lange Küstenstraße (D 186) Carnac-Plage mit La Trinité-sur-Mer, s. u.

1. Die **Steinreihen von Carnac, La Trinité und Locmariaquer. – Die Straße führt an den Steinreihen entlang: 8 km bis La Trinité. 17 km bis Locmariaquer.

Die **Steinreihen von Carnac** bilden in mehreren parallel verlaufenden Linien eine 4 km lange, unterbrochene Kette von 2.935 Menhiren (Druidensteine). Man sieht sie am besten, wenn man der unten beschriebenen Route folgt.

Obwohl die Reihe der Menhire noch aus beachtlichen fast 3.000 Stück besteht, hat man allen Anlaß anzunehmen, daß ihre Zahl im Zuge der Jahrtausende ständig abgenommen hat. Es gibt Vermutungen, daß die Reihe einst 8 km lang gewesen ist. Carnac ist in gewisser Weise das Königreich der Vermutungen: es gab immer wieder neue Versuche, Sinn und Zweck dieser endlosen Steinreihen zu erhellen. Das Geheimnis selbst bleibt ebenso verborgen, wie die Entstehungszeit. Zahlreichen Prähistorikern zufolge – hier ist besonders Zacharie Le Rouzic zu nennen –, wären die Steinreihen kultischen Zwecken geweiht gewesen, der Kromlech von Menec hätte dann eine Art Freiluft-Heiligtum gebildet.
Forschungen zufolge entspricht die geographische Ausrichtung der Steinreihen in der gesamten Bretagne Sonnenauf- und -untergängen zu bestimmten astronomischen Terminen. Demnach hätten diese Reihen einen astronomischen Festkalender gebildet.
Die freistehenden Menhire dürfen mit den Steinreihen freilich nicht verwechselt werden: sie entsprechen selten Wasserstellen, häufiger Grabstätten. Jedenfalls deutet die große Zahl von Megalithen in der Gegend von Carnac auf eine starke Bevölkerung in der Urzeit hin.
An mehreren Stellen der bretonischen Küste gab es ähnlich bedeutende Zentren, die allerdings wesentlich stärker, vor allem durch Steinbrecher, in Mitleidenschaft gezogen wurden.
Die meisten dieser Menhire dürften aus der Zeit der ersten Verwendung gehämmerter Metalle (Kupfer, Gold) stammen. Die ersten gehen aber auf das Spätneolithikum, die jüngsten auf die Bronzezeit zurück. Allen Legenden zum Trotz endete das Zeitalter der Dolmen und Menhire zwischen 2500 und 2000 v. Chr.

An der Westausfahrt des Ortes zweigt die D 196 r. ab, vorbei an dem kleinen Dorf *Ménec,* das von einem Cromlech aus 70 Menhiren umgeben ist, und führt durch eine Heide- und Kiefernwaldlandschaft zu den Steinreihen von *Ménec* (1.099 Menhire), von *Kermario* (1.029 Menhire) und von *Kerlescan* (594 Menhire). Man gelangt wieder auf die Straße von Auray nach La Trinité (D 781); r. einbiegen.

8 km: **La Trinité-sur-Mer,** Fischerei- und Yachthafen am r. Ufer der Crach-Mündung, Badeort; der Strand befindet sich 1,5 km südl. Die D 781 führt auf dem *Pont de Kerisper* über die Crach-Mündung. Die Brücke ist 300 m lang; der Mittelbogen aus Beton hat eine Spannweite von 86 m. Man fährt l. am Dolmen de *Kercadoret* und r. am Dolmen de *Kervérès* vorbei.

17 km: ***Locmariaquer** (Schiffsverkehr nach Vannes und Port-Navalo), kleine Hafenstadt am Golf von Morbihan, auf der Halbinsel, die ihn vom Ozean trennt, gelegen; die Stadt besitzt zwei besonders interessante Megalithe: den **Dolmen der **Table des Marchands,** an dem sich zahlreiche Skulpturen befinden, und den riesigen **Menhir **Men-er-Hroëc'h** *(Pierre de la Fée,* Zauberstein), der umgestürzt und in vier Stücke zerbrochen ist. Ursprünglich

hatte der Stein eine Länge von 20,30 m. Dolmen von *Mane-Lud* und *Mane-Ruthual.*

1 km südöstl., in dem kleinen Dorf *Kerpenhir,* der Tumulus du **Mane-er-Hroëc'h** (Zauberberg), 12 m hohes Hünengrab.
1 km weiter die *Pointe de Kerpenhir,* die von der von Port-Navalo (s. Rte 6,1, km 33) durch die 1 km breite Hafeneinfahrt von Morbihan getrennt ist.
Von der Pointe de Kerpenhir kommt man auf einer Straße, die am Strand entlang und in die Nähe der *Allée couverte des Pierres-Plates* (Laubengang) führt, wieder zum Dorf (3 km) zurück.
Von Locmariaquer nach Carnac sind es auf der direkten Straße (D 781) nur 12,5 km.

Ab Carnac fährt man westl. auf der D 781 weiter, die l. an der Benediktinerabtei von Kergonan vorbeiführt.
17 km: **Plouharnel,** hier kommt man wieder auf die D 768, in die man l. in Richtung Quiberon einbiegt.

2. Von Plouharnel nach Port-Louis. – 24 km in Richtung NW auf der D 781.
An der Ausfahrt von Plouharnel führt die Straße r. an den *Dolmen von Rondossec* vorbei; ein kleines Stück weiter, auf der r. Seite, die acht *Menhire des Vieux-Moulin.* – 3 km: nach 600 m r. das kleine Dorf *Crucuno* mit dem *Dolmen von Crucuno, in dessen unmittelbarer Nähe sich ein Cromlech von 22 Menhiren und der Laubengang von *Mané-Groac'h* befinden. – 5 km: die Straße führt durch die **Steinreihen von Kerzhero* (1.129 Menhire). – 6 km: *Erdeven.*
9,5 km: Kreuzung der Quatre-Chemins.

L. nach (2,5 km) *Etel,* Hafen (Thunfischfang) und kleiner Badeort an der Etelmündung; – nach 1,5 km l. *Belz,* 3.400 Ew.; von hier aus fährt man zu dem sehenswerten ***Village de Saint-Cado** (2 km nordwestl.) mit Kalvarienberg und zum Teil aus der Romanik stammenden Kapelle auf einer kleinen Insel.

11,5 km: *Pont suspendu du Lorois,* 120 m lange, im Jahr 1956 wiederaufgebaute Hängebrücke über eine Engstelle des Etel. – 15,5 km: *Plouhinec.* Zahlreiche Megalithe.
24 km: **Port-Louis,** (s. Rte 6, km 96, Umgebung von Lorient).

Hinter Plouharnel führt die D 768 um den Golf von Plouharnel und, durch verlassene Dünen und Kiefernwälder, zur Halbinsel Quiberon.

23,5 km: *Penthièvre-Plage,* Badeort, zwischen den zwei ausgedehnten Stränden der beiden Seiten der Halbinsel gelegen; Kiefernwälder. – Man überquert eine knapp 100 m breite Landenge, die durch das *Fort de Penthièvre* (1841) abgeriegelt ist. – **26** km: *Kerhostin,* kleiner Badeort. 1,5 km südwestl. der Hafen von Portivy.

28 km: **Saint-Pierre-Quiberon,** kleines Fischerdorf und Seebad an der Bucht von Quiberon mit mehreren Stränden, Steinreihen (23 Menhire) und Cromlech (42 Menhire) von Saint-Pierre.

An der *Côte Sauvage: Pointe de Beg-en-Naud* (Felsklippen; 3 km nordwestl.), Strände von Port-Blanc, Port-Bara und Port-Pigeon.

32 km: ***Quiberon,** 4.700 Ew., wichtiger Fischereihafen (Sardinen) und beliebtes Seebad, Hauptzufahrtsort für Belle-Ile, am Ende der Halbinsel Quiberon, deren ***Côte Sauvage* (Westküste) von großer landschaftlicher Schönheit ist.

Im Zentrum des Ortes liegt die *Place Hoche* (Park) mit Standbild des General Hoche, der die Armee der monarchistischen Emigranten, die im Juni 1795 in Quiberon gelandet ist, besiegte. Der direkt nach S ausgerichtete **Strand* unterhalb der Uferstraße *(Boulevard Chanard),* dehnt sich hauptsächlich nach l. bis zur *Pointe de Beger-Vil* aus. R. reicht er bis zum *Port-Maria,* dem Viertel der Fischer und Sardinenkonservenfabriken.
Der ***Hafen** ist voller Leben und sehr malerisch. Hinter dem Hafen beginnt bei der *Pointe de Beg-er-Lan* mit ihrem modernen Schloß die Côte Sauvage.

Umgebung: 1. Saint-Julien (1,5 km nördl.), reizendes kleines Dorf mit Strand, an der Bucht von Quiberon gelegen.
2. Port-Haliguen (1,5 km östl.), Yachthafen und Badeort, an der Bucht von Quiberon gelegen. Eine gute Küstenstraße von 1,5 km Länge verbindet den Ort mit der Pointe de Conguel.
3. Pointe de Conguel (3,5 km in Richtung SO), das Ende der Halbinsel. 3 km südöstl. der Pointe auf einer Klippe der *Leuchtturm de la Teignouse.*
4. Pointe de Beg-er-Goalennec (2 km westl.), Menhir; Fischteich. Auf dem Weg dorthin (1 km) das kleine Dorf *Manémeur* (Menhire).
5. **Côte Sauvage (ungefähr 8 km von der Pointe de Beg-er-Lan bis zur Pointe de Beg-en-Naud; gute Küstenstraße von 6 km Länge bis hinter Port-Pigeon, von wo aus man wieder nach Saint-Pierre-Quiberon gelangt). – Die Côte Sauvage, die Westküste der Halbinsel Quiberon, bietet herrliche Felsen mit unzähligen Grotten und Tunnels und mehrere bezaubernde Strände. Von der Pointe de Beg-er-Lan aus kommt man zu folgenden Sehenswürdigkeiten; 2 km: Pointe de Beg-er-Goalennec (s. o., 4.); – 3 km: *Bucht von Port-Kerné;* – 3,5 km: *Pointe* und *Grotten von Scouro; Grotten von Kerniscop;* – 4 km: *Bucht von Port-Guibello; – Bucht von Port-Stang* und *Grottes du Taureau* (Höhlen); *Pointe de Kervihan* und *Grotte de la Fenêtre;* – 5 km: Strand von *Port-Pigeon* (Quelle; Grotten); – 5,5 km: Strand von *Port-Bara* mit ***Felsarkade** auf der r. Seite; – 7 km: Strand von *Port-Blanc,* hinter einer herrlichen Felsarkade gelegen; – 7,5 km: *Pointe du Percho* (Rocher du Lion; Grotten); – 8 km: *Pointe de Beg-en-Naud;* – 9,5 km: *Portivy;* – 10,5 km: *Kerhostin,* s. Hauptroute.
6. Die Inseln Houat und Hoëdic (15 km und 22 km südöstl. von Quiberon; Schiffsverkehr dreimal wöchentlich während des ganzen Jahres; Tagesfahrten während des Sommers). – Die Insel **Houat** hat eine Länge von 4,5 km, bei einer Breite von 500 bis 1.000 m. Das Landschaftsbild ist durch herrliche Strände und rote Granitfelsen bestimmt. – Die Insel **Hoëdic** hat eine Länge von 2,5 km und eine Breite von 1 km. Die Landschaft ist flach, kahl und sandig.

☞ **3. Belle-Ile-en-Mer.** – Autofähre, je nach Saison 2–10 Fahrten pro Tag; die Überfahrt (Entfernung 15 km) dauert 50 Minuten. Auf der Insel Busrundfahrten, s. u. Leihwagen ohne Chauffeur sind am Hafen von Quiberon oder in Le Palais, Quai Bonnelle 1, zu mieten.

Belle-Ile-en-Mer, die wichtigste der bretonischen Inseln, hat von N nach W eine Länge von 17 km und von S nach O eine Breite von 5–9 km. Das eher kahle Schieferplateau erreicht eine durchschnittliche Höhe von 40 m über dem Meeresspiegel (höchste Stelle 63 m); es ist von kleinen, grünen Tälern unterbrochen. Hauptanziehungspunkt der Insel sind die großartigen Felsklippen; die schönsten findet man an der dem Ozean zugewandten Küste. Die Insel besteht aus einem Verwaltungsbezirk mit vier Gemeinden.
Le Palais, kleine, befestigte Stadt von 2.700 Ew. mit Schiffsanlegeplatz, in der Mitte der dem Kontinent gegenüberliegenden Küste, am Ausgang eines sehr geschützten Tales gelegen. Der äußerst malerische Hafen liegt unterhalb der Zitadelle aus dem Jahr 1572, die von *Vauban* (1687) befestigt wurde. 1 km südöstl. Strand von Ramonette. Kommt man mit dem Vormittagsschiff an, kann man an einer Autobusrundfahrt zu den wichtigsten Sehenswürdigkeiten teilnehmen (1. Juni bis 30. September).

→ 6,5 km nordwestl. von Le Palais: *Sauzon,* kleiner Fischerhafen, am Ausgang eines kleinen Tales gelegen.
3,5 km nordwestl. von Sauzon die ****Pointe des Poulains** (Leuchtturm), am nordwestl. Ende der Insel gelegen.
3,5 km südwestl. von Sauzon die ****Grotte de l'Apothicairerie,** eines der Naturwunder der Bretagne.

→ 8 km südwestl. von Le Palais auf einer 50 m hohen Klippe der Grand-Phare, ein 47 m hoher *Leuchtturm* aus dem Jahr 1835 (Besichtigung; Eintrittsgebühr), herrlicher **Blick auf die ganze Insel. In unmittelbarer Nähe des Leuchtturms: 3,5 km in Richtung N ***Grève de Port-Donant** (Strand); 1,5 km südwestl. die *Bucht von Port-Goulphar;* – 2,5 km westl. Bucht und ****Aiguilles de Port-Coton;** – 3,5 km südwestl. über Domois die *Pointe* (Semaphor) und **Grotte du Talus* (Zugang nur bei Ebbe zur Zeit der Springflut).

→ 12 km südöstl. von Le Palais, am Südostende der Insel: *Locmaria,* zwischen der Pointe de l'Echelle und der Pointe de Kerdonis (Leuchtturm) gelegen. 3 km nordwestl. von Locmaria der Strand *Grands-Sables.*

8 – Nantes

***Nantes,** Département Loire-Atlantique, mit 265.000 Ew. die siebtgrößte Stadt Frankreichs; Bischofssitz, an der Loire gelegen; die Gezeiten sind hier, 47 km vom Meer, noch spürbar. Von Nantes ab ist die Loire auch für große Schiffe schiffbar, die Sèvre, die Chézine, der Erdre und der Sail fließen hier zusammen.
Wichtiger Handelshafen (zusammen mit Saint-Nazaire an vierter Stelle), Industriezentrum. Nantes ist jedoch auch eine Stadt der Künste (Kathedrale, Schloß, Kunstschätze aus dem 18. Jh. und Museen). Die Stadt erlitt 1943 schwere Bombenschäden; gut

geglückter Wiederaufbau – trotz gewisser Verluste hat die Stadt heute fast an Schönheit gewonnen.
Industrie: Schiffswerften, Lebensmittel.

Geschichte. – Nantes, früher Zentrum des gallischen Stammes der Namneten, später römisches Lager, war eine Rivalin von Rennes im Kampf um den Rang einer Hauptstadt der Bretagne. Pierre de Dreux, der von Philipp August zum Herzog der Bretagne ernannt wurde, machte Nantes zur Hauptstadt, befestigte sie und verteidigte sie 1214 gegen die Engländer. Während des Bretonischen Erbfolgekrieges im 14. Jh. verteidigte sich die Stadt zweimal erfolgreich gegen die Angriffe der Engländer. Ludwig XI. versuchte vergeblich, die Bretagne unter die Herrschaft der Krone zu bringen; Herzog Franz II. machte seine Absichten zunichte. Dessen Tochter, Anne de Bretagne, heiratete jedoch zuerst Karl VIII. (1491) und dann Ludwig XII. (1499) und brachte so das Herzogtum als Mitgift zu Frankreich. 1598 erließ König Heinrich IV. das berühmte Edikt von Nantes, das die Religionsfreiheit brachte und von Ludwig XIV. 1685 widerrufen wurde. Im 18. Jh. kam Nantes, im Zuge des ausufernden Sklavenhandels, zu großem Reichtum. 1793, in der Zeit des Terrors, veranstaltete Carrier in Nantes die berüchtigten „Noyades“ (Ertränkungen). Im selben Jahr wurde der Angriff der Vendéer auf die Stadt zurückgeschlagen. Zwischen 1943 und 1945 wurde die Stadt wiederholt von den Alliierten bombardiert: insgesamt wurden 5.000 Gebäude dem Erdboden gleichgemacht oder schwer beschädigt.

Aus Nantes gebürtig sind unter anderem *Anne de Bretagne* (1477–1514), letzte Herrscherin der unabhängigen Bretagne; der Architekt *Germain Boffrand;* der Maler *Jules Dupré* (1812–1889); *Jules Verne* (1828–1905); die Staatsmänner *Waldeck-Rousseau* (1846–1904) und *Aristide Briand* (1862–1932).

Besichtigung der Stadt

Wenn Sie nur über wenige Stunden verfügen, können Sie unter den zwei Anziehungspunkten der Stadt wählen, die auch den beiden wichtigsten Etappen ihrer Geschichte entsprechen: den Vierteln des 18. Jh. im W, mit der Place Graslin, dem Cours Cambronne, dem Quai de la Fosse und der ehemaligen Ile Feydeau auf der einen Seite, dem mittelalterlichen Teil der Stadt im O andererseits, mit der Kathedrale und dem Schloß. Diese beiden Hauptviertel werden durch den Cours des Cinquante Otages getrennt. Wenn möglich sollten Sie mindestens **zwei Tage** für die Besichtigung von Nantes einplanen.

Führungen durch die Stadt finden von Juli bis September tgl. statt. **Stadtrundfahrten** dienstags. Auskünfte im *Office de Tourisme.*

Westviertel; die Stadt des 18. Jh., Hafen. – Eines der wichtigsten Zentren der Stadt ist die **Place Royale** (Pl. XI, C 3), 1790 von *Marthurin Crucy* entworfen, deren Umrandung, 1943 fast zur Gänze zerstört, im Stil des 18. Jh. wiederaufgebaut wurde; *Fontaine de la Loire* (Springbrunnen der Loire und ihrer Zuflüsse; 19. Jh.); *Eglise Saint-Nicolas* (Pl. XI, C 2–3) aus dem Jahr 1844; Glockenturm von 85 m Höhe.

Die *Rue Crébillon* mit dem *Grand Théâtre* (1788) verbindet die *Place Royale* mit der ***Place Graslin** (Pl. XI, C 3) und führt zum ***Cours Cambronne** (Pl. XI, C 3–B 4; Statue Cambronnes), der ein hübsches Beispiel des Stils des 18. Jh. darstellt.

Auf der Place Graslin beginnt die *Rue Voltaire* (Pl. XI, C 3–B 4), in der sich das Gebäude der Ecole supérieure de Commerce mit dem ***Naturhistorischen Museum** befindet *(Musée d'Histoire Naturelle;* Pl. XI, B 3; tgl. außer Freitag und Montag 14–18 Uhr, Mittwoch 10–12 Uhr geöffnet); die Sammlungen bestehen größtenteils aus Gegenständen, die die Seefahrer im 18. Jh. mitgebracht haben; regionale Fauna und **Vivarium* mit Reptilien und Sauriern. Die Rue Voltaire endet am **Manoir de Jean V** (15. Jh.) mit Garten. Daneben das *Palais Dobrée,* im 19. Jh. im romanischen Stil erbaut, mit dem ***Musée Dobrée** (Pl. XI, B 3; tgl. außer Dienstag und Feiertag 10–12 und 14–18 Uhr geöffnet).

Im **Manoir de Jean V.** kann man Sammlungen der Vorgeschichte, der Ethnographie, romanischer und merowingischer Antiquitäten und griechischer Keramik besichtigen.

Die Säle des Erdgeschosses des **Palais Dobrée** sind der Kunst des Mittelalters gewidmet: romanische und gotische Skulpturen; **Chasse de St. Calmin* (13. Jh.); Holzplastiken aus dem 15. Jh.; Waffensammlung (Helm des römischen Legionäres); Kunstgegenstände *(*Reliquienschrein* mit dem Herzen der Anne de Bretagne); italienische und flämische Gemälde (Beweinung Christi von *Marco Basaiti,* Venedig, Anfang des 16. Jh.); mit Zeichnungen versehene Handschriften (Memoiren des Commynes); regionale Plastiken und Keramikarbeiten; Graphiken *(Dürer* und *Rembrandt);* Gemälde von *Jongkind, Diaz, Tassaert* und *Monticelli.*

Das neue Gebäude (1975) besitzt Sammlungen aus der Zeit des Krieges in der Vendée.

Die Rue Voltaire geht in die *Rue Dobrée* über. Vor der *Eglise Notre-Dame de Bon-Port* (Pl. XI, A 4) aus der Mitte des 19. Jh. führt die *Rue Mazagran* zum ***Quai de la Fosse** (Pl. XI, A 4–C 3), auf dem zahlreiche Häuser aus dem 18. Jh. erhalten sind und der den wichtigsten Teil des Hafens säumt (Hafenbesichtigung mit dem Boot: tgl. 14–16 und 17 Uhr vom 1. Juli bis 15. September).

Nach ungefähr 800 m auf den Kais stromabwärts gelangt man zu dem kleinen Hügel von Chatenay, von dem man direkt auf die Schiffswerften blickt; in diesem über dem Hafen gelegenen Viertel *(*Belvédère de Sainte-Anne)* befindet sich das Manoir de la Hautière, in dem das **Jules-Verne-Museum** untergebracht wird.

Der Quai de la Fosse mündet im O auf die *Place de la Bourse* und die *Place du Commerce;* zwischen den beiden Plätzen befindet sich die **Börse** (Pl. XI, C 3), die in den Jahren 1792 bis 1812 von *Mathurin Crucy* im griechischen Stil erbaut und nach 1943 restauriert wurde.

Östl. Stadtviertel, die mittelalterliche Stadt. – Von der Place du Commerce (Pl. XI, C 3) aus folgt man dem *Cours Franklin-Roosevelt,* der auf einem zugeschütteten Arm der Loire erbaut wurde. Man fährt l. an der alten ***Ile Feydeau** (Pl. XI, D–E 3) vorbei, deren Häuser fast alle aus dem 18. Jh. stammen (besonders sehenswert die Häuser auf der Place de la Petite-Hollande: Nr. 2 und 3, auf der Allée Turenne und der Allée Dugay-Trouin: Nr. 15 und 16 und die Häuser der Rue Kervégan). Im S befinden sich das *Centre hospitalier* (Klinikum) und die *Universität* (Pl. XI, D–E 4; Architekt *Roux-Spitz,* 1957), auf der ehemaligen Ile Gloriette erbaut. Im N befindet sich an der Stelle der ehemaligen, heute zugeschütteten Edre-Mündung der *Cours des Cinquante-Otages* (Pl. XI, D 3–D 1). Folgt man dem *Cours John-Kennedy,* so sieht man bald zur Linken das ****Schloß** (Pl. XI, E 2), eine großartige Festung aus der Zeit der Gotik und Renaissance, von 1466 ab unter Herzog Franz II. nach Plänen von *Mathelin Rodier* gebaut. Die Westfassade, an der sich der Eingang befindet (Rue des Etats), wird von drei mächtigen Türmen flankiert.

Der Zustand der Gebäude hat eine vollständige Renovierung und Restaurierung des Schlosses notwendig gemacht. Die Gebäude sind zum größten Teil heute wieder der Öffentlichkeit zugänglich. Die Restaurierungsarbeiten waren vor allem auf den Grand Logis (Wiederherstellung der Dachfenster und der Säle) und das Petit Gouvernement konzentriert *(Öffnungszeiten:* tgl. außer Dienstag 10–12 und 14–18 Uhr).
Der ***Grand Logis,** unter der Herrschaft der Herzogin Anne im Flamboyant- und Renaissancestil erbaut, wird von der **Tour de la Couronne d'Or,* die wegen der Verzierung ihrer vier Balkone sehenswert ist, und der *Tour des Jacobins* (Kerker) flankiert. Die südl. Zwischenfassade stammt aus der Zeit Ludwig XII., ebenso das Gebäude des *Petit Gouvernement.* An der NO-Ecke erhebt sich die *Tour de Fer à Cheval* (Hufeisenturm, 1491). Im N ist noch ein Turm aus dem 12. Jh. erhalten.
Das im Gebäude des Grand Gouvernement untergebrachte **Volkskunstmuseum** *(Musée d'Art populaire),* dessen Sammlungen in ausgezeichnetem Zustand sind, ist der bretonischen Kunst und Folklore gewidmet.
Das **Kunstgewerbemuseum** *(Musée des Arts décoratifs)* im Grand Logis zeigt Möbel, Täfelwerk, Kunstgegenstände, Spitzen und Stoffe aus dem 18. und 19. Jh. Der Betrieb kann nur durch kurzfristige Ausstellungen über Textilkunst, Design und Geschichte aufrechterhalten werden. Diese finden jeweils in der Tour du Fer à Cheval statt.
Das **Musée des Salorges** und das **Marinemuseum** im 1. Stock des Gebäudes des Harnachement zeigen auf neuartige Weise die Geschichte der Seefahrt (Gallionsfiguren), das Handwerk, die Industrie, den Handel und die Folklore, die zur Seefahrt gehören.
Die Sammlungen des **Städtischen Museums für sakrale Kunst** *(Musée de Nantes par l'Image et d'art religieux)* sind heute im Schloß untergebracht: religiöse Kunstgegenstände aus dem 15.–18. Jh. (Auskunft bezüglich Besichtigung: Tel. 471815).

Die *Rue Mathelin-Rodier* (r. vom Ausgang des Schlosses) führt zur ***Kathedrale Saint-Pierre** (Pl. XI, E 2), die im Jahr 1434 nach den Plänen *Mathelin Rodiers* begonnen wurde.

Die Fassade und ihre Türme (63 m) wurden in den Jahren 1434–1508 fertiggestellt, die drei Kirchenschiffe im 16. Jh.; die Gewölbe stammen aus dem Jahr 1628, das südl. Querschiff aus dem Jahr 1637; Chor und Chorhaube, 1650 begonnen, wurden erst im 19. Jh. (1840–1893) fertiggestellt. Das südl. Seitenschiff des Chors und zwei Kapellen der Chorhaube, 1943 schwer beschädigt, mußten neu aufgebaut werden. 1972 hat ein großes Feuer das gesamte Gebäude zerstört, die Restaurierungsarbeiten werden lange Zeit in Anspruch nehmen.
Das Innere der Kathedrale ist 102 m lang und 37,5 m hoch. Die Pfeiler des Kirchenschiffes sind reich geschmückt (Ende 16. Jh.). Im Südquerschiff befindet sich das ***Grabmal Franz II.,* Herzog der Bretagne († 1488) und der *Marguerite de Foix,* ein Meisterwerk der Renaissance von *Michel*

Colombe. Im Nordquerschiff das **Grabmal des Lamoricière* von *Paul Dubois* (1879).
An der Südseite der Kathedrale befindet sich der **Logis de la Psallette* oder *Maison du Chapitre,* aus dem 15. Jh. im Jahr 1930 restauriert. An der Nordseite die **Porte Saint-Pierre* (Pl. XI, E 2), ein Überrest der ehemaligen Stadtbefestigung.

Hinter der Apsis der Kathedrale beginnt die *Rue Clemenceau,* in der sich das ****Musée des Beaux-Arts** (Pl. XI, E 1; *Öffnungszeiten:* tgl. außer Dienstag 10–12 und 14–17 oder 18 Uhr) befindet.

Das Erdgeschoß des Museums ist der Plastik und kurzfristigen Ausstellungen vorbehalten. Im ersten Stock befinden sich 18 Gemäldesäle, die einen ziemlich vollständigen Überblick über die Malerei, von den byzantinischen Jungfrauen des 13. Jh. bis hin zur abstrakten Malerei der Gegenwart geben. Im *Perugino-Saal* florentinische Madonna aus dem 13. Jh. und ein Gemälde von *Borgognone;* im *Tintoretto-Saal* ein Männerporträt des Meisters; im *Rubens-Saal* der Triumph des Judas und drei wertvolle Brueghel-Gemälde; der ****Saal Georges de La Tour,** der berühmteste des Museums, enthält drei große Gemälde dieses Meisters; der *Fouquières-Saal* zeigt eine Auswahl holländischer und flämischer Meister; der *Van der Meulen-Saal* einen *Tournier;* im *Lancret-Saal* befindet sich die *Camargo dieses Meisters, Werke von *Largillière, Canaletto, Oudry* und *Greuze;* der *Ingres-Saal* zeigt das berühmte ***Porträt der Madame de Senonnes** von *Ingres* und den *Kampf von Nazareth von *Gros;* im *Courbet-Saal* die ***Kornsieberinnen** dieses Meisters, der ***marokkanische Kaid** von *Delacroix,* ein *Corot* und ein *Fromentin;* durch den *Boudin-Saal* (Impressionismus: *Boudin, Maufra, Signac, Monet, Sisley, Renoir)* gelangt man in einen Saal mit Gemälden aus der Zeit der Jahrhundertwende. In den beiden *Gildas Fardel-Sälen* Malerei der Gegenwart. In den vier Galerien des Patio ein Überblick über die moderne Malerei: die Schule von Pont-Aven *(Emile Bernard* und *Sérusier), Maurice Denis* und *Milcendeau, Raoul Dufy, Suzanne Valadon, Marquet, Van Dongen, A. de la Patellière, F. Léger,* und einige abstrakte Gemälde *(Mannessier, Bissière).*

Hinter dem Museum mündet die Rue Clémenceau in den **Jardin des Plantes** (Pl. XI, F 1–2); Denkmal Jules Vernes (1828–1905), der in Nantes geboren wurde.
In Richtung Kathedrale gelangt man zur ***Promenade des Cours,** angelegt im 18. Jh.; unter ihr verläuft der Erdre-Tunnel (um 1920); in der Mitte der Promenade die *Place du Maréchal-Foch* (Pl. XI, E 1–2); Säule (28 m) mit der Statue Ludwig XVI. Am nördl. Ende des *Cours Saint-André,* über dem kleinen vom Erdre gebildeten Hafen, ein Gefallenen-Denkmal. Von hier aus steigt man l. auf dem *Quai Ceineray* ab; l. das Gebäude der *Präfektur* (Pl. XI, D 1; 1763 und 1777), ehemals Sitz der Cours des Comptes (Handelsgericht) de Bretagne. Über die *Rue de Strasbourg* und die *Rue de la Commune,* r., kommt man zum **Rathaus** *(Hôtel de Ville,* Pl. XI, D 2), aus der Zeit Karl X., an das r. zwei Häuser aus dem 17. Jh. angebaut sind. Die *Rue du Moulin,* gegenüber, geht im S in die *Rue de la Marne* über; **Kirche Sainte-Croix** (Pl. XI, D 2–3), zum Teil aus dem Jahr 1685: im Turm befindet sich die Glocke des ehemaligen Glockenturmes von Nantes, La Bouffay (1663). Rund um die Kirche, in der Rue Sainte-Croix, der *Rue de la Juiverie*

und der *Rue de la Bâclerie* sind noch zahlreiche alte Häuser erhalten.
Geht man l. in der *Rue de la Marne* weiter, so kommt man auf die kleine *Place du Change,* auf der in einem wunderschönen Holzhaus aus dem 15. Jh. das **Syndicat d'Initiative** *(Verkehrsbüro)* untergebracht ist. Von hier aus kommt man auf der *Rue de la Barillerie* und der *Rue D'Orléans* wieder zur *Place Royale.*

Umgebung. – 1. *Château de Goulaine und ***Château de Clisson** (14,5 km und 29 km). Ausfahrt aus Nantes in Richtung Clisson und Poitiers. – 10,5 km: l. Straße nach (1,5 km) *Haute-Goulaine.* Von hier weitere 2 km in Richtung ONO zum ***Château de Goulaine** aus dem späten 15. und frühen 16. Jh.; die Wohnräume aus dem 17. Jh. sind mit Mobiliar aus der selben Zeit ausgestattet *(Öffnungszeiten:* 15. Juni–15. Sept. tgl. außer Di. 14–17.30 Uhr; von Ostern bis 14. Juni und von 16. Sept. bis Allerheiligen Sa., So. und Feiertage).
Weiterfahrt über (21 km) *Le Pallet,* der Heimatstadt des Abelard, wo Heloise ihren Sohn Astrobalde zur Welt gebracht haben soll, nach (29 km) *Clisson.* Das ***Schloß Clisson** (geöffnet tgl. außer Di.) überragt das l. Ufer der Sèvre, genau gegenüber ihrem Zusammenfluß mit der Moine. Vor dem monumentalen Eingang (15. Jh.) führt eine Brücke über den Graben. Westteil (r. vom Eingang) aus dem 15. Jh. Ostteil aus dem 13. und 14. Jh. Einige Zubauten aus dem 16. Jh.

2. Rundfahrt durch das Land von Retz (126 km; Pronic, Côte des Dunes, Saint-Brévin-l'Océan, Paimbœuf, Loiremündung, großes Kraftwerk auf der Insel Indret): s. Blauer Führer Frankreich Süd.

3. Rundfahrt an der Küste und durch die Wälder der Vendée (223 km; Bourgneuf-en-Retz, Beauvoir-sur-Mer, Insel Noirmoutier, Fromentine, Insel Yeu, Saint-Jean-des-Monts, Sion-sur-l'Océan, Croix-de-Vie, Saint-Gilles-sur-Vie, Les Sables-d'Olonne, karolingische Kirche in Saint-Philbert): s. Blauer Führer Frankreich Süd.

4. Nach Saint-Nazaire, La Baule und Le Croisic (61, 77 und 87 km in Richtung WNW auf der N 165 und 771). – Ausfahrt aus Nantes im NW auf der Straße nach Vannes und Quimper (N 165), die am Fuße der Hügel des Sillon de Bretagne verläuft. – 33 km: l. auf die N 771. Von dieser Kreuzung bis nach Saint-Nazaire, La Baule und Le Croisic: s. Rte 9, ab km 127.

Von Nantes nach Pornic, Saint-Brévin und Paimbœuf; – nach Les Sables d'Olonne; – nach La Rochelle, Rochefort, Saintes und Bordeaux; – nach Poitiers und LImoges: alle Blauer Führer Frankreich-Süd; – **nach Châteaubriant** (Laval, Mayenne, Alençon, Dreux, Paris), **Vitré und Fougères** (Caen, Bayeux); s. Rte 2; – **nach Angers, La Fléche, Le Mans und Chartres:** s. Blauer Führer Frankreich Nord; – **nach Rennes** (Saint-Malo, Dinard; zum Mont Saint-Michel, nach Avranches, Granville, Coutances, Cherbourg): s. Rte 1,3; – **nach Redon, Josselin, Rostrenen** (Saint-Brieuc), **Carhaix-Plouguer** (Morlaix), **Landerneau und Brest:** s. Rte 10; – **nach Vannes, Aubay** (Quiberon), **Lorient und Quimper** (Brest): s. Rte 6, in umgekehrter Richtung.

9 – Von Châteaubriant nach Saint-Nazaire, La Baule und Le Croisic

Schöne Schlösser in Châteaubriant und Blain; dann Fahrt durch die sumpfige Gegend Brières. Nach dem regen Hafen Saint-Nazaire (Reedereien) erreicht man die Halbinsel mit den Stränden von Pornichet, La Baule, Le Pouliguen, Batz und Le Croisic. Von La Baule kann man leicht nach La Roche-Bernard gelangen (s. Nebenrte 2) und die Route verlängern, indem man an der Südküste der Bretagne entlangfährt bis Vannes, Lorient, Concarneau und Quimper (s. Rte 6 in umgekehrter Richtung).

Straßen: 118 km in Richtung SW auf der N 171 (bis Saint-Nazaire), D 292, D 92, D 45 (wenn man zwischen Saint-Nazaire und Pornichet die Küstenstraße verläßt und auf die Schnellstraße D 92 fährt, ist die Gesamtstrecke um 2 km kürzer).

Châteaubriant, Département Loire-Atlantique, 14.000 Ew., im **Chère-Tal.*

Das ***Schloß** besteht aus zwei verschiedenen Teilen: 1. die Ruine der mittelalterlichen Burg, *Vieux-Château* genannt, aus dem 11., 13. und 15. Jh., mit einem Tor aus dem 13. Jh., einer Kapelle aus dem 12.–13. Jh. und einer Wohnstätte aus dem späten 15. Jh., die an einen sehr großen viereckigen Wehrturm angebaut ist; 2. das *Château-Neuf* aus der Renaissance (1533–1537); es ist restauriert und durch eine Galerie mit einem zierlichen **Pavillon* verbunden, in dem der *Justizpalast* untergebracht ist (tgl. außer Montag geöffnet).

→ In Richtung NW nach (1 km) **Saint-Jean-de-Béré:** *Kirche aus dem späten 11. Jh. mit hölzerner Vorhalle aus dem 15. Jh., drei Altaraufsätzen aus dem 17. Jh. und Madonna aus dem 14. Jh.

Von Châteaubriant nach Vitré und Fougères: s. Rte 3 in umgekehrter Richtung; – **nach Nantes:** s. Rte 3.

☛ Ausfahrt aus Châteaubriant in Richtung S auf der Straße nach Nantes (D 178). Nach dem Bahnübergang Zusammentreffen mit der N 771 nach Saint-Nazaire. – **10** km: *La Croix-Laurent;* Straßenkreuzung: l. auf die N 171 abzweigen. – **17,5** km: *Treffieux;* Überquerung des Don. – **26,5** km: l. auf die N 137. – **28** km: *Nozay.* – **30,5** km: Straßenkreuzung; r. wieder auf die N 771. **43** km: **Blain,** 7.200 Ew., Überquerung der Straße (s. Rte 10) und des Kanals Nantes–Brest; **Schloß* aus dem 13. Jh. (Turm der Hängebrücke), 14. Jh. (Turm des Konnetabels) und 15. Jh. (Wohntrakt). – **60** km: Kreuzung mit der N 165 von Quimper und Vannes nach Nantes (s. Rte 6, km 228).

63 km: **Savenay** (49 m), 5.000 Ew., an der Südseite des *Sillon de Bretagne,* wo am 24. Dezember 1793 die Reste der Vendée-Armee vernichtet wurden. – Die Straße führt durch das Sumpfland der Brières. – **80** km: *Montoir-de-Bretagne* auf einem Hügel inmitten der Brières.

88 km: **Saint-Nazaire** (Département Loire-Atlantique), bedeutender Fischerhafen mit 70.000 Ew. am l. Loire-Ufer bei ihrer Mündung in den Atlantik. Die durch Bombenangriffe 1943 völlig zerstörte Stadt wurde auf einem neuen Grundriß wiederaufgebaut. Sehr große Reedereien, in denen die berühmten Schiffe Normandie und France gebaut wurden.

Geschichte. – Die Stadt war vom 23. Juni 1940 bis zum 11. Mai 1945 von den Deutschen besetzt, die hier einen bedeutenden U-Boot-Stützpunkt einrichteten. In dieser Zeit erlebte Saint-Nazaire insgesamt 49 Luftangriffe. – Am 28. März 1942 landete ein englisches Kommando im Hafen und hielt sich 48 Stunden lang. Nach diesem Handstreich bauten die Deutschen die Gegend von Saint-Nazaire in eine gewaltige Verteidigungsanlage aus und konnten sich hier bis zum 11. Mai 1945 behaupten.

Von der ehemaligen Stadt, die keine besonderen Baudenkmäler besaß und deren Zentrum die *Place Marceau* (Pl. X, B 2–3) war, ist so gut wie nichts erhalten. In Richtung N gelangt man über die *Rue du Dolmen* zum *Dolmen Lichayen* oder **Trilithe** (Pl. X, B 2), einem megalithischen Monument, das eine Art Portikus bildet; davor ein Menhir.

Die neue Stadt erstreckt sich gegen W; die wichtigste N-S-Verbindung ist die 1,3 km lange *Avenue de la République,* eine schöne architektonische Anlage, welche den **Bahnhof** (Pl. X, A–B 1) mit einem monumentalen **Rathaus** *(Hôtel de Ville,* 1960; Pl. X, A 3) verbindet.

Der **Hafen** befindet sich am östl. Rand der Stadt und öffnet sich zwischen zwei 500 m langen Molen gegen S; er umfaßt einen Vorhafen und zwei ausgedehnte Becken. Das *Bassin de Saint-Nazaire* (Pl. X, C 2–3); 10 ha) wird von dem mächtigen Betonblock des von den Deutschen gebauten ***U-Boot-Stützpunkts** (Pl. X, C 3) dominiert, der 24 U-Boote aufnehmen konnte. Durch eine gedeckte Schleuse gelangten die U-Boote ins offene Meer; die Terrasse ist der Öffentlichkeit zugänglich (*Rundblick). Dem 22 ha großen *Bassin du Penhoël* (Pl. X, C 1–2), an dessen Rand sich die großen Reedereien befinden, ist ein 350 m langer Schleusenkanal vorgelagert (1932).

In der Nähe der westl. Mole des Vorhafens erhebt sich ein Mahnmal für den englischen Handstreich des Jahres 1942. – Die *Fassade des *Boulevard Wilson* und des *Boulevard Albert-1er* (Pl. X, B 3–A 4) säumt den 2 km langen Strand zwischen der Westmole des Hafens und der Pointe de Ville-ès-Martin.

In den westl. Stadtvierteln befinden sich einige interessante moderne Gebäude: *Kirche Sainte-Anne* (1957) und *Sporthalle* (Salle des Sports, 1966; Eingang zu beiden über den Boulevard de la Fraternité, Pl. X, A 1); *Kirche Notre-Dame d'Espérance* (1965; Eingang Boulevard Albert-1er, Pl. X, A 4); *Cité Scolaire* (Schulzentrum), Spitalszentrum usw.

Umgebung. – 1. La Grande-Brière, *Sumpflandschaft im N der Stadt; fahren Sie bis nach (15,5 km in Richtung N auf der N 771 und D 50) *Saint-Joachim* auf der *Insel Pendille.*

2. Nantes: a) über die neue Brücke (1975; Maut) über die Loire-Mündung; man gelangt direkt nach Mindin (s. Blauer Führer Frankreich-Süd); von hier

durch das Pays de Retz nach (60 km) Nantes (s. Rte 8). – b) 61 km auf der N 771 und N 165, s. Rte 8.
Von Saint-Nazaire nach Redon und Rennes: s. Rte 1,2.

☛ **Fortsetzung der Route nach Le Croisic.** – Von Saint-Nazaire gibt es eine direkte Verbindung nach La Baule (16 km; N 771) und Pornichet (11 km; D 92). Die hier beschriebene Fahrt über die Küstenstraße ist jedoch weit interessanter.
Ausfahrt aus Saint-Nazaire auf den Boulevards Wilson und Albert-1er (Pl. X, A 4). – **89,5** km: Straßenkreuzung; l. die Straße nach *Ville-ès-Martin* (1 km; kleiner Badeort); r. auf die Schnellstraße D 92 einbiegen. – **94** km: Abfahrt von der Schnellstraße nach Pornichet und l. auf die D 292 in Richtung Meer abbiegen.
96 km: *Saint-Marc-sur-Mer,* kleiner Badeort am Ausgang eines schattigen Tals; felsumrahmter Strand zwischen der *Pointe de la Lève* (Leuchtturm Aiguillon; 1756) im O und der *Pointe de Chemoulin* im W. – Die D 292 verläuft am Felskamm. – **97** km: *Pointe de Chemoulin* (Leuchtturm; 26 m hoch; *Rundblick). – **99** km: *Sainte-Marguerite;* felsumrahmter *Strand; Kiefernwald. – L. überragt die Straße die 2 km lange *Grève de Bonne-Source.*
102 km: **Pornichet,** 5.500 Ew., bedeutender Badeort an der östl. Seite des Strandes von La Baule; 2 km Strand zwischen dem kleinen Hafen im SO neben dem Gemeindezentrum *Vieux-Pornichet* und dem Ende des Badeviertels *Pornichet-les-Pins* im NW, in einer kiefernbewaldeten Dünenlandschaft.
Von Pornichet nach La Baule fahren Sie auf dem 6 km langen ****Deich** am Strand entlang; die Straße über das Landesinnere durchquert den ****Bois d'Amour,** einen Kiefernwald, der die Dünen zwischen Pornichet und La Baule bedeckt.
106 km: **La Baule-les-Pins,* Bade- und Luftkurort in den Bois d'Amour. Im NO der **Parc des Dryades* (Pl. VII, F 2; 3 ha).
108 km: ***La Baule,** 13.800 Ew. Neben Royan und Biarritz ist La Baule das berühmteste Seebad an der Atlantikküste; mondänes Strandbad und Familienbadeort. Der 8 km lange ****Strand** mit hartem feinem Sand erstreckt sich halbkreisförmig von *Pornichet* nach *Le Pouliguen;* er ist vielleicht der schönste Strand Frankreichs. Er ist auf seiner ganzen Länge von einem Deich mit einer Kette von Hotels und Luxusvillen eingefaßt. Gegen W, vor dem Kasino, weitet er sich zu einer blühenden Esplanade aus (Pl. VII, B–C 1–2). Von dieser Fassade und einigen Geschäftsstraßen abgesehen, liegt der Ort in den Kiefernwäldern. Das milde Klima ermöglicht eine lange Saison: von Ostern bis in den Oktober.

☞ **1. Von La Baule nach Guérande und La Roche-Bernard.** 33 km in Richtung NNO auf der D 774; auf dieser Strecke kann man auf die N 165 gelangen, die große Straße von Nantes nach Vannes und Quimper.
Die *Route de la Guérande* (Ausfahrt Pl. VII, D 1) beginnt an der Place de la Victoire und überquert die Bahnlinie auf zwei Brücken. – 1,5 km: r. das *Château de Careil* aus dem späten 14. Jh. und der bretonischen Renaissance (von Palmsonntag bis zum 30. Sep-

tember geöffnet). – 4 km: *Saillé;* altes Dorf in den ehemaligen Salzteichen.
8 km: ***Guérande,** 8.000 Ew., am Rande des Plateaus, das die Gegend der Salzteiche überragt; die Stadt hat ihr mittelalterliches Gesicht bewahrt; vollständige ***Umwallung** aus dem 15. Jh. mit zehn Türmen und vier Toren: das Haupttor ist die ***Porte Saint-Michel** im O, eine Festung mit dem *Musée du Vieux-Guérande* (Trachten). In der Ortsmitte die ***Kirche Saint-Aubin:** Schiff aus dem 12. und 13. Jh. (Kapitelle), Querschiff und Chor aus dem 15. und 16. Jh. (Glasfenster am Kirchenhaupt); außen eine Kanzel aus dem 15. Jh.

In Richtung NW auf der D 99 nach (7,5 km) **La Turballe:** bedeutender Fischerhafen (Sardinenkonserven). Die D 99 führt anschließend nach (12 km nach Guérande) **Piriac-sur-Mer,* einem Fischerhafen und Badeort; kleine Strandflächen; ausgehöhlte Felsen (Grotten); *Pointe du Castelli* (*Rundblick).

Nach Guérande folgt man weiter der N 774 in Richtung N, dann NO; Fahrt über ein ausgedehntes Plateau; Weiler mit strohgedeckten Häusern. – 25 km: *Herbignac,* 3.200 Ew., am nordwestl. Ende der Grande-Brière.
33 km: **La Roche-Bernard** (s. Rte 7, km 193).

Nach dem Kasino von La Baule verläßt man den Deich; zwischen den Hotels Majestic und Hermitage r. abbiegen; man fährt durch den Parc Benoît und überquert die Brücke von Le Pouliguen.
111 km: **Le Pouliguen,** 3.700 Ew., vielbesuchter Badeort und sehr alter Fischerhafen, durch einen Kanal von La Baule getrennt. Der Kai mit den Häusern des alten Ortes bildet eine malerische und rege Fassade; er endet am Strand (feiner Sand). **Park,* auch Bois genannt (6 ha), mit der Kapelle de Pen-Château aus dem 16. Jh.

2,5 km in Richtung SO die *Pointe de Pen-Château;* sie schützt und schließt die Bucht von La Baule im W. Von der Pointe du Croisic kann man auf der 8 km langen **Corniche de la Grande-Côte* weiterfahren; malerische Straßenführung zwischen stark ausgezackten kleinen Steilfelsen mit zahlreichen Grotten und sandigen kleinen Buchten.

115 km: **Batz-sur-Mer,** 2.200 Ew., alte Salinenarbeiterstadt, Fischerhafen und Badeort auf einer kleinen Anhöhe zwischen dem Meer und den heute fast ganz aufgelassenen Salinen. In der Ortsmitte die **Kirche Saint-Guénolé* aus dem 15. und 16. Jh.; sie ist zur Gänze aus Granit gebaut und besitzt einen 60 m hohen Turm (1677); im l. Seitenschiff merkwürdig behauene Schlußsteine. Neben der Kirche die Ruine der **Kapelle Notre-Dame du Mûrier* (15.–16. Jh.; Granit). 400 m südl. der Kirche der *Strand Saint-Michel;* l. die Mole des Hafens und darüber der *Menhir de Pierre-Longue.* Nach der Ausfahrt aus Batz l. der Strand Valentin.
118 km: ***Le Croisic,** 4.300 Ew., alte kleine Hafenstadt (Sardinenfischerei) und Badeort auf einer Halbinsel zwischen dem inneren Golf des Grand-Traict und der offenen See.

In der weißen, freundlichen Stadt stehen noch zahlreiche Häuser aus dem 17. und 18. Jh., vor allem an den Kais (18. Jh.). Das *Hôtel de Ville* ist in dem kleinen *Château d'Aiguillon* aus der Zeit Heinrich IV. untergebracht; kleines Seefahrermuseum; im Garten Kanone aus dem 18. Jh.; die 1955 aus dem Meer geborgen wurde. Die *Kirche Notre-Dame de Pitié* (1494 bis 1507) ist ein sehr schöner Granitbau mit 56 m hohem Turm.
Die Hauptsehenswürdigkeit von Le Croisic ist der ***Hafen;** er liegt sehr malerisch an den Ufern des inneren Golfs und ist durch mehrere kleine Eilande in „Räume" aufgeteilt. Er liegt zwischen zwei zu Spazierwegen ausgebauten Anhöhen *(Mont-Esprit* und *Mont-Lenigo;* *Aussicht). Die Hafeneinfahrt ist auf der einen Seite von der 1 km langen *Mole du Tréhic* geschützt, auf der anderen von der langen Chaussée de Pen-Bron (Sanatorium; Bootsverbindung). – Der Strand *Port-Lin* und das Badeviertel liegen am offenen Meer, etwa 1 km vom Zentrum entfernt.
3 km westl. endet die Halbinsel an der niederen, von Felsen eingefaßten **Pointe du Croisic.** Man kann sie auf der ***Route de Corniche** umfahren; auf der dem Meer zugewandten Seite führt sie an den Steilfelsen der *Grande-Côte* entlang und endet beim (7 km) Strand von *Port-Lin* (s. o.).

10 – Von Nantes nach Brest

Interessante Fahrt durch die innere Bretagne: sehr malerische Strecke am Kanal Nantes–Brest entlang und dann durch die Heide von Lanvaux und das Oust-Tal. Nach den berühmten Schlössern von Josselin und Pontivy die schönen Gegenden um Rostrenen, Carhaix und vor allem Huelgoat, an einem der schönsten Wälder Frankreichs. Anschließend die Monts d'Arrée (wunderbare Ausblicke), die Kunstschätze von Sizun und La Martyre und Abfahrt in das Elorn-Tal und nach Landerneau.

Straße: 308 km in Richtung NW auf der N 137, D 164, D 764 und D 712.

☛ Ausfahrt aus Nantes (s. Rte 8) auf der N 137, der Straße nach Rennes (Pl. XI, C–D 1), der man bis (27 km) *La Croix* folgt; Straßenkreuzung: l. auf die N 164 abbiegen.
37 km: **Blain** (s. Rte 9, km 43); Kreuzung mit der N 771. – Die D 164 führt r. an der *Forêt du Gâvre* vorbei. – Talfahrt nach (**69** km) *Saint-Nicolas-de-Redon* am Ufer des Kanals Nantes–Brest. Nunmehr führt die Straße am Kanal entlang.
70 km: **Redon,** 10.800 Ew., Département Ille-et-Vilaine, am Ufer der Vilaine, die den Kanal Nantes–Brest kreuzt.

In der *Grande-Rue* einige Häuser aus dem 15.–16. Jh. Auf der *Place Saint-Sauveur* das Hôtel de Ville, ein heute allein stehender gotischer ***Glockenturm** (14. Jh.; 67 m) und die **Kirche Saint-Sauveur** mit einem massiven, an den Ecken abgerundeten romanischen ***Glockenturm** aus dem 12. Jh.; der **Chor* aus dem 13. Jh. ist leider von einem großen Altaraufsatz aus der Zeit Louis XIII. verunstaltet; an der Apsis eine befestigte Kapelle aus dem 15. Jh. An der l. Flanke der Kirche das *Collège Saint-Sauveur* in der ehemaligen Abtei (Kreuzgang aus der Zeit Louis XIV.).

Von Redon nach Rennes oder Saint-Nazaire: s. Rte 1,2 in umgekehrter Richtung.

In Redon überquert man die Vilaine und nach der Ortsausfahrt den Kanal und den Oust in einem sumpfigen Tal (auf der D 764). – **89** km: **Saint-Gravé.**

In Richtung SW auf der D 777 nach (6 km) ***Rochefort-en-Terre,** 700 Ew., kleine alte Stadt in sehr schöner *Lage. Der Ort befindet sich auf einer kleinen Anhöhe zwischen tiefen Talmulden; im N trennt ein steiler, von einem Engpaß durchbrochener Schieferkamm den Ort vom Tal des Arz. In der Grande-Rue mehrere **Herrenhäuser* (18. Jh.; Granit). *Kirche Notre-Dame de la Tronchaye* aus dem 14., 15. und 16. Jh. (geschnitzte Altaraufsätze) und kleiner Kalvarienberg aus dem 14. Jh. Im Schloßpark die Ruinen einer mittelalterlichen Burg aus dem 13. Jh. (nur außen zu besichtigen).

Die D 764 durchquert das östl. Ende der mit Megalithen übersäten *Heide von Lanvaux,* führt l. am *Mont Hersé* (82 m) vorbei und anschließend in das ***Oust-Tal** hinunter; bis Malestroit verläuft die Straße an seinem r. Ufer (schöne Strecke).

104 km: **Malestroit,** 2.500 Ew., am kanalisierten Oust (Kanal Nantes–Brest). Alte Häuser aus Gotik und Renaissance vor allem auf der *Place du Bouffay* neben der *Kirche Saint-Gilles* (15. Jh.); romanische Vierung und südl. Kreuzarm.

Die D 764 überquert in Malestroit den Oust; l. die Ruinen der *Chapelle de la Madeleine* aus dem 12. und 15. Jh. – **112** km: Straßenkreuzung; r. die D 766 nach (8 km) Ploërmel (s. Rte 5, km 60); l. abbiegen. – **114** km: *Roc-Saint-André;* neuerliche Überquerung des Oust; r. auf die D 4 abzweigen.

128 km: **Josselin** (s. Rte 5, km 72); Überquerung des Oust am Fuße des berühmten Schlosses.

Ausfahrt aus Josselin in Richtung W auf der N 24; nach 1,5 km r. auf die D 764 abbiegen. – **130** km: die Straße überquert den Oust ein weiteres Mal und steigt an.

162 km: **Pontivy,** (Département Morbihan), 14.500 Ew., am Blavet gelegen, der flußabwärts bis zum Meer kanalisiert ist. Ehemalige Hauptstadt des im Jahr 1663 gegründeten Herzogtums von Rohan, die nach 1805 durch Napoleon I. planmäßig vergrößert wurde.

Der Mittelpunkt der Stadt ist die große **Place Aristide-Briand** mit dem *Hôtel de Ville* und dem *Palais de Justice.* Vom Platz führt r. die *Rue Friedland* zur **Kirche Notre-Dame de la Joie** (15. Jh.; im r. Seitenschiff **Retabel* aus dem 17. Jh.). Auf dem Platz Monument de la Fédération Bretonne-Angevine (1790), die am Ursprung der großen Fédération du Champ-de-Mars stand. Im NO der Kirche führt die schmale *Rue de l'Eglise* zur ***Place du Martray,** in der *Rue du Fil* und der *Rue du Pont* (auf Nr. 10 die *Maison du Sénéchal,* 1577) stehen noch viele schöne alte Häuser. Im N der Brücke, etwas flußaufwärts vom Kai des l. Ufers, das *Kulturzentrum* (1964). Dahinter und darüber erhebt sich das ***Schloß,** 1485 von Jean II. de Rohan erbaut und heute in ein **Museum** umgewandelt (Ausstellungen); es ist von tiefen Gräben umgeben und besitzt noch die vollständige Mauer.

Von Pontivy aus kann man eine Anzahl interessanter Ausflüge machen:

→ 7 km nach O auf der D 2: **Noyal-Pontivy;** Kirche aus dem 15. und 16. Jh. mit schöner Vorhalle. – 2,5 km nordwestl. von Noyal-Pontivy; **Sainte-Noyale** mit mehreren *Sakralbauten: Oratorium, Brunnen, verziertes Kreuz (15. oder 16. Jh.); *Kapelle Sainte-Noyale* im spätgotischen Stil mit Schiefer-Glockenturm aus dem 12. Jh. mit zwölf Glöckchen und einer mit Malereien aus dem 17. Jh. verzierten Decke.

→ 3 km nach SO auf der D 179: *Kapelle de la Houssaye* mit steinernem Altaraufsatz aus dem 16. Jh.

→ 12 km im SSW (N 168, dann rechts) die ***Kapelle Saint-Nicodème** aus dem 16. Jh. mit sehr schönem Glockenturm; sehr interessante Innenausstattung; Wallfahrt am 1. Sonntag im August. Daneben **Brunnen* aus dem 16. Jh. – Von Saint-Nicodème führt eine 2 km lange Strecke (D 1) nach *Saint-Nicodème-des-Eaux;* kleines Dorf in sehr schöner Lage am l. Blavet-Ufer, gegenüber der Halbinsel de la Couarde. Fährt man über das r. Blavet-Ufer zurück, beträgt die Rundfahrt etwa 30 km.

→ 11,5 km nach SW auf der D 2, dann r.: **Quelven;** **Kapelle* aus dem späten 16. Jh. mit einer sich öffnenden Statue der *Notre-Dame de Quelven* (Wallfahrt am 15. August).

→ 16 km nach SW auf der D 2: **Melrand;** Häuser aus der Renaissance, Kirche (1661) und merkwürdiger **Kalvarienberg* mit Darstellung der Dreifaltigkeit.

→ 17 km nach N (D 156 und D 31) am r. Blavet-Ufer der *Staudamm von Guerlédan,* s. Rte 6.

→ 27,5 km nach NW über Stival, Cléguérec, Sainte-Brigitte und die Forêt de Quénécan: **Bon-Repos,** s. Rte 4, km 152,5. Mit Rückfahrt über Mûr-de-Bretagne, den Staudamm von Guerlédan und das r. Blavet-Ufer beträgt die Rundfahrt etwa 35 km.

Von Pontivy nach Guincamp und Lannion oder Vannes: s. Rte 6,2; – **nach Dinard oder Auray:** s. Rte 12,3; – **nach Josselin und Rennes oder Le Faouet und Quimper:** s. Rte 5.

☛ Die D 764 überquert in Pontivy den Blavet und führt bis (165,5 km) *Stival* das Tal hinauf; Brunnen und Kapelle Saint-Mériadec (16. Jh.; mit Malereien verzierter Chor und zwei Glasfenster aus dem 16. Jh.). – **172,5** km: Straßenkreuzung; r. die Straße nach Guémené und Le Faouet (D 782, s. Rte 5). – Die Straße führt bergab und überquert den Kanal Nantes-Brest.

199 km: **Rostrenen** (s. Rte 4, km 168). – **220** km: **Carhaix-Plouguer,** s. Rte 4, km 189. – Von Carhaix führt die D 764 in das Hière-Tal hinunter; Überquerung und Bergfahrt. – **230,5** km: *Poullaouen;* dreischiffige Kirche aus dem 16. Jh. mit Fassade aus dem 18. Jh.. – Die Straße überquert die Aulne und führt das Tal der Rivière d'Argent hinauf.

238 km: Straßenkreuzung; r. die D 769 nach Morlaix (s. Rte 15); die D 764 durchfährt die *Forêt de Huelgoat.* – **240** km: l. der ***Escalier du Gouffre,** wo die Rivière d'Argent in einem Felschaos verschwindet.

241,5 km: ***Huelgoat,** 2.300 Ew.; der Name bedeutet „hoher Wald"; das Städtchen liegt in einer der schönsten Gegenden der inneren Bretagne, zwischen einem 15 ha großen Teich und der ****Forêt de**

Huelgoat (591 ha) mit sehr schönen Felsmassiven. Huelgoat ist ein beliebter Ferienort und ein guter Ausgangspunkt für Ausflüge in die Gegend. *Kirche* aus dem 16. Jh. *Kapelle Notre-Dame des Cieux* (16. Jh.; Wallfahrt am 1. Sonntag im August). Der Teich geht in den **Chaos du Moulin* über; darunter kann man die **Grotte du Diable* (Teufelshöhle) besichtigen. In der Nähe die *Pierre Tremblante* (der zitternde Stein) und die Höhle *Ménage de la Vierge.*

Umgebung. – Im Wald viele malerische Stellen, Unterholz, der Fluß, Bäche, Granitblöcke. Im O kann man (1½ Std. zu Fuß) die *Grotte d'Artus* besichtigen, die *Mare aux Sangliers,* den *Gouffre* (s. o.), die Mine und die *Roche Cintrée* (alle befinden sich in der Nähe der Straße D 764). – 2,5 km nördl. auf der D 14 der 5 m hohe *Menhir Kerampeulven.* – 7 km südwestl. auf der D 14 der Weiler und die ***Kirche Saint-Herbot** aus dem 15.–16. Jh. mit viereckigem Turm aus dem 15. Jh. und Vorhalle aus dem Jahr 1498 (Apostelstatuen); gegenüber ein verziertes Kreuz aus dem Jahr 1571; im Inneren eine holzgeschnitzte **Kanzel* (16. Jh.), das Grab des Hl. Hermot, Glasfenster aus dem Jahr 1556 und naive Skulpturen. – Etwa 1 km nordöstl. das alte *Château du Rusquec* und der Elez-Staudamm über einem Felschaos.
Huelgoat ist der geeignetste Ausgangspunkt für Ausflüge in die **Monts d'Arrée** und die **Montagne Noire.** Sehr empfehlenswerte Rundfahrt (52 km) über La Feuillée, den Roc'h Trévezel, den Mont Saint-Michel d'Arrée (s. u.), Brasparts, Lannédern und Saint-Herbot.

Von Huelgoat nach Morlaix oder nach Carhaix, Le Faouet (Quimperlé), Hennebont und Lorient: s. Rte 15,4.

252,5 km: *La Feuillée* (281 m). – Die D 764 steigt zur Kammlinie der Monts d'Arrée (Spitzenwerk aus Felsen) an; l. der Stausee Saint-Michel, vom **Mont Saint-Michel,** der höchsten Erhebung der Bretagne (391 m, s. Rte 15,4, km 30) überragt. – **257** km: Kreuzung mit der D 785 am Fuße der Felsspitzen des ***Roc'h Trévezel** (s. Rte 15,3, km 21; 364 m; *Rundblick); kurvenreiche Talfahrt am Nordhang der *Monts d'Arrée:* weite Aussicht auf den Léon. – **262** km: Straßenkreuzung; l. nach etwa 1 km die gedeckte **Allée du Mougau* (14 m lang); r. nach (700 m) *Commana;* Kirche aus dem 16.–17. Jh. mit hohem Glockenturm und **Vorhalle* aus der Renaissance (1646–1650); im Inneren schöne *Altaraufsätze der Hl. Anna (1682) und der Fünf Wunden (17. Jh.); Beinhaus aus dem Jahr 1686.
271 km: **Sizun,** 1.900 Ew.; schöne alte Bauwerke: **Triumphpforte* und Beinhaus-Kapelle aus dem späten 16. Jh.; *Kirche* aus dem 16.–17. Jh. mit polygonaler Apsis (1665) und Glockenturm-Vorhalle aus den Jahren 1723–1735; Sakristei aus dem späten 17. Jh.

Von Sizun nach Landivisiau oder Le Faou und Crozon-Morgat: s. Rte 2,3.

Überquerung des Elorn. – **277,5** km: *Lanviguer.*

→ R. die Straße nach (2 km) **La Martyre:** gotische Triumphpforte mit aufgebautem Kalvarienberg: *Kirche Saint-Salomon* (15. Jh.) mit Glockenturm-Vorhalle aus dem 13. Jh., südl. **Vorhalle* aus dem 15. Jh. (am Tympanon eigenartige Geburt Christi).

→ 1,5 km im ONO von La Martyre: **Ploudiry;** Beinhaus-Kapelle aus dem Jahr 1635 und *Kirche* mit *Vorhalle aus der Renaissance (1665).

☛ **Abfahrt* in das Elorn-Tal: Aussicht auf die Ruinen von **La-Roche-Maurice** (s. Rte 2, km 481,5), 700 m r. von der Straße.

288 km: **Landerneau,** s. Rte 2, km 486.

Von Landerneau nach Brest: 20 km auf der D 712, s. Rte 2.

308 km: **Brest,** s. Rte 11.

11 - Brest

***Brest,** 34 m, Département Finistère, großer Marine- und Handelshafen, 172.000 Ew., an einem der schönsten Küstenstriche der Welt. Die 15.000 ha große Bucht ist nur im W an einer 2 km breiten Stelle mit der hohen See verbunden. Im letzten Krieg war Brest einer der wichtigsten deutschen Marinestützpunkte (unterirdischer U-Boothafen). Das Zentrum der Stadt, d. h. die ganze Altstadt, liegt innerhalb der Befestigungsanlagen von Vauban und wurde 1944 während der 43 Tage andauernden Belagerung völlig zerstört. Ihr Wiederaufbau unter der Leitung der Architekten Mathon und Picquemal ist ein beeindruckendes Beispiel gelungener Stadtplanung und -sanierung. Auf den Ruinen des alten Brest ist eine neue Stadt entstanden, heute die modernste Stadt der Bretagne. Dank seiner außergewöhnlichen Lage, seiner renommierten Hotels und der Schönheit der Landschaft ist Brest heute ein großes und beliebtes Fremdenverkehrszentrum.

Geschichte. – Schon zur Zeit der Römer war Brest Militärlager. Ab dem 13. Jh. war die Stadt ein ständiger Zankapfel zwischen Franzosen und Engländern (100jähriger Krieg). Im 17. Jh. schuf Richelieu die großen Arsenale; 1683 baute Vauban neue Befestigungsanlagen. Bei Camaret wurde 1694 eine englisch-holländische Flotte geschlagen. Im 18. Jh. ging die Entwicklung der Stadt rasch voran; die Ideen der Revolution fielen hier auf fruchtbaren Boden. 1793 verloren die Franzosen vor Brest eine Seeschlacht gegen die Engländer.
Während der deutschen Besetzung (1940–1944) mußte die Stadt, vor allem der Hafen mit seinem U-Boot-Stützpunkt und den an der Reede liegenden Kriegsschiffen, schwere Bombenangriffe erdulden. Bei der Belagerung der Stadt (7. August bis 18. September 1944) wurde die Altstadt dem Erdboden gleichgemacht.
Heute ist Brest trotz der Verlegung eines großen Teils der Kriegsmarine nach Toulon wieder ein bedeutender Militärhafen. Auch ein großer Ölhafen soll in Betrieb genommen werden, der Supertanker bis zu 500.000 t aufnehmen kann. Dazu gesellen sich noch ein wichtiger Handelshafen, der sich in voller Entwicklung befindet, und die Werften der Kriegsmarine, in deren Nähe neue Industriebetriebe eingerichtet werden.

Das Herz der Stadt ist die weitläufige *Place de la Liberté* (Pl. XII, C 2) mit sehr großen Gebäuden und dem neuen **Hôtel de Ville** (1961). Zwei in Kurven angelegte Rampen führen zur *Place du Général Leclerc* hinunter; zwischen diesen Rampen das hohe, feierliche *Monument aux Morts* (Totendenkmal) aus Stein. Zwischen diesen Häusergruppen öffnet sich die *Rue de Siam* (Pl. XII,

C 2–B 3), die Hauptverkehrsstraße von Brest. Sie führt an der neuen ***Kirche Saint-Louis** vorbei (Pl. XII, B 2; erbaut von 1953 bis 1958) zur *Place Carnot* (Pl. XII, B 3). Auf einer Seite der Place Carnot befindet sich das bedeutende **Kulturzentrum** (Pl. XII, B 3) mit dem *Stadtmuseum,* der *Bibliothek* und dem *Musikkonservatorium* (Architekt *Mathon).*

Das **Stadtmuseum** *(Öffnungszeiten:* 10–12 Uhr und 14–18.45 Uhr; Dienstag geschlossen) hat in den letzten Jahren seine Sammlungen erheblich erweitert. Sehenswert sind vor allem hölzerne Votivstatuen vom späten 15. bis späten 18. Jh. aus heimischen Werkstätten, Gemälde aus dem 17., 18. und 19. Jh. der niederländischen und der flämischen Schule *(B. Breenberg, Hans Jordaens),* der italienischen Schule *(Bassano, L. Giordano, Recco, Casanova, Battoni)* und der Fortführer der Schule von Pont-Aven *(Meyer de Haan, Schiffenecker, Sérusier, Lacombe, Maufra, Ch. Cottet).*

Die **Stadtbibliothek** besitzt 50.000 Bände, darunter 4.000 bretonische Raritäten.

Die Rue de Siam führt anschließend zum 22 m hohen ***Pont de Recouvrance** (Pl. XII, A–B 3), erbaut 1954, der größten Hebebrücke Europas; der metallene Mittelteil (87 m lang) bewegt sich zwischen zwei 64 m hohen Betonpfeilern. Von der Brücke schöne **Ausblicke:* flußabwärts auf das Schloß und die Mündung der Penfeld, flußaufwärts auf den engen Fjord der Penfeld, der den alten Teil des Militärhafens bildet und wo sich die Gebäude des Arsenals befinden (s. u.).

Vom Pont de la Recouvrance kann man in Richtung N den *Boulevards des Français-Libres* und *Jean-Moulin* folgen, die das l. Penfeld-Ufer entlangführen und nahe dem 41 m hohen **Pont de l'Harteloire** (Pl. XII, A 2; 634 m lang, **Aussicht* auf das Arsenal) enden. Am Ende der Brücke, am r. Ufer, im neuen Stadtviertel *Quiliverzan,* r. die neue *Kirche Sainte-Thérèse du Landais* (1960), ein schwarzer Rundbau auf zwanzig Betonpfeilern mit sehr schönen Glasfenstern und einem Glockenturm.

Etwas unter dem Pont de la Recouvrance, am r. Ufer, in dem wiederaufgebauten Stadtviertel **Recouvrance,** der *Turm Motte-Tanguy* (Pl. XII, A 3) aus dem 14. Jh., in dem das *Musée du Vieux-Brest* (Museum des alten Brest) untergebracht ist *(Öffnungszeiten:* von Ende März bis Oktober 9–12 und 14–19 Uhr).

Im S des Pont de la Recouvrance, auf einem Plateau zwischen der Bucht und der Penfeld, das ***Schloß** (Pl. XII, B 3–4) aus dem 12. Jh. *(Tour Azénor),* 14. Jh. *(Tour du Midi),* 15. Jh. *(Eingangstor)* und 16. Jh.; einige Teile der ursprünglichen Anlagen aus dem 4. Jh. sind noch erhalten.

Innerhalb der Befestigungsanlagen wurde die neue *Marine-Präfektur* eingerichtet. Man kann das *Schloß* und das *Marinemuseum* besichtigen. *Öffnungszeiten:* 9.30–11.30 und 14–17 Uhr von Ostern bis Oktober; Montag vormittag geschlossen.

Gegenüber dem Schloß befindet sich der ***Cours Dajot** (Pl. XII, B 4–C 3), der 1768 an der S-Front der Befestigungsmauern von Vauban angelegt wurde und den Handelshafen (Pl. XII, C 4) und die Bucht (**Rundblick) überragt. Ein Stück weiter der von den

Vereinigten Staaten 1934 errichtete *Granitturm* zum Andenken an die Kriegskameradschaft 1917/18 der amerikanischen und der französischen Kriegsmarine. Der Turm wurde 1941 zerstört und 1957 wiederaufgebaut. Orientierungstafeln. Am Ende des Cours Dajot der **Justizpalast** (Palais de Justice; Pl. XII, C 3; große Statuen des Gesetzes und der Gerechtigkeit von *Courbier*) und das große Gebäude der Unterpräfektur und der Handelskammer.

Von hier geht man durch eine an der O-Front der alten Mauern angelegten Gartenanlage zur Place de la Liberté zurück. Der obere Teil ist der ***Jardin du Président Kennedy** (Pl. XII, C 2–3; von den Terrassen ***Blick* über die Bucht). Dahinter, auf der *Avenue Georges-Clemenceau,* das neue **Kulturzentrum** *(Palais des Arts et de la Culture).* Zurück zur Place du Général-Leclerc und de la Liberté.

Marinearsenal und Militärhafen. – Zu besichtigen sind der alte Teil des Penfeld-Arsenals und der Militärhafen Laninon in der Bucht (Eingang Porte de la Grande-Rivière, s. u.; Besichtigung eines Marinestützpunktes und eines Kriegsschiffes).
Vom *Penfeld-Arsenal* kann der Besucher nur das Äußere zu Gesicht bekommen und zwar vom *Pont de la Recouvrance* (Pl. XII, B 3) und dem *Pont de l'Harteloire* (Pl. XII, A 2) aus sowie von dem kurvenreichen, oberhalb des Hafens verlaufenden *Boulevard Jean-Moulin.*
Flußaufwärts des Pont de la Recouvrance befindet sich das **Marinearsenal** (Pl. XII, A–B 2–3). Es liegt in der gebogenen und tief eingeschnittenen Mündung der Penfeld; an diesem 3 km langen Wasserkorridor befinden sich die Gebäude des Arsenals, Lager und Produktionsstätten, die seit 1945 wiederaufgebaut wurden. Parkplatz für Besucher; Zufahrt unter der Brücke bis zur *Porte Tourville* (Pl. XII, B 3), dem Haupteingang des Arsenals. *Öffnungszeiten:* 9–11 und 14–16 Uhr von April bis September (nur für französische Staatsbürger, Ausweis).

Der **Militärhafen** war lange Zeit auf die Flußmündung begrenzt, hat sich aber in den letzten hundert Jahren stark nach außen hin ausgebreitet. Diese Erweiterung erforderte schon im 19. Jh. die Schaffung eines besonderen Beckens zwischen zwei Hafendämmen, die sich fast mit einem weiteren, parallel zum Ufer verlaufenden Damm verbinden. Meistens liegen einige Kriegsschiffe hier vor Anker.
Der Militärhafen umfaßt den **Port de Laninon** (Pl. XII, A 4) im W der Penfeld-Mündung. Um zum Hafen zu gelangen, überquert man den Pont de la Recouvrance, folgt während 500 m der *Rue de la Porte* (Pl. XII, A 3) und biegt bei der *Rue Saint-Exupéry* l. ab. Fahren Sie am Rand des Arsenals bis zum zweiten Eingang entlang: *Porte de la Grande-Rivière,* 1,8 km von der Brücke entfernt. Besuchszeiten und Bedingungen s. o.
Im Hafen Laninon befindet sich der deutsche U-Boot-Stützpunkt, ein riesiger, 320 m langer Betonblock mit 5 m dicken Mauern; er enthält 15 Becken von 100 bis 210 m Länge, 20 m Breite und 15 m Tiefe.

Umgebung. – Brest ist ein sehr angenehmer Ausgangspunkt für Ausflüge an die Léon-Küste, das Elorn-Becken und seinen zahlreichen bretonischen Baudenkmälern, in die Monts d'Arrée und die Forêt de Huelgoat, nach Plougastel-Daoulas und seiner Halbinsel und zur Halbinsel Crozon. Empfehlenswert ist vor allem ein Ausflug auf die Insel Ouessant; im Sommer dauert die Reise nur einen Tag (s. u.; Schiffsabfahrt von Le Conquet).

☞ **1. Von Brest nach Le Conquet.** 24 km nach W auf der D 789; besonders empfehlenswerter Ausflug; Besuch der Pointe Saint-Mathieu.
Ausfahrt aus Brest über den Pont de la Recouvrance (Pl. XII, A 3) oder den Pont de l'Harteloire (Pl. XII, A 2) und die Straße nach Le Conquet (D 789). – 4 km: *Saint-Pierre-Quilbignon.* – 10,5 km: Kreuzung.

→ L. führt die D 38 zur (3 km) *Pointe du Petit-Minou* (Leuchtturm: Aussicht auf Le Camaret; hübscher Strand).

☞ 15,5 km: *Kerdivichen;* 500 m im SW der Strand *Porsmilin.* 18 km: Kreuzung.

→ L. nach (1,5 km) *Trez-Hir;* Badeort mit *Strand; von hier kann man direkt zur Pointe de Saint-Matthieu (5,5 km im SW; s. u.) gelangen.

☞ Die Straße führt r. an der Conquet-Mündung entlang. 24 km: **Le Conquet,** 1.900 Ew.; kleiner Fischerhafen und Badeort an einer der am weitesten ins Meer hinaus reichenden Spitzen der Küste der Bretagne. In der Kirche Glasfenster aus dem 15. Jh. (Kreuzigung). Pointe Sainte-Barbe (Strand) und Pointe du Renard; am Abend Aussicht auf dreizehn Leuchttürme. Im N trennt eine Flußmündung Le Conquet von der Halbinsel und der *Pointe Kermorvant* (Leuchtturm und Burg Lilet); auf der anderen Seite liegt der *Strand Blanc-Sablons.*

→ Eine Straße mit Haarnadelkurven über dem Meer (D 85) verbindet Le Conquet mit der (4 km) ***Pointe de Saint-Mathieu;** **Rundblick von der Straße: im NW die Inseln *Béniguet, Molène* und *Ouessant;* im SO die Spitze der Crozon-Halbinsel; im S die *Pointe de Raz* und die *Insel Sein.* Auf der Landzunge der Leuchtturm und die Ruinen einer großen *Stiftskirche* aus dem 13. Jh. Am Rand des Felsens das Matrosenehrenmal *(Monument des Marins;* 1914–1918) von *Quillivic.* Hinter den Ruinen Portal aus dem 14. Jh. und Kapelle Notre-Dame des Grâces, Reste der alten Pfarrkirche.
Von Saint-Mathieu kann man über *Plougonvelin* und *Trez-Hir* nach (25 km) Brest zurückfahren.

→ 25 km nordöstl. von Le Conquet (Fluglinie) befindet sich die **Insel Ouessant** (Anreise per Schiff von Brest mit Halt in Le Conquet und Molène; Überfahrt in zwei Stunden; aus Brest von April bis Oktober ein Schiff tgl., von November bis März fünf Schiffe in der Woche).

Auf der Insel leben 1.400 Ew., sie ist 8 km lang und 3 km breit, mit sehr eindrucksvollen ****Felsformationen,** vor allem an der NW-Küste.
Man kommt entweder in der *Baie du Stiff* (Leuchtturm) am O-Ende der Insel l. an, oder im Ort *Lampaul* in der Bucht *Porz-Pol* an der W-Seite der Insel. An der Westspitze die **Pointe de Pern* und der *Leuchtturm Crèac'h;* in der Nähe das Museum du Niou *(Volksmuseum* über die Insel Ouessant).
Das Schiff legt auch auf der Insel *Molène* an, 14 km nordwestl. von Le Conquet; zahlreiche kleine Inseln in der Umgebung.

☞ **2. Rundfahrt von Brest über Porspoder, Portsall und L'Aber Wrac'h nach Brest.** Rundfahrt von 85 km auf der D 5, D 27, D 27a, D 168, D 28, D 128, D 13; wunderbarer Ausflug entlang der bretonischen Küste.

Ausfahrt aus Brest in Richtung N auf der Straße nach *Saint-Renan* (D 5; Pl. XII, B 1). – 14 km: *Saint-Renan,* 4.600 Ew., über dem Aber-Ildut-Tal gelegen; alte Häuser auf der Place de la Halle.

5 km im W der 12 m hohe ****Menhir Kerloas.**

13 km nach W auf der D 5 zur **Pointe de Corsen,** der westlichsten Landspitze Frankreichs.

Die D 27 führt das Aber-Ildut-Tal hinunter. – 24 km: *Brelès;* Kirche aus dem 16. und 18. Jh.; l. unter der Straße die Mündung des Aber-Ildut. – 26 km: *Lanildut;* Kirche aus dem 18. Jh. – 27 km: ***Aber-Ildut;** kleiner Hafen an der Mündung des gleichnamigen Flusses. – Die Straße führt nahe an der Küste entlang. – 29 km: *Melon;* kleiner Hafen gegenüber der *Insel Melon* (drei Menhire). – L. der Dolmen Kerivoret.

32 km: **Porspoder;** Badeort an einer wild zerklüfteten Küste; zahlreiche Leuchttürme. Die Dorfkirche befindet sich knapp am Wasser. In der Umgebung die Kapelle Larret aus dem 14. Jh., der Menhir Kérouezel und das Manoir Keréneur; Manoir und Menhire von Kergadiou.

33,5 km: **Argenton;** kleiner Fischerhafen in einer ruhigen Bucht. *Kapelle Saint-Gonvet* und *Dolmen Men-Milliquet;* Fels *Rocher du Coq* und Strand Penfoul. – 35 km: l. auf die ***Küstenstraße** am Meer entlang über die **Pointe de Landunvez** und **Pointe de Kersaint;** die Straße führt ein Tal hinauf; r. die Ruinen des **Château de Trémazan* aus dem 13.–15. Jh. mit viereckigem Wehrturm. – Die D 27a führt nach (41,5 km) *Kersaint* hinunter; Kapelle Notre-Dame du Bon Secours aus dem 16. Jh. Weiter in Richtung NW.

42 km: **Portsall;** kleiner Hafen und Badeort in der Bucht von Portsall (Gemeinde *Ploudalmézeau).* 2,5 km im NO der Strand Tréompan. – Die Straße führt von der Küste weg. Auf der D 168 gelangt man nach Ploudalmézeau.

45 km: **Ploudalmézeau,** 4.500 Ew.; Kirche mit Turmspitze aus dem Jahr 1776 und Kanzel aus dem 17. Jh. 2,5 km im N: *Lampaul-Ploudalmézeau;* Kirche mit *Glockenturm-Portal aus der Renaissance (1629). L. auf die D 28. – 50 km: Überquerung zweier Bäche, die l. in den Aber-Benoit fließen (hübsche Landschaft); r. die *Kapelle Locmajan* (Brunnen, 7 m hoher Menhir). – 54 km: *Tréglonou;* l. abbiegen, Überquerung des Aber-Benoit.

57 km: **Lannilis** (58 m), 3.700 Ew., zwischen den Mündungen des Aber-Benoit und das Aber-Wrac'h. In der Nähe des Ortes Dolmen unter einem Tumulus.

2,5 km im NO das *Château de Kerouartz* aus der Renaissance (17. Jh.).

5 km im NO (D 13) nach Überquerung der Aber-Wrac'h-Mündung auf einer Hängebrücke: *Plouguerneau.* 4 km nordwestl. dieses Dorfes der Badeort *Lilia.*

Nach der Ausfahrt aus Lannilis fährt man in Richtung NW auf der D 128 weiter.

62 km: **Aber-Wrac'h,** kleiner Fischerhafen (Hummer und Langusten) und bescheidener Badeort in einer geschützten Bucht, ein-

gerahmt von einer Reihe von Steilfelsen und Inseln. Wilde Landschaft am Eingang der Mündung des Aber-Wrac'h, die sich über 9 km in das Land zieht. Reste des Klosters Notre-Dame des Anges. Zahlreiche Inseln.

➞ 5 km im N die *Ile Vierge* mit einem 77 m hohen Leuchtturm.

☞ Von Aber-Wrac'h muß man nach Lannilis zurückfahren, um auf die D 13 zu gelangen. – 71 km: *Bourg-Blanc.* – 77,5 km: *Gouesnou; *Kirche* und Brunnen aus dem 17. Jh.
85 km: **Brest.**

☞ **3. Von Brest nach Saint-Pol-de-Léon und Roscoff.** – 57 km nach NO auf der D 788 nach Saint-Pol; 5 weitere km auf der D 769 nach Roscoff.
Ausfahrt aus Brest auf der D 788 (Pl. XII, C 1). – 7,5 km: *Gouesnou,* s. o. – 16.5 km: l. nach (1,5 km) *Locmaria;* Kapelle aus dem 16. und 17. Jh. mit Glockenturm aus der Renaissance; Kreuz aus dem Jahr 1527 und Beinhaus.
24 km: ***Le Folgoët,** berühmte Kirche, Wallfahrtsort. Sie geht auf ein Wunder zurück, wobei die Hl. Jungfrau das Grab eines armen Unschuldigen, Salaun, des Verrückten aus dem Wald („Fou du Bois" – daher der Name Le Folgoët) bevorzugt haben soll. Am 7. und 8. September vielbesuchte Wallfahrt.

Die spätgotische ***Basilika Notre-Dame du Folgoët** (15. Jh.) ist außen mit zahlreichen Statuen geschmückt; Fassade mit zwei Türmen (einer davon 56 m hoch) und durchscheinenden Steingalerien; im S des Chors die *Kreuzkapelle* mit einem **Tor* aus dem 15. Jh., dem *Portique des Apôtres.* Im Inneren **Steinlettner,* ein wahres Meisterwerk des Maßwerks; in der Chorhaube eine **Fensterrose* und fünf Altäre aus dem 15. Jh. Hinter der Kirche die Fontaine de Salaun; die Quelle entspringt unter dem Hauptaltar. Das *Presbyterium* befindet sich in einem restaurierten Herrenhaus aus dem 16. Jh. Gegenüber Denkmal des Monsignore Freppel.

26 km: **Lesneven,** 7.000 Ew.; auf dem Hauptplatz alte Häuser aus Granit, darunter eines aus dem Jahr 1615; Statue des Generals de Flô (1804–1887). Kirche aus dem 18. Jh.

Von Lesneven nach Landerneau (s. Rte 2, km 270): 15 km in Richtung S auf der D 770.

➞ 11 km nördl. von Lesneven (D 770): **Brignogan-Plage;** wegen seines feinen Sandstrands und schöner Felsen berühmter Badeort. Die Felsen gleichen jenen von Trégastel. Einige kleine Strände um die Anse de Pontusval. 8 m hoher Menhir Men-Marz.
2 km im NW die *Kapelle Pol,* daneben eine Felsklippe mit einem kleinen Wachturm; 500 m weiter die *Pointe de Pontusval* mit einem Leuchtturm.

➞ 1,5 km südöstl. von Brignogan: *Plounéour-Trez;* Glockenturm aus dem 18. Jh.; Kapellen aus dem 17. Jh.

➞ 5 km im SO: *Goulven,* in der gleichnamigen Bucht; Kirche (zum Teil 15. Jh.) mit *Glockenturm aus dem 16. Jh.; Tor und Portal stammen aus der Renaissance. Galerie Créac'h-Gallic.

☞ Zwischen Lesneven und Saint-Pol-de-Léon fährt man auf der D 788 weiter. – 35 km: *Lanhouarneau;* Kirche mit Glokkenturm aus dem 15. Jh. und *Renaissanceportal (Apostelstatuen); gegenüber *Grabkapelle aus der Renaissance. – 41 km: *Carrefour de Mengleuz;* Straßenkreuzung.

2,5 km in Richtung N zu den Ruinen des *Château de Kergournadec'h* aus dem Jahr 1605 (vier Türme, monumentale Kamine) in der Nähe eines Teiches.

3 km in Richtung S zum ***Château de Kerjean** aus der Renaissance (1560–1590) mit einer ein Viereck von 250/150 m bildenden Festungsmauer; es wurde 1911 vom Staat erworben und enthält bretonische *Möbel (tgl. geöffnet; im Sommer allabendlich *Son et Lumière).*

3 km in Richtung NW zum *Château de Maillé;* Renaissance, 1570; keine Besichtigung.

43 km: **Berven;** berühmter **Truimphbogen* aus der Renaissance; Kirche mit übereinandergelagerten Balkons auf dem Kirchturm (1576); im Inneren Holzvertäfelungen, Altaraufsätze und Renaissancesteingitter mit einem hölzernen Lettner. 5 km im SW das ***Château de Kerjean,** s. o.
57 km: **Saint-Pol-de-Léon,** s. Rte 15,2 km 26.
62 km: **Roscoff,** s. Rte 15,2 km 31.

4. Von Brest nach Châteaulin und Quimper. – 79 km nach SO auf der D 33 und N 170.
Ausfahrt aus Brest auf der Rue Jean-Jaurès (Pl. XII, C 1); Sie fahren auf dieser Straße bis zur Kreuzung Place de Strasbourg; von hier r. auf die D 33 durch den Ort *Saint-Marc.* – 7 km: Überquerung der Elorn-Mündung auf dem ****Pont Albert-Louppe;** die 900 m lange Stahlbetonbrücke mit drei Bögen mit einer Spannweite von 183 m wurde 1944 schwer beschädigt und 1949 wieder für den Verkehr geöffnet; außergewöhnlich schöne Lage. – Nach der Brücke führt die Straße am Fuße des Roc'h Nivellen (110 m) vorbei und steigt in scharfen Kurven zwischen den Felsen an.
11 km: **Plougastel-Daoulas,** 8.200 Ew., berühmter ***Kalvarienberg* (1602–1604; 1949 restauriert) mit 150 Figuren.

Die *Halbinsel Plougastel* (Gemüseanbau, Erdbeeren, Erbsen) befindet sich in der Bucht von Brest und enthält viele malerische Stellen. Sehenswert vor allem die *Pointe de l'Armorique* (8,5 km im SW), die Mündung des Auberlac'h, die Kapellen Saint-Adrien und Saint-Guénolé aus dem 15. Jh. und die Keraménez genannte Stelle.

16 km: *Loperhet.*

4 km in Richtung NO: *Dirinon;* spätgotische Kirche mit schöner Turmspitze und Malereien; *Kapelle Sainte-Nonne* (1577) mit monolithischem Grab der Hl. Nonne aus dem 16. Jh.

21 km: **Daoulas,** 1.100 Ew., an einer Flußmündung, die die Bucht von Daoulas bildet. Romanische Kirche aus dem 12. Jh.

Im Friedhof ein einzeln stehender *Torbogen* aus dem 16. Jh. (besonders interessante Skulpturen) und *Kalvarienberg;* Kapelle Sainte-Anne aus der Renaissance. In der ehemaligen *Abtei* neben der Kirche stehen noch 32 Arkaden eines romanischen **Kreuzgangs* des 12. Jh. (Besichtigung); im Park das Oratorium Notre-Dame des Fontaines.

Weiter auf der N 170 bis Quimper. – 25 km: *L'Hôpital-Camfrout* an einer Flußmündung, die in der Bucht von Brest endet. Gotische Kirche mit Renaissanceportal.

2,5 km im W der *Menhir Rungléo;* in den Stein gehauen Christus und die Apostel.

32 km: **Le Faou,** 1.600 Ew., ganz in der Bucht von Brest eingebettet; von hier geht der Fluß Le Faou aus. *Kirche* aus dem 16. Jh. mit Glockenturm aus dem Jahr 1628 und Portal mit Apostelstatuen über dem kleinen Hafen. Besonders schöne alte Häuser auf der Hauptstraße.

2,5 km in Richtung O nach **Rumengol;** berühmter Wallfahrtsort (Dreifaltigkeitssonntag; 15. August; 8. September); Kirche aus dem Jahr 1536 mit Renaissanceportal und einem sehr schönen Südportal (Statuen der Verkündigung und der Anbetung der Hl. Drei Könige); in der Kirche zwei wunderbare *Altaraufsätze aus dem 17. Jh.; neben der Kirche hl. Brunnen aus dem 16. Jh.

Von Le Faou nach Landivisiau oder nach Crozon-Morgat: s. Rte 2,3; – **nach Morlaix oder Quimper:** s. Rte 15,4.

Die Straße steigt bis (36,5 km) *Quimerc'h* an und führt dann in das Doufine-Tal hinunter; Überquerung des Flusses vor (42,5 km) *Pont-de-Buis.* Neuerlich Berg- und Talfahrt ins Aulne-Tal; die Straße verläuft ab (48 km) *Port-Launay* an ihrem r. Ufer.
51 km: **Châteaulin** (s. Rte 4, km 236); Überquerung der Aulne; die Straße verläßt das Aulne-Tal und überquert die Montagne Noire.
63 km: l. die *Kapelle Saint-Vennec* mit gotischem Brunnen und sehenswertem **Kalvarienberg,* ähnlich jenem von Quilinen.
67,5 km: l. die *Kapelle Notre-Dame de Quilinen,* sehr hübscher Bau aus dem 15. Jh. mit zahlreichen Holzstatuen und einem sehr originellen pyramidenförmigen ***Kalvarienberg* (um 1550). – 72,5 km: Straßenkreuzung mit der N 785.
79 km: **Quimper,** s. Rte 5, km 205.

Von Brest nach Fougères (Paris): s. Rte 2 in entgegengesetzter Richtung; – **nach Morlaix, Perros-Guirec, Saint-Brieuc, Dinard, Saint-Malo, Pontorson und Mont Saint-Michel:** s. Rte 12; – **nach Sizun, Huelgoat, Carhaix, Rostrenen, Josselin, Redon und Nantes:** s. Rte 10 in umgekehrter Richtung; – **oder von Rostrenen nach Rennes:** s. Rte 4; – **nach Quimperlé:** s. Rte 4.

12 – Die Nordküste der Bretagne

Von Morlaix über Lannion, Perros-Guirec, Paimpol, Saint-Brieuc, Dinard, Saint-Malo, Dol und Pontorson zum Mont Saint-Michel.

Diese touristisch besonders interessante *Strecke ermöglicht den Besuch der schönsten Orte der bretonischen Küste am Ärmelkanal. Sie ist auch ein guter Rückreiseweg in die Normandie und nach Paris, wenn man auf der Hinfahrt die direkte Strecke nach Brest nimmt (s. Rte 2).

Anfahrt von Brest nach Morlaix: 59 km auf der Direktverbindung (N 12), s. Rte 2 in umgekehrter Richtung. Falls man schon ab Brest die Küste entlangfahren will, fährt man über Lesneven, Plouescat, Saint-Pol-de-Léon und Carantec nach Morlaix: 82 km auf der D 877, D 58 und D 73.

Straßen: 264 km auf den direkten Straßen D 786, N 12, D 788, D 155, N 176 und D 976; 328 km auf der hier beschriebenen Strecke, bei der man zwischen Lannion und Tréguier die D 786 verläßt und über die **Corniche Bretonne** (D 21, D 65, D 788, D 6, D 38, D 74, D 70, D 70a, D 8) zwischen Plurien und Sainte-Aide (D 34, D 34a, D 16) zum **Cap Fréhel.**

Ausfahrt aus Morlaix (s. Rte 15) auf dem Quai de Tréguier und der N 786 (Pl. XIV, A 1) am Flughafen vorbei über das Dourduff-Tal.

14 km: *Lammeur,* 2.100 Ew., präromanische Krypta unter der modernen Kirche (romanisches Portal an der Südseite); **Kapelle Kernitron* aus dem 12.–16. Jh. mit romanischem Portal (Wallfahrt am 15. August). Auf der D 64 in Richtung NO nach (9 km) Locquirec, s. u. – Die N 786 überquert das Douron-Tal.

21 km: **Plestin-les-Grèves,** 3.200 Ew.; **Kirche* aus dem 16. Jh. auf fast viereckigem Grundriß.

500 m im O die *Kapelle Saint-Roch* mit einem Buchenwald (*Aussicht).

In Richtung N auf der D 42 und D 64 über die Douron-Mündung und die *Corniche de l'Armorique* nach (6 km) **Locquirec;** kleiner Hafen und Badeort mit 670 Ew., auf einer schmalen Halbinsel an der Spitze der *Pointe de Locquirec* (*Felsen) gelegen; Strände Billou und Sables-Blancs; Kirche mit Malereien aus dem Jahr 1712.

23,5 km: **Saint-Efflam;** Badeort der Gemeinde Plestin an der Westseite der Lieue de Grève (s. u.), die von der *Pointe de Plestin* abgeschlossen wird, um die die Küstenstraße der *Corniche de l'Armorique* führt.

Zwischen Saint-Efflam und Saint-Michel führt die Straße an der ***Lieue de Grève** entlang, einem weitläufigen Strand, der sich über 5 km in der Bucht von Saint-Michel erstreckt; in der Bucht der riesige Fels von Saint-Efflam.

28 km: **Saint-Michel-en-Grève,** 380 Ew.; kleiner Badeort im O der Bucht. Auf einer Terrasse über dem Strand eine *Kirche* aus dem 16. und 17. Jh. (*Kirchturmspitze aus dem Jahr 1614).

In Richtung N nach (5,5 km) *Locquémeau,* einem kleinen Fischerhafen, der von der Pointe de Séhar geschützt ist.

Hinter Saint-Michel führt die D 786 etwas von der Küste weg über ein Plateau, dann in kurvenreicher Abfahrt nach Lannion.

39 km: ***Lannion** (23 m; Côtes-du-Nord), 18.000 Ew., ein typisch bretonischer Ort am r. Léguer-Ufer; bereits hier, etwa 8 km vom Meer entfernt, beginnt das Mündungsgebiet mit Gezeiten. Ausflugszentrum und Ausgangspunkt zu den Stränden der *Côte de Granit Rose* (rosa Granitküste).

In Lannion gibt es hübsche Kais. Am l. Ufer, gegenüber der Brücke, das *Kloster des Dames de Saint-Augustin* aus der bretonischen Renaissance (frühes 17. Jh.). Am r. Ufer, ebenfalls gegenüber der Brücke, führt die Rue des Augustins zur Place Leclerc; mehrere Häuser aus dem 15. und 16. Jh.; auf Nr. 29 ein **Haus* mit mehreren Türmchen. Unweit des Platzes auf einer Terrasse befindet sich die Kirche Saint-Jean du Baly aus dem 16. und 17. Jh. Daneben Denkmal des bretonischen Schriftstellers Charles Le Goffic (1863–1932). Die Rue de la Trinité führt in Richtung NNO zur **Kirche Brélévenez;* romanisch, 12. Jh. mit Umbauten aus dem 13. Jh.; Kapelle und Glockenturm aus dem 15. Jh.; drei Retabel aus dem 17. Jh.; Krypta aus dem 11. Jh.; die Kirche steht auf einer Terrasse, die man über eine große Treppe erreicht.

Umgebung. – 1. Logulvy (2,5 km nach W); *Pfarre mit Renaissance-Brunnen und Kirche aus dem 16. Jh. (Holzrelief mit Darstellung Christi Geburt aus dem 17. Jh.).
2. *Le Yaudet (7,5 km nach W); Weiler über der Léguer-Mündung in sehr schöner **Lage; kleiner Hafen und Kapelle mit einer Skulpturengruppe Christi Geburt (die Jungfrau und das Kind liegen in einem Bett).
3. Pleumeur-Bodou (7 km nach NW); erste europäische Funkstation für den Weltraum; aufgeblasene Kuppel (50 m hoch) zum Schutz der mobilen Antenne und eine weitere Freiluftantenne, die 1969 in Betrieb genommen wurde (Führungen; *Öffnungszeiten* 9–11 und 14–17 Uhr von Ostern bis Oktober; Di. geschl.; im Juli und August durchgehend 9–18 Uhr).
4. Coat-Frec, Kerfons und Tonquédec. – Sie fahren in Richtung Ploubezre auf der D 11 nach S. – 3 km: l. nach 2,5 km im Léguer-Tal die Ruinen des *Château de Coat-Frec* aus dem 14. Jh. – 4,5 km: l. nach 2,5 km die Kapelle *Kerfons* aus dem Jahr 1559 mit einem kleinen spätgotischen hölzernen *Lettner. Bevor man die Kapelle erreicht, könnte man r. auf der Straße nach Tonquédec weiterfahren. Sie führt zum **Château de Tonquédec* aus dem 15. Jh.; Burgruine über dem Léguer-Tal (Besichtigung; *Rundblick).

Von Lannion führt eine direkte Straße (D 786) nach (18 km) Tréguier (s. u.); empfehlenswerter ist jedoch die Fahrt über die ***Rosa Granitküste** (s. u.; um 37 km längere Strecke).

☛ Hinter Lannion fährt man auf der D 21 und D 65 in Richtung NW. – **41,5** km: r. die *Kapelle Saint-Roch* aus dem 15. Jh. – **49** km: *Trébeurden;* Kirche aus dem Jahr 1835 mit Turm aus dem 17. Jh.; Kapelle du Christ.

→ Nach N führt eine Nebenstraße zum (1,5 km) *Manoir de Kerario* aus dem 17. Jh.

☛ Die Straße führt in zahlreichen Kurven in Richtung Trébeurden-Plage und zum Meer.

50 km: **Trébeurden-Plage,** 2.900 Ew., kleiner Fischerhafen und gutbesuchter Badeort im W der Bucht von Lannion; sehr schöne und geschützte Lage.

Der Badeort erstreckt sich am Rand und am Hang eines 80 m hohen Plateaus. Auf dem Weg zum Meer hinunter gelangt man, von N nach S, zur kleinen *Grève de Portermen,* r. daneben die *Pointe de Kerellec* (Park Lan-Kerellec; Dolmen Ty-Lia), gegenüber die *Insel Molène* (2 km); dann zum kleinen Hafen und dem schönen Strand *Grève de Trozoul,* der l. von der Halbinsel Castel (*Rundblick) begrenzt wird; auf der Halbinsel Felsanhäufungen, die sich zu der vorgelagerten *Insel Milliau* fortsetzen; schließlich gelangt man zum **Strand Tresmeur** in der Bucht von Lannion. Der Strand ist besonders geschützt und erstreckt sich über 1 km zwischen der Pointe du Castel und der Pointe de Bihit. Statue des französischen Politikers und Friedensnobelpreisträgers Aristide Briand (1862–1932). Der Beginn einer neuen Küstenstraße verbindet Trébeurden mit der *Pointe de Bihit* (1,5 km; 88 m Höhe; *Aussicht) und dem Strand von Pors-Mabo (3 km).

Hinter Trébeurden-Plage folgt man der D 788, ****Corniche Bretonne** oder **Corniche de la Côte de Granit Rose** genannt, die bis Perros-Guirec um die Halbinsel herumführt. – **53** km: Kreuzung.

L. die Straße zur *Ile-Grande* (2 km lang, 1 km breit), mit trockenem Weideland; sie ist durch eine Brücke mit dem Festland verbunden.

53,5 km: *Penvern,* ein Weiler in einer engen Bucht (Kapelle).

700 m südöstl. der christianisierte **Menhir Saint-Duzec.*

59 km: ***Trégastel-Plage,** 2.000 Ew., besonders schön gelegener Badeort mit wunderbaren **rosa Granitfelsen.**

Die Straße durchquert den Weiler *Sainte-Anne-en-Trégastel* (rustikale Kapelle), der von einer 800 m langen Allee (Hotels und Villen) mit dem Strand Coz-Pors verbunden ist; kleine Inseln und zahlreiche Felsen. Der Strand wird von einer Damm-Terrasse beherrscht. R. kann man zur alten ****Insel Renote** gelangen, die von riesigen Felsblöcken bedeckt ist, und die sich gegenüber von Ploumanac'h befindet. L. verbindet ein *Weg zwischen den Felsen den Strand Coz-Pors mit der Grève-Blanche (feiner Sand; Damm-Terrasse).
2 km im SSO von Sainte Anne befindet sich der Ort Trégastel; Kirche aus dem 12. und 13. Jh. und *Beinhaus* aus dem 17. Jh.

Die **Corniche Bretonne** verläuft nun in Richtung SO; sie folgt dem Küstenverlauf der Halbinsel l. am kleinen Strand Tourony vorbei und überquert zwei Täler des Traouiéros. – **62** km: Straßenkreuzung; l. die Straße nach *Ploumanac'h* (1 km; s. u.).

50 m l. von der Kreuzung die *Roche des Martyrs* mit Bronzemedaillons der Schriftsteller Gabriel Vicaire († 1900), Anatole Le Braz († 1926) und Charles Le Goffic († 1932).

****Ploumanac'h,** ein kleines Fischerdorf und Badeort auf einer kleinen Halbinsel mit wilden Anhäufungen von **rosa Granitfelsen in den seltsamsten Formen ist einer der malerischsten Orte der bretonischen Küste. Sehenswert vor allem der Strand und die *Bucht Sainte-Guirec* mit dem Oratorium Saint-Guirec; der Leuchtturm; die ***Pointe de Squewel** mit unvergleichlichen Felsformationen (vom Strand Saint-Guirec 1 Std. zu Fuß hin und zurück). Etwas weiter hinten, in einer kleinen Bucht, enden die beiden Täler des Traouiéros. Auf hoher See der *Archipel der Sept-Iles* (sieben Inseln).

63,5 km: 200 m r. *Notre-Dame de la Clarté,* ein Weiler auf einer 70 m hohen Anhöhe; er wird von der **Chapelle de la Clarté* aus dem 16. Jh. beherrscht (Wallfahrt am 15. August); *Rundblick. – Die Straße führt bergab; l. der Strand von Trestraou (s. u.).
68 km: ***Perros-Guirec,** 8.000 Ew., Fischer- und Küstenschiffahrtshafen, bedeutender Badeort auf einer felsigen Halbinsel mit zwei schönen *Stränden.

Von der Hauptkreuzung des Ortes führt l. eine kurze Straße zum 1.200 m langen ****Strand von Trestraou** zwischen grünen Hängen; Fußwege verbinden ihn mit *Ploumanac'h* (s. o.; schöner Spaziergang, etwa 1 Std.). Bei der nächsten Kreuzung könnte man direkt r. zum Ort weiterfahren; *Kirche* mit *romanischem Schiff aus dem 12. Jh. und sehr hübscher Fassade. Besser jedoch man fährt l. (Boulevard Clémenceau) auf die ***Küstenstraße,** die um die Halbinsel herumführt *(*Strand von Trestrignel,* Aussicht auf die *Insel Tomé,* ein 1,5 km langer Felsgrat, etwa 2,5 km im NO). Der letzte Teil der Küstenstraße, der Boulevard de la Mer, führt zum Hafen hinunter.

Bei der Ausfahrt aus Perros-Guirec fährt man ein kleines Stück auf der D 788 weiter (in Richtung Lannion, dem Ende der Rundfahrt der Côte de Granit Rose) und dann l. auf die D 6, die etwas vom Meer wegführt. – **73** km: *Louannec;* von hier fährt man auf einer Nebenstraße nach (76,5 km) *Trélévern.* – Weiter auf der D 38 nach (**78** km) *Trévou-Tréguignec* und (**79** km) *Trestel;* kleiner Badeort, großer Sandstrand; Thalassotherapie. Weiter auf der D 74, dann l. nach Port-Blanc. – **83,5** km: *Port-Blanc,* kleiner Fischerhafen und Badeort auf einer felsigen *Anhöhe; rustikale Kapelle aus dem 16. Jh. – Die D 74 führt in Richtung SO und verläßt die Küste. **86,5** km: *Penvénan.* – **88,5** km: l. auf die D 70 und dann wieder l. auf die D 70a. – **92,5** km: *Plouguiel;* r. auf die D 8, die den Guindy überquert.

94 km: ***Tréguier,** 3.700 Ew., alter Bischofssitz; die Stadt liegt auf einem Hügel am Zusammenfluß von Jaudy und Guindy; ihre gemeinsame *Mündung heißt *Rivière de Tréguier.* Spezialitäten: bretonische Möbel und Holzskulpturen.

Die Stadt wird von der alten hochgotischen ****Kathedrale** beherrscht; sie stammt aus dem 14. und 15. Jh. und ist ganz aus Granit. Das Tor an der Fassade stammt aus dem 13. Jh. Auf dem Querschiff drei Türme; auf dem r. Seitenschiff befindet sich der 63 m hohe Glockenturm mit durchbrochenem Helm (18. Jh.), auf diesem l. die romanische *Tour d'Hastings.* Schönes barockes **Chorgestühl* aus geschnitztem Eichenholz (1648); im l. Seitenschiff das moderne Grabmal des Hl. Yves, der bei Minihy-Tréguier (s. u.) geboren wurde. An der N-Seite der Kathedrale ist ein **Kreuzgang* aus dem 15. Jh. erhalten.

Auf der *Place du Martray* Denkmal des hier geborenen Historikers und Philosophen Ernest Renan (1823–1892) von *J. Boucher.* Im *Geburtshaus Renans aus dem 17. Jh. *(Rue Ernest-Renan)* befindet sich ein kleines Museum. Auf der anderen Seite der Kathedrale ein Heldendenkmal (1914–1918) von *F. Renaud.* In den Gärten des ehemaligen Bischofssitzes das Grab des bretonischen Schriftstellers Anatole Le Braz (1859–1926).

Umgebung. – 1. Minihy-Tréguier (1,5 km südl.); hier wurde 1255 im *Manoir de Kermartin* der Hl. Yves geboren; Kirche aus dem 15. Jh.; Tour Saint-Michel aus dem 15. Jh.

2. Plaubian (9 km im NO; bei der Kirche Granitkanzel aus dem 16. Jh.) in der Mitte einer dichtbevölkerten Halbinsel; wilde Küsten; das Ende der Halbinsel bildet der Sillon de Talbert, ein 3 km langer Landstrich aus Sand und Geröll. Lachszuchten.

3. Plougnescrant (8 km im N), in der Mitte einer wilden Halbinsel, von unzähligen Steilfelsen umgeben; *Kapelle Saint-Gonéry* aus dem 15. und 16. Jh.; die Wände des Schiffs sind mit naiven **Malereien* verziert; *Mausoleum* des

Guillaume du Halgouet (1599); daneben Granitkanzel mit Kalvarienberg aus dem 16. Jh.
2 km im NW der Strand *Roudour.*

Ausfahrt aus Tréguier auf der D 786; Überquerung der Mündung des Jaudy auf dem Pont Canada; schwierige Strecke. – **104,5** km: *Lézardrieux,* 1.850 Ew., über der Trieux-Mündung (l.); Kirche aus dem 17. und 18. Jh.

9 km im SW das *Château de la Roche-Jagu* (Besichtigung) aus dem 15. Jh. über der Mündung.

Bei der Ausfahrt aus Lézardieux überquert die D 786 auf einer 250 m hohen Hängebrücke *(**Aussicht)* die Trieux-Mündung.
110 km: **Paimpol,** 8.500 Ew., Fischerhafen in einer tiefen Bucht, in sehr geschützter Lage zwischen der Pointe de Plouézec und der Pointe de l'Arcouest; zahlreiche kleine Inseln. Der Hafen war früher der Ausgangspunkt für die Hochseefischerei in Island. Heute stechen in Paimpol nur noch kleinere Fischerboote in Richtung Island in See. Am Fuße des Glockenturms (1768) der alten Kirche das Denkmal des Lokalschriftstellers Th. Botrel (1868–1925), Verfasser der „Paimpolaise".

Umgebung. – 1. Tour de Kerloc'h (2 km im N; Aussicht).
2. Pointe und Wald von Guilben (2,5 km im O): **Lage.
3. Pointe de l'Arcouest und Insel Bréhat, s. u.
4. *Longuivy (4 km im NNW): kleiner Fischerhafen in der Nähe der Trieux-Mündung.

1. Von Paimpol zur Insel Bréhat. – 10 km nach NO zur Pointe de l'Arcouest, wo man sich zur Insel Bréhat einschifft.
3 km: *Ploubazlanec.* Auf dem Friedhof Gedenkstätte für die auf See Gebliebenen; eine gleiche Gedenkstätte befindet sich in der Kapelle Perros-Hamon (1 km nach O). – Kurvenreiche Abfahrt zum Meer: sehr schöne Aussicht. – 6 km: *Pointe de l'Arcouest;* Einschiffung zur Insel Bréhat. Überfahrt von 2 km in etwa 10 Min. (zwischen 6 und 25 Überfahrten tgl.; Rundfahrt um die Insel in etwa 50 Min.).

Die ****Insel Bréhat** (52 m), 550 Ew., ist 3,5 km lang (N-S) und 1,5 km breit; ausgezackte * *Küste* mit roten Granitfelsen; unzählige Riffe und kleine Inseln. Der Landungshafen im S der Insel heißt *Port-Clos.* 900 m im NNO des Hafens befindet sich der Ort *Bréhat;* gotische *Kirche. – 800 m im S des Ortes der *Strand Guerzido;* 500 m im N die Bucht *de la Corderie* und die *Kapelle Saint-Michel;* 2,7 km im NO der Leuchtturm *Paon* neben einer Anhäufung von wunderschönen rosa Felsen.

Weiter auf der D 786 über die Pointe de Guilben; Steigung. – **113** km: r. ein Teich und l. die Ruinen der **Abtei de Beauport* aus dem 13. und 17. Jh. (Besichtigung nur im Sommer). Die Straße führt von der Küste weg. – **116** km: *Plouézec;* 4 km im NO die Pointe de Plouézec.

122 km: r. *Lanloup;* Kirche aus dem 16. Jh. (am Portal Apostelstatuen).

2,5 km in Richtung NO (r., D 54) über das Kergolon-Tal nach *Bréhec-en-Plouha;* kleiner Badeort; *Sandstrand.

6,5 km in Richtung WSW (l., D 54 und D 21) nach *Lanleff;* Ruinen einer Kirche mit kreisförmigem Grundriß aus dem 10. oder 11. Jh.

127 km: *Plouha,* 4.300 Ew., inmitten von Kiefernwäldern.

3,5 km in Richtung O zur *Grève du Palus;* 3,5 km in Richtung NO zur *Grève de Port-Moguer.*

3,5 km in Richtung W zur ***Chapelle Kermaria-an-Iskuit** aus dem 13. bis 15. Jh. (*Wandmalereien aus dem 15. Jh. Totentanzdarstellung).

136 km: **Saint-Quay-Portrieux,** 3.500 Ew., vielbesuchter Badeort, bestehend aus dem *Port de Portrieux* und dem Ferienort *Saint-Quay;* dazwischen die *Pointe de Saint-Quay.* Strände Saint-Quay, Châtelet und de la Comtesse. – Bis Binic führt die D 786 knapp am Meer entlang.

138,5 km: **Etables-sur-Mer,** 2.000 Ew., Badeort. Der Ort befindet sich r. von der Straße auf einem Plateau und besitzt eine Kirche, die zum Teil aus dem 14. bis 15. Jh. stammt; Park Belle-Issue.

1,5 km in Richtung SO zum Strand *Godelins* unter hohen Steilfelsen (Grotten).

1,5 km in Richtung NO zum Strand *Moulin* am Ausgang des Gâcon-Tals.

142 km: **Binic,** 2.350 Ew., Fischer- und Yachthafen, Badeort, an der Westküste der Bucht von Saint-Brieuc in einer tiefen, von Steilfelsen beherrschten Bucht gelegen; Mündung des Ic. Strände de la Banche und de l'Avant-Port.

6,5 km im W die *Kapelle Notre-Dame de la Cour* aus dem 15. Jh. (Kirchenfenster aus dem 15. Jh.; Wallfahrt am 15. August).

Die Straße verläßt die Küste und steigt leicht an. – **146** km: *Pordic* (106 m). – **151** km: *Plérin.*

L. die Straßen zum (4,5 km) **Strand des Rosaires* und zur (5 km) *Pointe du Roselier;* Aussicht.

Nach einer kurvenreichen Talfahrt Einfahrt in Saint-Brieuc nach Überquerung des Gouet auf dem Viaduc de Souzain (200 m lang; l. Aussicht auf den Hafen Le Légué).

156 km: **Saint-Brieuc** (s. Rte 2, km 145); bei der Stadtausfahrt überquert man den Gouëdic auf dem *Pont de l'Armor* (Pl. V, B–C 3); weiter auf der *Avenue Corneille* und der N 12 (Pl. V, C 3), die am Anfang als Schnellstraße ausgebaut ist.

Variante: Von Saint-Brieuc über Dinan und das Landesinnere nach Dol-de-Bretagne: s. Rte 14 in umgekehrter Richtung.

163 km: *Yffiniac.* – **165,5** km: *Saint-René;* l. auf die D 786 abbiegen, die nahe an der Küste verläuft. – **169** km: *Les Ponts-Neufs,* malerisch gelegener Weiler im Tal des Gouëssan, der hier einen großen, von einem römischen Damm begrenzten Teich bildet. – Bei (**180** km) *Dahouet,* einem kleinen Fischerhafen mit Oratorium Notre-Dame de la Garde, stößt man wieder auf die Küste.

182 km: **Le Val-André;** bedeutender Badeort am Fuße der Anhöhen von Pléneuf. 2 km langer Strand, der im W an der Bucht von Saint-Brieuc endet. Der Strand besitzt eine Promenade, die im NO am Fuße der *Pointe de Pléneuf* (72 m; Küstenweg; *Aussicht) endet. Die Pointe de Pléneuf findet in der *Insel Verdelet* ihre Fortsetzung im Meer. – Bergauf gelangt man nach (**184** km) *Pléneuf,* 4.000 Ew. – Die D 786 führt von der Küste weg und steigt auf ein Plateau an; r. vorbei am Park des **Château de Bienassis** (16. und 17. Jh.; *Öffnungszeiten:* 10–12 und 15–18 Uhr; an Sonn- und Feiertagen geschlossen). – Talfahrt in Richtung Erquy und Küste.
193 km: **Erquy,** 3.350 Ew., wahrscheinlich das römische *Regines* der Tabula Peutingeriana; kleiner Fischer- und Bootshafen in einer vom Cap d'Erquy beschützten Bucht; vielbesuchter Familienbadeort an einer malerischen Küste. Beide Strände sind nach W ausgerichtet.

Der Ort, der kleine Hafen und der Strand sind im N vom **Cap d'Erquy* geschützt; die violetten Steilfelsen wurden früher abgebaut; **Küstenweg;* an der Nordseite des Cap ebenfalls schöne Spazierwege.
Im SW erstreckt sich der **Strand Caroual* (1,5 km); dahinter öffnet sich das **Cavé-Tal,* danach (7 km) die *Pointe de Pléneuf.*

Nach der Ausfahrt aus Erquy führt die D 786 in Richtung SO, von der Küste weg. – **198,5** km: bei der Ortseinfahrt von *Plurien* Straßenkreuzung; geradeaus die D 786 direkt nach (5 km) Sainte-Aide (s. u.); interessanter jedoch ist die D 34, l.; Umweg von 17 km, s. die folgende Beschreibung über das Cap Fréhel.
201 km: **Sables-d'Or-les-Pins,** wunderschön gelegener Badeort zwischen dem Cap d'Erquy und dem Cap Fréhel. Der Strand erstreckt sich über 2 km zwischen der *Pointe des Châtelets* (Port Barrier) im O und der Ilet-Mündung im W. Dahinter befinden sich hohe bewaldete Dünen mit tiefen Tälern (Park Diane). *Insel Saint-Michel* (Kapelle) bei Ebbe zu Fuß zu erreichen.
Weiterfahrt auf der ****Corniche du Cap Fréhel** (D 34a; **Rundblick).*
206 km: *Vieux-Bourg,* Weiler Pléhérel, bescheidener Badeort in wunderbarer Lage. – Weiter über die mit niederem Buschwerk bestandene Heide von Fréhel *(Lande de Fréhel;* Naturschutzgebiet).
212 km: *****Cap Fréhel;** besonders steile, 12 m hohe rote Felsen; Rundblick; Leuchtturm. Am Fuße der Steilfelsen steht wie ein Turm der *Fels Grande Fauconnière.* Im SO Aussicht auf die Burg de la Latte, s. u. – Weiterfahrt in Richtung S auf der D 16.
215,5 km: **Plévenon.**

4 km in Richtung ONO zur ***Burg de la Latte;** sie liegt besonders schön auf einem Felsvorsprung, fast ganz vom Meer umspült. Zu sehen ist noch die mittelalterliche Mauer um einen *Wehrturm* aus dem Jahr 1689 (Eintrittsgebühr; 500 m zu Fuß zurückzulegen; l. vom Weg der Menhir *Doigt de Gargantua).*

220,5 km: *Sainte-Aide;* l. stößt man wieder auf die D 786, bevor man zur Baie de la Frênaye gelangt. Kurvenreiche Talfahrt bis zur Überquerung des Frémur de la Frênaye bei (**222** km) *Port-à-la-Duc.*

227 km: *Matignon* (41 m), 1.600 Ew.

R. die Straße nach **Saint-Cast** (D 13 in Richtung NO; 3,5 km zum Ort, 6 km zum Strand).

***Saint-Cast,** ein Badeort (3.300 Ew.) mit einem der schönsten *Strände* der Bretagne, liegt auf einer Halbinsel zwischen den Buchten von Frênaye und Arguenon. Zwischen dem Ort und dem Strand erhebt sich die 18 m hohe Säule von Saint-Cast zum Andenken an den Sieg des Herzogs von Aiguillon über die Engländer (1758).

Der ****Strand von Saint-Cast** besitzt feinen harten Sand und ist nach O ausgerichtet. Er erstreckt sich über 2 km zwischen der *Pointe de la Garde* im S (*Aussicht; Statue der Notre-Dame de la Garde, 1949) und der *Pointe de Saint-Cast* im N (Aussicht auf die Burg de la Latte und das Cap Frêhel; Denkmal der Fregatte Laplace, einer schwimmenden metereologischen Station, die 1950 in der Bucht de la Frênaye auf eine Mine auffuhr, wobei 50 Menschen den Tod fanden).

L. vom Strand, neben dem kleinen Hafen, das alte Fischerdorf *Isle-Saint-Cast;* rechts vom Strand, im Wald von Vieuxville, der Badeort *La Garde-Saint-Cast.* Im S davon der **Strand Pen-Guen* an der Bucht von Arguenon.

Hinter Matignon führt die D 786 nach (**232** km) *Notre-Dame-du-Guildo* hinunter; Überquerung der Arguenon-Mündung auf einer 156 m langen Brücke *(*Aussicht* auf die Ruinen des *Château de Guildo,* flußabwärts am r. Ufer). – **235,5** km: Straßenkreuzung *La Ville-ès-Comtes;* die D 786 verbindet auf einer Strecke von 4 km mit der D 768; l. weiter auf der D 768. – **236** km: *Trégon.*

237 km: **Beaussais.**

In Richtung N nach (4 km) **Saint-Jacut-de-la-Mer,** 960 Ew.; kleiner Fischerhafen und ruhiger Badeort an der Spitze einer langen schmalen Halbinsel zwischen den Buchten von Lancieux und von Arguenon; Strand Rougeret. 2,5 km nördl. die *Insel des Ebihens* mit befestigtem Turm (1697).

Die D 768 führt an der *Bucht von Lancieux* entlang. – **239,5** km: *Ploubalay,* 2.200 Ew.; l. auf die D 786 in Richtung N einbiegen.

243 km: **Lancieux,** 1.100 Ew., Badeort auf einer Halbinsel zwischen der Bucht von Lancieux und der Frémur-Mündung. 1 km langer **Strand* mit nordwestl. Ausrichtung. – Überquerung der Frémur-Mündung auf einer 340 m langen Brücke.

246 km: **Saint-Briac,** 1.600 Ew., vielbesuchter Badeort in schöner *Lage an der Mündung und am r. Ufer des Frémur. Acht Badestrände, darunter der *Strand von Port-Hue* (1,5 km im N) zwischen der Pointe de la Haye und der Pointe de la Garde-Guérin, gegenüber der Insel Agot. – L. von der Straße die Pointe de la Garde-Guérin.

249 km: *Saint-Lunaire,* 1.600 Ew., großer Badeort mit zwei **Stränden.*

Der *Strand Saint-Lunaire* im O und der *Strand Longchamp* im W sind von der ****Pointe du Décollé** getrennt; die Spitze (massives Granitkreuz) ist einer der schönsten Orte der Küste *(*Aussicht* auf die Côte d'Emeraude; Höhle der Sirenen).

Der Badeort mit schattigen Avenuen befindet sich zum größten Teil auf dieser Landspitze. Im alten Dorf eine zum Teil romanische rustikale **Kirche* mit dem Grab des Hl. Lunaire.

Starke Steigung nach (**250** km) *Le Tertre.*
253 km: *Saint-Enogat.* Badeort der Gemeinde Dinard, jedoch viel ruhiger (Pl. XV, A 1).

Schöne Alleen führen zur *Pointe du Grouin* (Aussicht), zur Pointe des Etétés und zum kleinen Strand des *Port-Riou,* der durch eine asphaltierte Küstenstraße mit dem Strand *Saint-Enogat* verbunden ist; dieser ist im W von der *Pointe de la Roche-Perlée* begrenzt (Höhle Goule aus Fées). Gegenüber dem Strand die *Insel Harbour* (Burg aus dem 17. Jh.) und die *Insel Cézembre.*

254 km: **Dinard,** 9.600 Ew., sehr schöne Lage am Ufer des Ärmelkanals, an der Mündung und am l. Ufer der Rance, gegenüber von Saint-Malo und Saint-Servan; der mondänste Badeort der nördl. Bretagne. Dank dem milden Klima herrscht hier eine fast mittelmeerähnliche Vegetation.

Der ***Strand Ecluse** (Pl. XIII, B–C 1–2) mit der *Promenade des Alliés* (Fußgängerzone) öffnet sich zwischen der *Pointe de la Malouine* (Pl. XIII, B 1) und der *Pointe du Moulinet* (Pl. XIII, C 1). Über dem Strand und der Promenade befindet sich das **Kasino** (Pl. XIII, B–C 2); daneben ein gedecktes und geheiztes Schwimmbad und das ehemalige Kasino, heute *Kongreßpalast.*

Über die Promenade des Alliés gelangt man zur *Porte de l'Emeraude* (Pl. XIII, C 2), einer in den Fels gehauenen Öffnung zwischen dem Strand und der **Cale du Bec de la Vallée** (Pl. XIII, C 2) in der Rance-Mündung (Motorboote nach Saint-Malo). Gegenüber der Öffnung auf dem Strand ein offenes *Schwimmbad* (Pl. XIII, C 1), in dem man auch bei Ebbe schwimmen kann. Um die **Pointe du Moulinet** (Pl. XIII, C 1) mit schöner **Aussicht* auf die Rance-Mündung, Saint-Malo und Saint-Servan führen eine asphaltierte Straße und ein Spazierweg, die ***Promenade Robert-Surcouf.**

Von der Porte de l'Emeraude und der *Place Jules-Boutin* (Pl. XIII, C 2) führt die *Rue Georges-V* zur Kirche und zum Strand **Le Prieuré** (Pl. XIII, B 3). Es ist jedoch angenehmer, zu Fuß der **Promenade du Clair de Lune** (Mondscheinpromenade; Pl. XIII, C 2–B 3) zu folgen, einem asphaltierten Küstenweg am Fuße der Felsküste (etwa 1 km; Aufführung Ambiance et Musique, von Juni bis September, dreimal in der Woche). Sie führt unter dem **Meeresmuseum** (Pl. XIII, C 2; Aquarium; *Öffnungszeiten:* im Sommer 10–12 und 14–18 bzw. 19 Uhr) vorbei, um eine blühende Esplanade herum und endet am Strand du Prieuré (Pl. XIII, B 3; Schwimmbad) in der Bucht von Dinard. Der Name des Strandes stammt von einer alten, 1324 gegründeten Pfarre. Erhalten ist über dem Strand, in einem privaten Garten, eine gotische restaurierte Kapelle mit den Gräbern der Ritter von Montfort.
Vom westl. Ende des Strandes gelangt man zur *Place de Général-de-Gaulle* (Pl. XIII, B 3); Kriegerdenkmal, moderne Kirche.

La Vicomté (1,5 km im SO). – Von der Place du Général-de-Gaulle folgt man in Richtung S dem *Boulevard de la Libération,* dann l. auf die *Avenue de la Vicomté.* **La Vicomté,** Teil der Gemeinde Dinard, liegt wunderschön an der Rance-Mündung gegenüber von Saint-Servan. Die mit sehr schöner und reicher Vegetation bewachsene Landspitze ist von einem *Spazierweg umgeben. Kleiner Strand *Port-Siboullière. *Anse de la Pêcherie* und Pointe de la Jument; von hier Ausblick auf das ***Gezeitenkraftwerk der Rance** (s. u.).
Von der Place du Général-de-Gaulle führt der Boulevard Féart zum Strand Ecluse zurück.

Umgebung. – 1. Saint-Enogat (Pl. XIII, A 1; im W des Strandes Ecluse; 800 m auf dem Boulevard Albert-Lacroix), s. Pl. XIII.
2. Saint-Malo und Saint-Servan: per Motorboot oder über die Straße, die die Rance beim Kraftwerk überquert (s. Rte 13, 10 km von Dinard nach Saint-Malo).
3. Saint-Lunaire, Saint-Briac, Lancieux, Saint-Cast und Cap Fréhel, s. o.
4. La Richardais (4 km nach SO auf der D 114); kleiner Hafen am Ufer der Rance; malerische Lage.
5. Dinan (22 km nach S auf der D 786; wir empfehlen, die Fahrt auf einem Schiff auf der Rance zurückzulegen; s. Rte 13, km 44.
6. Die englischen Kanalinseln (Jersey, Guernesey; Anreise im Flugzeug oder im Schiff von Saint-Malo (Autofähren).

Von Dinard nach Rennes oder Saint-Malo: s. Rte 1,1 in umgekehrter Richtung; – **nach Vannes:** 22 km auf der N 166 bis Dinan, dann s. Rte 14,2.

☞ **2. Von Dinard nach Loudéac, Pontivy und Auray.** – 158 km in Richtung SW auf der D 768 über die Monts du Méné in Richtung Quiberon oder Quimperlé.
Ausfahrt auf der D 766 (Pl. XIII, B 3); kurz darauf r. auf die D 168 gegenüber dem Flughafen von Dinard, am Wald von Pontual entlang. – 10 km: *Ploubalay;* nach dem Ort fährt man an der Bucht von Lancieux entlang. – 14 km: Straßenkreuzung *La Ville-ès-Comtes;* r. die Straße zum Cap Fréhel und nach Saint-Briac (s. o.); Sie fahren l. auf die D 768, die vor Plancoët am r. Arguenon-Ufer verläuft.
21 km: **Plancoët,** 2.500 Ew., kleiner Hafen am Arguenon, 3 km vom Meer entfernt. Kirche Nazareth (Marienwallfahrt); im SO der *Tertre de Brandier* (91 km; Rundblick; Mineralwasserquelle Sassay).

→ 11 km im SW die Ruinen des ***Château de la Hunaudaye** (1378; Besichtigung).

☞ Die D 768 führt in Richtung W am kleinen See Guébriand vorbei. – 35,5 km: die Straße biegt plötzlich l. ab und überquert den Frémur de la Frênaye. Steile Talfahrt nach (47 km) *Lamballe,* s. Rte 2 A, km 125, wo man den Gouëssan überquert. – Die Straße steigt zu den Landes du Méné an.
63 km: ***Moncontour,** 1.200 Ew., ehemalige kleine Festungsstadt mit Resten der Stadtmauern. Um den dreieckigen Hauptplatz Häuser aus dem 18. Jh. aus Granit (Palais aus dem späten 18. Jh. l. neben der Kirche). In der *Kirche Saint-Mathurin* mit Glockenturm aus der Renaissance *Kirchenfenster aus dem 16. Jh.
Auf der Spitze des Hügels (218 m; *Aussicht) das **Château des Granges** aus dem 18. Jh. mit Turm aus dem 13. Jh.

1,5 km im SO die *Kapelle Notre-Dame du Haut* mit sechs merkwürdigen Statuen der „Wunderheiler".

In Richtung SO zur (8 km) **Kapelle Notre-Dame de Bel-Air,** auf der höchsten Erhebung der Monts du Méné (340 m); herrlicher **Rundblick.

In Richtung SO nach (13 km) **Collinée** (269 m) in den Monts du Méné. Häuser aus dem 16. und 17. Jh. – 10 km nordöstl. von Collinée die **Abtei de Roquen,** 1137 am Rande des gleichnamigen Waldes gegründet; seit 1936 leben dort wieder Mönche, die die romanische Kirche restauriert haben (Chor aus dem 14. Jh.; Besichtigung).

Die Straße steigt bis auf 255 m an und überquert die Monts du Méné. R. die Landes de Phanton; Talfahrt und Überquerung des Lié-Tals.
88 km: **Loudéac,** s. Rte 4, km 121; Kreuzung mit der N 164b. Die Straße überquert den Oust und den Kanal Nantes—Brest.
110 km: **Pontivy,** s. Rte 10, km 162; hier kann man r. auf die Straße nach Quimperlé (s. Rte 5, km 157; 164 km von Dinard) abzweigen. – Die N 168 führt das Blavet-Tal hinunter. – 120,5 km: *Talvern-Neñez.*

R. nach 1,5 km die **Kapelle Saint-Nicodème* (s. Rte 10, km 162).

133 km: *Baud* (s. Rte 5, km 112); Kreuzung mit der N 24; danach Überquerung des Evel-Tals. – 136,5 km: *Camors.* R. die Forêt de Camors *(*Buchenwälder).* – 145 km: *Pluvigner,* 4.550 Ew., auf einem 189 m hohen Hügel; Kirche aus dem Jahr 1546 (Reliquien des Hl. Véner), Brunnen Saint-Véner und romanische Kapelle.
2,5 km im NW das *Château de Kéronic* aus dem 16. Jh. – 155,5 km: r. die *Kartause von Auray* (s. Rte 6, km 134). – 158 km: **Auray** (s. Rte 6, km 134). Von Auray nach Quiberon, 28 km auf der D 768: s. Rte 7.
186 km: **Quiberon** (s. Rte 7, km 32).

Fortsetzung der Route nach Saint-Malo. – Ausfahrt aus Dinard auf dem Boulevard de la Libération (Pl. XIII, B 3); l. der Strand Le Prieuré (s. o.); l. auf die Avenue de la Vicomté einbiegen, die am Strand entlangführt. Geradeaus weiter auf der D 114, l. an La Vicomté vorbei (s. o.), die die Rance-Mündung beim *Gezeitenkraftwerk* überquert.

Das ***Kraftwerk,** das erste seiner Art in der Welt, wurde 1966 eingeweiht. Es besteht aus einem 725 m langen Staudamm zwischen der Pointe de la Briantais (r. Ufer, flußaufwärts von Saint-Servan) und der Pointe de la Brebis (l. Ufer) und stützt sich auf die kleine Insel Chalibert. Der Mittelteil des Bauwerks umfaßt einen hohlen Deich aus Beton, wo das Werk untergebracht ist; 24 Turbinen mit Doppeleffekt, die mit der Kraft von Ebbe und Flut angetrieben werden; die Jahresproduktion beläuft sich auf 500 Mio. kWh. Das Stauwerk umfaßt sechs Becken im O und eine 75 m lange Schleuse im W (l. Ufer).

Weiter auf der D 168. – **261,5** km: Kreuzung mit der N 137; links nach Saint-Servan abbiegen.
263 km: **Saint-Servan-sur-Mer** (s. Rte 13 B), 1967 mit Paramé und Saint-Malo zu einer Gemeinde zusammengeschlossen; man kann

die Stadt geradeaus auf dem Boulevard Douville, der Rue Ville-Pépin und der Rue Clemenceau (Pl. XIV, B 2–3) durchqueren. – Von Saint-Servan fährt man über die Chaussée des Corsaires nach Saint-Malo (Pl. XIV, B 1–2).

264 km: **Saint-Malo** (s. Rte 13 A). – Die Chaussée du Sillon (Pl. XIV, B–C 1) führt von Saint-Malo ins Zentrum von Paramé.

267 km: **Paramé** (s. Rte 13 C); r. auf die D 155. – **269** km: l. die D 355 nach (9 km) *Cancale* (s. Rte 13,1, km 23). – **275** km: l. führt die sehr malerische D 76 ebenfalls nach (5 km) *Cancale.* Man erreicht das Ufer der Bucht von *Mont Saint-Michel;* zwischen (**279** km) *Saint-Benoît-des-Ondes* und (**285** km) *Le Vivier-sur-Mer* fährt man nahe am Wasser; der kleine Hafen hat 750 Ew.; Austern- und Muschelzuchten; Fischerei.

Von Le Vivier könnte man auf der 5 km kürzeren D 797 weiterfahren. Wir empfehlen jedoch die Straße über Dol, s. u.

Bei der Ausfahrt aus Le Vivier biegt die D 155 r. in Richtung S ab und führt am Fuße des *Mont Dol* vorbei; die alte, 65 m hohe Insel (Anfahrtstraße; *Rundblick) beherrscht heute die Marschlandschaft Dol, die man durchquert.

299 km: ***Dol-de-Bretagne,** 5.000 Ew., kleine interessante Stadt, die von ihrer Kathedrale beherrscht wird.

Die ****Kathedrale Saint-Samson** ist ein gotischer Bau aus dem 13. Jh.; an der Südseite zwei **Tore,* eines aus dem 14. Jh. und das zweite, kleinere, aus dem 13. Jh.; im Inneren das **Grabmal des Bischofs Thomas James* aus der Renaissance und **Glasfenster* aus dem 14. Jh. am Chorhaupt.
Hinter der Kathedrale die *Promenade des Douves* (Reste der Stadtmauern). In der Grand-Rue die *Maison des Plaids* (Nr. 15, romanisch) und ein kleines *Historisches Museum* (Nr. 27) in einem Haus aus dem 15. Jh.

Umgebung. – 1. Menhir du Champ-Dolent (1,5 km im SO).
2. Mont Dol (3 km im NW, s. o.)
3. Combourg (17 km im S auf der D 795), s. Rte 14,1.

Von Dol nach Dinan, Lamballe und Saint-Brieuc (Richtung Brest über die Küste oder das Landesinnere): s. Rte 14.

Ausfahrt aus Dol auf der N 176 in Richtung O. – Bei der Einfahrt nach Pontorson überquert man den kanalisierten Couesnon, der die Grenze zwischen Bretagne und Normandie bildet.

318 km: **Pontorson** (s. Rte 14, km 38); von hier kann man den Mont Saint-Michel erreichen (D 976 in Richtung N).

328 km: **Mont Saint-Michel,** s. Rte 14, km 47.

13 – Saint-Malo, Saint-Servan und Paramé

****Saint-Malo,** Département Ille-et-Vilaine, 46.000 Ew., Hafenstadt am Ärmelkanal an der Mündung und am r. Ufer der Rance, steht auf einer kleinen Granitinsel. Die Befestigungsanlagen sind noch intakt, doch die Stadt selbst mit ihren engen, düsteren Gassen und schönen Granithäusern aus dem 17. und 18. Jh. wurde 1944 durch einen Brand zum Großteil zerstört. Beim Wiederaufbau gelang es, den typischen Charakter der alten Seefahrer- und Piratenstadt zu wahren – eine besondere architektonische Leistung. 1967 wurde Saint-Malo mit Saint-Servan und Paramé zu einer Gemeinde zusammengeschlossen. Sie ist der Mittelpunkt der *Côte d'Emeraude* und ein bedeutendes Fremdenverkehrs- und Ferienzentrum.

Geschichte. – Die Stadt wurde zur Zeit der normannischen Einfälle von den Bewohnern der Stadt Aleth (Saint-Servan) gegründet, die auf diese kleine Insel flüchteten. Sie nahm erst im 12. Jh. ihren heutigen Namen an, als der Bischof Jean de Châtillon seinen Sitz aus Aleth hierher verlegte.
Der Aufschwung des Hafens von Saint-Malo begann im späten 15. Jh., zum Zeitpunkt der Entdeckung Amerikas. 1533 begann Jacques Cartier (1494 bis 1554) seine Entdeckungsreisen in die Bucht des St.-Lorenz-Stroms; schon damals unterhielten die Bürger von Saint-Malo enge Verbindungen mit Kanada. Der Ruhm der Stadt gründet sich jedoch vor allem auf die jahrhundertelangen Kämpfe gegen die Engländer und auf seine Seehelden wie Duguay-Trouin (1673–1736) und Surcouf (1773–1827). Die Engländer versuchten wiederholt (1693, 1695 und 1758) die Stadt oder ihre Flotte zu zerstören.
Im Zweiten Weltkrieg verwandelten die Deutschen die Rance-Mündung in eine riesige Festungsanlage, die im August 1944 nach langer Belagerung kapitulierte. Die Stadt, deren Bevölkerung großteils evakuiert war, erlebte einige Bombenangriffe, doch die großen Zerstörungen stammten von der Feuersbrunst.

Pl. XV 1 bezieht sich auf den allgemeinen Plan von Saint-Malo, Saint-Servan und Paramé (l.); Pl. XV 2 bezieht sich auf den Plan der Altstadt von Saint-Malo (r.).

Besichtigung der Stadt

Ein Tag in Saint-Malo wird Ihnen wahrscheinlich zu knapp werden. Es gibt allzu Verschiedenes zu sehen: das Meer, die Stadtmauer, die Altstadt, die Museen, den Hafen, die Inseln; jeder dieser Anziehungspunkte würde für sich schon einen ganzen Tag rechtfertigen.
Parken sollten Sie außerhalb der Ummauerung, etwa auf der Esplanade Saint-Vincent, wiewohl es nicht verboten ist in den Stadtkern einzufahren. Die Haupthaltestelle der **Autobusse** befindet sich ebenfalls auf der Esplanade Saint-Vincent. Auskünfte Avenue Jean-Jaurès 37 bei den T.-I.-V.
Da Saint-Malo durch die Zusammenfügung dreier Orte entstanden ist, läßt sich die Besichtigung auch einfach in drei Teilen durchführen.

A. Saint-Malo

Die *Chaussée du Sillon* (Pl. XV,1, B 1) verbindet das Eiland Saint-Malo mit dem Festland, führt an den Gärten des *Kasinos* (Statue Chateaubriands von *A. Beaufils)* vorbei zur **Esplanade Saint-Vincent** mit der *Porte Saint-Vincent* (Pl. XV,2, E 1), dem Haupteingang der Altstadt. Dieses Tor öffnet sich auf die Place Chateaubriand; an der Ostseite das Schloß.

Das ***Schloß** (Pl. XV,2, E 1; Eintritt in den Hof frei) wurde im 15. Jh. vom Herzog Franz II. und seiner Tochter Anne wiederaufgebaut. Es besteht aus einem von vier Türmen begrenzten Viereck und aus einem angebauten Dreieck (im O), der *Galère.* An der West-

seite unter einem *großen Wehrturm* der Eingang zwischen zwei monumentalen Türmen, *Genérale* und *Quic-en-grogne,* die 1498 von der Königin Anne hinzugefügt wurden. Im großen Wehrturm befindet sich das ***Gemeindemuseum** mit Erinnerungsstücken an die große Seefahrerzeit vom 12. bis zum 19. Jh. und an die berühmtesten Seefahrer (Jacques Cartier, La Bourdonnais, Surcouf, Lamennais, Chateaubriand); von den Beobachtungstürmchen sieht man die ganze Stadt und ihre Umgebung.
Im kleinen Wehrturm und in der Tour Quic-en-grogne Diavorführungen und Wachsfiguren von Szenen aus dem Leben in Saint-Malo. Das *Hôtel de Ville* befindet sich am anderen Ende des Hofes. Im N der Place Chateaubriand, nahe der Tour Quic-en-grogne, öffnet sich die *Porte Saint-Thomas* auf den *Strand des Bains de Saint-Thomas* oder *Grande-Plage* (Pl. XV,1, B 1), der den Strand von Paramé verlängert. Interessantes Aquarium.

Rundgang auf den **Stadtmauern (etwa 30 Min.; Eintritt frei). – Der Rundgang auf den Stadtmauern ist ein touristisches Muß. Sie stammen zum Teil aus dem 12. und 13. Jh., wurden jedoch im 17. und 18. Jh. restauriert oder wiederaufgebaut. Von der Place Chateaubriand gelangt man über die Treppe der Porte de Saint-Thomas (s. o.) auf die Stadtmauer und den Weg. Von dieser außerordentlich schönen Promenade *Aussicht auf das Meer, die Küste und die Rance-Mündung.
Im N befindet sich die Bastion *Fort à la Reine* (Pl. XV,2, D–E 1). An der NW-Ecke die *Tour Bidouane* (Pl. XV,2, D 1) gegenüber den zwei befestigten Eilanden *Grand-Bé* (Pl. XV,1, A 1; Grab von Chateaubriand), und *Petit-Bé;* Aussicht auf die *Insel Cézembre* und das *Cap Fréhel.* Dahinter erhebt sich das Standbild von Surcouf auf der in einen Park umgewandelten *Bastion Cavalier* (Pl. XV,2, D 1). Die Westfront der Mauern beherrscht den Strand Bon-Secours (Pl. XV,2, D 1–2; Schwimmbad): Aussicht auf Dinard und die Rance-Mündung. Im SW, auf der ehemaligen *Bastion de Hollande* (Pl. XV,2, D 2–3), heute ebenfalls ein Park, steht die Statue von Jacques Cartier. An der SW-Ecke befindet sich die Môle des Noirs (Pl. XV,1, A 2), welche den Vorhafen schützt. Die Südfront mit der Porte de Dinan (Pl. XV,2, D–E 3) umfaßt große Granithäuser aus dem 18. Jh. (nach dem Brand von 1944 restauriert); Aussicht auf den Vorhafen (Pl. XV,1, A 2) und Saint-Servan. Die Ostfront mit der *Porte Saint-Louis* (Pl. XV,2, E 3) und der *Grande-Porte* (Pl. XV,2, E 2; 15. Jh.) beherrscht den Hafen (drei Becken zwischen Saint-Malo und Saint-Servan; Schleuse des Naye).

Die **Altstadt. – Sie ist von den ***Stadtmauern** umgeben; die meisten Häuser stammen aus dem 17. und 18. Jh. Der Brand im August 1944 zerstörte sie zu drei Vierteln, übrig blieben nur einige intakte Häuserblocks an den vier Ecken. Die Architekten *Arretche* und *Cornon* haben in mühevoller Kleinarbeit den monumentalen Charakter der Altstadt mit ihren hohen Granithäusern nachgebildet.

Mittelpunkt der Altstadt ist die ehemalige **Kathedrale Saint-Vincent** (Pl. XV,2, D–E 2), welche vom Brand verschont blieb (nur das r. Querschiff und die Turmspitze aus dem Jahr 1859 wurden zerstört; die Restaurierungsarbeiten sind mittlerweile abgeschlossen). Fassade (18. Jh.) mit Stilelementen aus der Renaissance und dem Klassizismus. Schiff und Gewölbe des Querschiffs stammen aus dem 12. Jh., der Chor aus dem 14. Jh. und die Seitenschiffe und Kapellen aus dem 14. und 15. Jh.
Im NW der Kirche befindet sich das neue *Palais de Justice* (Pl. XV, 2, D 1) mit der alten *Benediktinerkirche* (17. Jh.). Daneben, im *Square der Place Duguay-Trouin* (Pl. XV,1, D 2), ein Totenmal von *A. Beaufils.*

Von Saint-Malo nach Dol-de-Bretagne, Pontorson und zum Mont Saint-Michel oder nach Dinard, Saint-Brieuc (Quimper), Perros-Guirec und Morlaix (Brest): s. Rte 12; – **nach Rennes:** s. Rte 1,1; – **nach Ludéac, Pontivy (Quimperlé) und Auray (Quiberon) auf der N 168:** 15,5 km in Richtung SW von Saint-Servan nach Ploubalay, dann s. Rte 12,3.

B. Saint-Servan-sur-Mer

Gut geschützter und ruhiger Badeort am r. Rance-Ufer. Anfahrt von Saint-Malo über die *Chaussée des Corsaires* (Pl. XV,1, B 1–B 2).

Der Strand *des Sablons,* gegenüber dem Vorhafen und Saint-Malo, öffnet sich zur Bucht des Sablons zwischen der befestigten *Pointe du Naye* (Pl. XV,1, A 2) und der *Pointe de la Cité* (Pl. XV,1, A 3). Die **Pointe de la Cité,** wo sich einstmals die alte gallo-römische Stadt *Alethum* befand, ist von einer Festung aus dem Jahr 1759 gekrönt (Orientierungstafel). Zwischen 1942 und 1944 richteten die Deutschen hier einen stark befestigten Stützpunkt ein; heute werden hier friedlich Champignons gezüchtet. Um die Landspitze führt die Promenade der ****Corniche d'Aleth** mit herrlicher **Aussicht.
An der anderen Seite der Pointe de la Cité befindet sich der kleine Hafen *Saint-Pierre* mit der ***Tour Solidor** (Pl. XV,1, A 3) aus dem Jahr 1382; der Turm steht auf einem Felsen über der Rance-Mündung.

Das Bauwerk besteht aus drei 18 m hohen Türmen auf dreieckigem Grundriß; im Inneren das interessante **Musée des Cap Horniers,* der Schiffahrt um den Kap Horn gewidmet (tgl. außer Dienstag Führungen um 14, 15 und 16 Uhr; im Sommer auch um 10 und 11 Uhr).

Dieser Felsen steht zwischen dem Hafen *Saint-Père* und dem Hafen *Solidor,* neben der *Kirche Sainte-Croix* (Pl. XV,1, B 3; 1742–1840).
Von der Landspitze und dem *Parc des Corbières* (Pl. XV,1, A–B 3) flußaufwärts die kleinen Strände *Fours-à-Chaux* und *Rossais* an der Rance.
Nahe der Ausfahrt aus Saint-Servan (Boulevard Douville, Pl. XV,1, B 3) liegt das Gezeitenkraftwerk der Rance, s. Rte 12.

C. Paramé

Der Badeort erstreckt sich an einem langen Strand, der auf 1,5 km von einer Dammpromenade eingefaßt ist. Anfahrt von Saint-Malo: *Chaussée du Sillon* (Pl. XV,1, B 1–C 1) und *Avenue Pasteur* (nicht im Plan).

Im ehemaligen Grand-Hôtel ist ein großes Thalassotherapie-Institut untergebracht (Meerwasser- und Algenkuren).

Vom Ort Paramé (nicht im Plan) führt der *Boulevard de Rochebonne* zum *Carrefour de Rochebonne* am östl. Ende des Strandes; r. die Straße nach Rothéneuf (3 km in Richtung NO, s. u.). Sie führt l. am Strand *Minihic* und der *Pointe de la Varde* (Festung aus dem 18. Jh., von den Deutschen 1942–1944 modernisiert; *Rundblick) vorbei.

Umgebung von Saint-Malo und Saint-Servan:
1. Fort National (18. Jh.; tgl. geöffnet) auf einem bei Ebbe erreichbaren Eiland gegenüber der *Porte Saint-Thomas* (Pl. XV,1, A 1; Pl. XV,2, E 1).
2. Die Inseln Grand-Bé (Pl. XV,1, A 1) und **Petit-Bé,** bei Ebbe von der *Porte des Bés* (Pl. XV,2, D 2) oder der *Porte des Champs-Vauverts* (Pl. XV,1, D 1) zu erreichen. Auf der Insel Grand-Bé das *Grab Chateaubriands* (geb. in Saint-Malo; 1768–1848), ein einfacher Granitstein ohne Inschrift.
3. Die Insel Cézembre (4 km in Richtung NW; im Sommer tgl. Schiffsverkehr); 700 m lang, 200 m breit; wilde Landschaft, ausgezackte Felsen; *Sandstrand.
4. Cap Fréhel (s. Rte 12, km 212) einer der schönsten Orte Frankreichs, kann auch mit dem Schiff erreicht werden.
5. Dinard (s. Rte 12, km 254) auf dem Landweg: s. Rte 12; per Schiff: Abfahrt bei der Porte de Dinan (Pl. XV,1, D 3).
6. Dinan (s. Rte 14, km 100): 28 km im SSW von Saint-Servan auf der D 168, D 766 (Ausfahrt Pl. XV,1, C 3); empfehlenswert ist es jedoch, mit dem Schiff die Ranche hinaufzufahren (s. Umgebung von Dinan, 1, in umgekehrter Richtung).
7. Dol-de-Bretagne (29 km im SO) und **Mont Saint-Michel** (57 km), s. Rte 12, km 299 und km 328.
8. Gezeitenkraftwerk der Rance: s. Rte 12.

☞ **1. Von Saint-Malo nach Cancale.** – 14 km in Richtung W auf der D 355 oder 23 km auf der schöneren *Strecke (s. u.) auf der D 201 an der Küste; schöne Ausblicke.
Man fährt auf der *Chaussée du Sillon* (Pl. XV,1, B 1–C 1), dann auf der *Avenue Pasteur* und dem *Boulevard Chateaubriand* über den Badeort Paramé, s. o. – 3 km: *Carrefour de Rochebonne;* l. auf die D 201, l. an der Pointe de la Varde vorbei (s. o.).
6 km: **Rothéneuf,** Badeort der Gemeinde Paramé in sehr schöner Lage. Der Strand du Val öffnet sich auf das Meer; der *Havre de Rothéneuf* hingegen ist eine sehr geschützte, von der Halbinsel Bénard fast eingeschlossene Bucht mit *Steilfelsen und wilden *Felsspitzen. – Die D 201 führt um die Bucht herum, l. der Wald und das *Château du Lupin.*
10 km: l. **La Guimorais,** Dorf mit 1 km langem *Strand zwischen der Halbinsel Bénard und der Pointe du Meinga. – Wunderschöne **Fahrt die Küste entlang. – 13 km: l. die Bucht Duguesclin; *Strand; gegenüber ein Eiland mit der *Burg Duguesclin* (1758). – 14,5 km: Strand und Kapelle *du Verger.* – Außergewöhnliche Ausblicke auf das Meer.
18,5 km: ****Pointe du Grouin;** herrlicher Fernblick von der Küste des Cotentin im O und dem Cap Fréhel im W. 3 km vor der Küste im

Meer der Fels und *Leuchtturm de la Pierre-Herpin.* – Die Straße nach Cancale dreht nach S ab; l. die Bucht und der Strand Port-Mer.
23 km: **Cancale,** 4.800 Ew., durch seine Austern berühmter Fischerhafen an der Westküste der Bucht von Mont Saint-Michel. Der Ort steht auf einem Plateau. Von der *Pointe de Crolles* (Kriegerdenkmal 1914–1918) großartige *Aussicht* auf den **Port de la Houle* (an der Felswand), den *Fels von Cancale* und die *Insel Rimains* (Burg Vauban) auf der l. Seite und den **Mont Saint-Michel** (25 km im OSO; s. Rte 14). Badegelegenheit auf der *Grève de la Vallée-Porcon* zwischen der Pointe du Hock und der Pointe de la Chaîne.
Die Rückfahrt von Cancale nach Saint-Malo kann man auf der direkten Straße zurücklegen (14 km; D 355).

14 – Von Fougères über Pontorson (Mont Saint-Michel), Dol, Dinan und Saint-Brieuc nach Rostrenen und Quimper

Diese Route führt zuerst über eine landschaftlich besonders reizvolle Strecke durch grüne Talkessel bis Antrain und dann über Pontorson zum Mont Saint-Michel, dem „Wunder des Abendlandes" und zauberhaften Bauwerk, das eine ausgiebige Besichtigung wert ist. Wieder zurück über Pontorson führt die Strecke erst wieder aus der Normandie in die Bretagne hinein, überquert den Couesnon um schließlich nach Dinan zu gelangen, das eine der Hauptattraktionen dieser Route bildet. Von hier zahlreiche Ausflugsmöglichkeiten und Abzweigungsmöglichkeiten. Über die Heide von Plélan und am weiten Étang de Jugon vorbei gelangt man schließlich nach Saint-Brieuc.

Straßen: 38 km bis Pontorson, 47 km bis Mont Saint-Michel, 100 km bis Dinan und 160 km bis Saint-Brieuc auf den Straßen D 155, D 976, N 176 und N 12.

☛ Ausfahrt aus Fougères (s. Rte 2) auf der Straße nach Dol (s. Pl. II, B 1).
12 km: **Saint-Brice-en-Coglès,** 1.800 Ew., ist eine besonders friedliche, in einem grünen Kessel liegende Ortschaft, deren Mühlen an eine frühe Industrialisierung erinnern; *Schloß du Rocher-Portail* aus der Zeit Heinrich IV. und *Schloß de la Motte* (keine Besichtigung).
26 km: **Antrain,** 1.600 Ew., zwischen dem Couesnon und der Loisance gelegene Ortschaft. *Kirche,* teilweise aus dem 12. Jh. (gotisches Langhaus und nördl. Teil des Querschiffes); Chor aus dem Jahr 1546 und Turm aus dem 17. Jh. – Biegen Sie nach N auf die D 976.

5 km in Richtung NO im Ortsgebiet von *Saint-Quen-de-la-Rouërie* das **Schloß de la Rouërie** (gegen 1730); hier trafen die verschworenen Bretonen im Jahr 1792 zusammen.

Von Antrain gibt es auch eine direkte, landschaftlich allerdings nicht besonders sehenswerte Strecke über (4 km) *Tremblay,* (22,5 km) *Andouillé-Neuville* und (32,5 km) *Chevaigné* nach (45 km) *Rennes.*

38 km: **Pontorson,** 5.500 Ew., am r. Ufer des an dieser Stelle kanalisierten Couesnon gelegen, der die Grenze zwischen der Normandie und der Bretagne bildet. Zufahrt zum Mont Saint-Michel. *Kirche* in frühgotischem Stil mit romanischen Elementen.

Von Pontorson nach Avranches, Granville, Carteret und Cherbourg: s. Blauer Führer Frankreich Nord; – **nach Dol-de-Bretagne (Dinan, direkt nach Brest), Saint-Malo, Dinard, Saint-Brieuc, Morlaix und Brest:** s. Rte 12 in umgekehrter Richtung.

Zum Mont Saint-Michel nimmt man im N von Pontorson die D 976.
47 km: *****Mont Saint-Michel** (s. Pl. XVI), eines der großartigsten Baudenkmäler Frankreichs. Auf dem Gipfel einer dem Festland vorgelagerten kegelförmigen Felsinsel von 78 m Höhe (vom Vorplatz der Kirche gemessen) liegt die ehemalige Abtei mit ihrem schmalen, modernen Turm und der vergoldeten Statue des Hl. Michael. Das Meer erreicht den Mont Saint-Michel nur zu den Zeiten der großen Flut, d. h. an den drei Tagen nach Neumond und besonders an den drei Tagen nach Vollmond. Unterhalb der Abtei, an der Süd- und Ostseite des Berges, erstreckt sich der Ort (105 Ew.), mit seinen eng aneinander gedrängten Giebeldachhäusern und der mächtigen Befestigungsanlage ein lebendiges Zeugnis des Mittelalters in unserer Zeit. Die Westflanke des Berges ist nackter Stein, die dem offenen Meer zugewandte Nordseite hingegen ist mit einem schattigen, kleinen, öffentlich zugänglichen Eichenwäldchen bedeckt.

Man geht nacheinander durch die *Porte de l'Avancée,* die *Porte du Boulevard* und die **Porte du Roi* (15. Jh.), dem befestigten Stadttor und gelangt auf die ***Grande Rue,** die einzige Straße des Ortes. Zwischen Giebelhäusern aus dem 15. und 16. Jh. steigt sie bis zur Treppe der Abtei steil an. Auf halber Höhe liegt die bescheidene *Pfarrkirche* aus dem 11.–16. Jh.
Auf dem Gipfel türmen sich übereinander die Gebäude der *****Abtei.** Auf dem höchsten Punkt die sehenswerte **Abteikirche,** deren Turmspitze 152 m über dem Strand liegt.
Der Mont Saint-Michel ist seit dem 8. Jh. Wallfahrtsstätte zu Ehren des Hl. Michael, was 966 zur Gründung der Abtei führte.

Die Besichtigung (1 Std.) erfolgt in Gruppen (15. Mai bis 30. September 9–11.30 Uhr und 13.30–18 Uhr), vom 1. Oktober bis 14. Mai 13.30–16 Uhr Führungen tgl. vom 1. Juli bis 10. September.

Der befestigte Eingang zur Abtei liegt unterhalb des *Châtelet* (spätes 14. Jh.); von ihm führt eine steile Innentreppe, der **Escalier du Gouffre,** nach oben. Eine andere Treppe mit 90 Stufen, der *Grand Degré,* führt zur Plattform der Kirche.

An das romanische Langhaus und Querschiff der **Abteikirche** schließt sich der wunderschöne spätgotische *Chor* (1450–1521) an; einer seiner Bogen trägt den *Escalier de Dentelle.* Unter dem Chor die **Krypta** *(Crypte des Gros Piliers,* 15. Jh.).
Vom ersten Klosterbau sind noch einige romanische an und in den Fels gebaute Säle (11.–12. Jh.) erhalten. Das aus dem 13. Jh. stammende Kloster hingegen bestand fast ausschließlich aus dem großartigen, die Nordseite des Berges beherrschenden gotischen Bauwerk **Merveille.** Dieses zwischen 1203 und 1228 mit unerhörter Kühnheit ausgeführte Werk weist drei Stockwerke mit je zwei Teilen auf: unten die Armenstube und der Keller; darüber der Gastsaal und der vierschiffige ***Rittersaal;** ganz oben das Refektorium und der **Kreuzgang** mit 227 kleinen Säulen aus rotem Granit.
Unterhalb der Merveille, im W die Terrassengärten der Abtei (Eintrittsgebühr), im Norden der kleine Wald.
Nach der Besichtigung der Abtei geht man zu den ***Befestigungsmauern** (13.–15. Jh.), deren frei zugänglicher Wehrgang herrliche Ausblicke bietet. So gelangt man wieder zum Festungstor, der *Porte du Roi* (s. o.). Der Rundgang um den Berg, unten am Strand, nimmt ungefähr 30 Min. in Anspruch (Flutzeiten beachten).

3 km nördlich des Mont Saint-Michel liegt die kleine **Insel Tombelaine.**

Vom Mont Saint-Michel nach Saint-Malo und Dinard: s. Rte 12 in umgekehrter Richtung.

Zurück nach (**56** km) *Pontorson* und hier Ausfahrt in Richtung N 176. Überquerung des Couesnon, der in einen Kanal umgewandelt wurde und die Grenze zwischen Normandie und Bretagne darstellt.

75 km: **Dol-de-Bretagne** (s. Rte 12, km 299); Kreuzung mit der Straße nach Vivier-sur-Mer und Saint-Malo (D 155). Ausfahrt in Richtung SW auf der D 176. – **87** km: *Le Vieux-Bourg;* Kreuzung mit der N 137 von Rennes nach Saint-Malo (s. Rte 1,1). – **98** km *Lanvallay;* Umfahrung des Ortes im N. Steile Abfahrt in das Rance-Tal, das man auf dem großen Viadukt von Lanvallay (Pl. IV, C 1; 250 m lang, 40 m hoch; *Aussicht) überquert.

100 km: ***Dinan,** Département Côtes-du-Nord, 16.300 Ew.; die alte Festungsstadt steht am Rand eines ausgezackten Plateaus 75 m über dem l. Rance-Ufer. Die Stadt mit ihren Sehenswürdigkeiten – vor allem das Schloß und die weitgehend intakten mittelalterlichen Stadtmauern mit Türmen und Toren – ist auch ein großes Fremdenverkehrszentrum; von hier aus Binnenschiffahrt auf der Rance nach Saint-Malo und Dinard.

Das Herz der Stadt ist die *Place Duclos* (Pl. IV, B 1): Statue von Jehan de Beaumanoir; *Hôtel de Ville; Promenade des Petits-Fossés.*
Die *Grand-Rue* führt zur **Kirche Saint-Malo** (Pl. IV, B 1): Chor und Querschiff aus dem Jahr 1490; Schiff aus den Jahren 1855–1865. L. das alte **Kloster der Cordeliers** (Tor und Kreuzgang aus dem 15. Jh.); man gelangt zur *Place des Cordeliers* und zur *Place de l'Apport;* auf diesen Plätzen stehen noch alte Häuser mit Holzportalen. Über die *Rue de la Lainerie* zur ***Rue du Jerzual** (Pl. IV, C 1) mit Häusern aus dem 16. Jh. und weiter zur *Porte du Jerzual,* einem Tor aus dem 14./15. Jh. Weiter unten befindet sich der **Hafen**

(Schiffe nach Saint-Malo und Dinard). Gleich hinter der Porte du Jerzual führt r. eine schmale Gasse zur *Rue de la Haute-Voie* (Pl. IV, C 1–B 2), die ihrerseits nach Saint-Sauveur führt.

Die ***Kirche Saint-Sauveur** (Pl. IV, C 2) ist eine merkwürdige Mischung aus Romanik (Fassade und r. Langhausseite; 12. Jh.) und Spätgotik; in der Apsis aus dem Jahr 1507 findet man schon einige Elemente der Renaissance; auf dem 57 m hohen Turm (1557) eine Fachwerkspitze aus dem Jahr 1779. Im l. Querschiff der Kenotaph mit dem Herzen des Bertrand Du Guesclin († 1380); im l. Seitenschiff Glasfenster aus dem 15. Jh. und romanisches Weihwasserbecken aus dem 12. Jh.
Hinter der Kirche ein **englischer Garten*, dessen Terrasse das Rance-Tal beherrscht; von der *Tour Sainte-Catherine* (Pl. IV, C 1) großartiger *Rundblick über das Tal, den Hafen und den Viadukt von Lanvallay. R. beginnt die *Promenade de la Duchesse-Anne* (Pl. IV, C 2) über die Stadtmauern.
Im W der Kirche erhebt sich die **Tour de l'Horloge** (Pl. IV, B 2) mit Schieferspitze aus dem späten 15. Jh. Über die *Rue de l'Horloge* und die *Rue de Léhon* gelangt man zur *Porte Saint-Louis* (Pl. IV, B 2; 1620).
Die *Rue du Château* führt zum Eingang des ****Schlosses** (Pl. IV, B 2), einer sehr schönen Feste an der Stadtmauer, von den Herzögen der Bretagne 1382–1387 erbaut. Vom ovalen ****Wehrturm** weiter Rundblick. Im Inneren das *Museum (Öffnungszeiten:* tgl. 8.30–12 und 13–19 Uhr, im Winter kürzere Öffnungszeiten) über Geschichte, Archäologie, Ethnographie.
Unterhalb des Schlosses die *Promenade des Petits-Fossés* (Pl. IV, B 2–B 1), die man durch ein befestigtes Tor zwischen der *Tour de Coëtquen* und dem Wehrturm erreicht. Folgt man der Promenade nach r., gelangt man an der Westfront der Mauern entlang zur Place Duclos zurück (Pl. IV, B 1).
Man kann vom Schloß auch über die *Place Du-Guesclin* (Pl. IV, B 2; Reiterstandbild von Du Guesclin von *Frémiet*, 1902) zur *Place Duclos* zurückkehren; die Statue steht an der Stelle, wo der Konnetabel einen englischen Ritter im Zweikampf schlug (1364) und so die Stadt befreite – die Engländer hatten sich verpflichtet die Belagerung aufzuheben, sollte ihr Held unterliegen.
Von der Place Duclos führt die *Rue de Thiers* zur **Promenade des Grands-Fossés** (Pl. IV, B 1), die an der Nordfront der Stadtmauern verläuft und an der **Porte Saint-Malo** (Pl. IV, B–C 1) aus dem 14./15. Jh. endet.

Umgebung. 1. **Schiffahrt auf der Rance flußabwärts, von Dinan nach Dinard und Saint-Malo, s. Rte 12, km 254; Anlegestelle Pl. IV, C 1; 28 km in etwa 2 Std.; tägliche Verbindung im Sommer; die Abfahrtszeiten hängen von den Gezeiten ab (Verlautbarungen beachten!), Rückfahrt im Zug oder Autobus.

2. *Ausflug an der Rance (flußaufwärts) zu Fuß oder im Wagen am Flußufer entlang (auf der D 12 im Auto). Gehen Sie mindestens bis nach (2 km) *Léhon*, einem kleinen Dorf im grünen Tal der Rance, beherrscht von einem Hügel mit den Ruinen einer mittelalterlichen Burg aus dem 12. und 13. Jh. und der modernen Kapelle Saint-Joseph. Die Pfarrkirche (Grabsteine und -statuen aus dem 13., 14. und 15. Jh.) ist die alte restaurierte Kapelle eines Klosters. Erhalten sind das Refektorium (15. Jh.) und die Ruine des Kreuzgangs (17. Jh.).
Von Léhon können Fußgänger über das **r. Rance-Ufer* nach Dinan zurückkehren (etwa 3 km).

3. Das Argentel-Tal (2,5 km in Richtung N auf der D 766, Pl. IV, B 1; 30–40 Min. zu Fuß über die Rue de Saint-Malo, Pl. IV, C 1, und die Allée de la

Fontaine, r.); schöne schattige *Lage; Mineralbrunnen. Man kann zu Fuß das Tal hinuntergehen bis zum l. Rance-Ufer und zurück nach Dinan (insgesamt etwa 1.30 Std. hin und zurück).

4. Die Ruinen des **Château de la Garaye** (2 km in Richtung N auf der D 2, dann r. befahrbarer Weg) aus dem 16. Jh.

5. Die **römischen Ruinen** des Marstempels (8 km in Richtung NW; Ausfahrt auf der D 176, dann l. auf die D 794 einbiegen; 1 km vor Corseul l. in einen Fahrweg einbiegen); nur mehr zur Hälfte erhaltener achteckiger Turm.

Von Dinan nach Rennes: s. Rte 1,1; – **nach Dinard** (s. Rte 12, km 254): 22 km auf der D 766 (vor der Ortseinfahrt von Dinard kann man r. nach Saint-Malo abzweigen).

☞ **1. Von Dinan über Combourg und Tremblay zurück nach Fougères.** – 70 km in Richtung OSO auf der D 794, D 796 und D 155; bietet die Möglichkeit, den ersten Teil der Route als Rundreise zu gestalten.

Ausfahrt aus Dinan auf der N 176 (Pl. IV, C 1); bei (2 km) *Lanvallay* fährt man r. und dann l. auf die D 794. – 5 km: *Saint-Solen.* – 6 km: Kreuzung.

➔ Die D 68 führt l. in Richtung O zum (4 km) *Herrenhaus de la Chênaye.*

☞ Durchquerung des südl. Teils der *Forêt de Coëtquen.* – 11 km: Kreuzung mit der N 137 von Rennes nach Saint-Malo, s. Rte 1,1, km 40.

24 km: **Combourg,** 4.700 Ew., am Ufer eines Teiches, der von dem mittelalterlichen *Schloß (11., 14., 15. Jh.) überragt wird, wo der Dichter Châteaubriand (17.–18. Jh.) seine Kindheit verlebte (der Park ist tgl. geöffnet; *Öffnungszeiten* des Schlosses: von Ostern bis September 14–18 Uhr; Dienstag geschlossen). Ausfahrt auf der D 796 in Richtung NO.

39 km: **Bazouges-la-Pérouse,** auf einem Plateau gelegen; Fernblick; alte Häuser. – 47,5 km: *Tremblay;* Kreuzung mit der N 776 von Rennes zum Mont Saint-Michel. – 49,5 km: l. auf die D 155 abbiegen. – 56 km: *Saint-Brice-en-Coglès,* s. o., km 12.

70 km: **Fougères,** s. Rte 2.

☞ **2. Von Dinan nach Ploërmel und Vannes,** – 115 km in Richtung SW auf der D 766.

Ausfahrt aus Dinan auf der *Rue de Brest* und der N 176 (Pl. IV, A 1–2); bei km 1,5 l. auf die D 766 abbiegen. – 21,5 km: *Caulnes,* 2.100 Ew.; Kirche aus dem 12. und 15. Jh. – Abfahrt in das Rance-Tal. – 24 km: l. auf die N 12 abbiegen. – 24,5 km: *Saint-Jouan-de-l'Isle* (s. Rte 2, km 89); l. auf die D 766; nach Überquerung der Rance steigt die Straße an.

34 km: *Saint-Méen-le-Grand* (s. Rte 4, km 77). – 41 km: *Gaël;* Überquerung des Meu; zum Teil romanische Kirche. – Vor Ploërmel führt die Straße r. am Etang au Duc vorbei.

68 km: **Ploërmel** (s. Rte 5, km 60); Kreuzung mit der N 24 von Rennes nach Lorient. – 75 km: r. das *Château de Crévy* über dem Oust-Tal. – 75,5 km: *La Chapelle-Caro;* Talfahrt. – 76 km: r. auf die

N 166 abbiegen; Überquerung des Oust vor (77,5 km) *Le Roc-Saint-André.* – Hinter (84 km) *Sérent* überquert die N 166 die Claie, führt durch die bewaldete Heide von Lanvaux (zahlreiche Megalithe) und überquert anschließend den Arz.
98 km: **Elven,** 3.000 Ew.

3 km westl. die Ruinen des Herrenhauses *Kerlo* aus der Renaissance, dem Wohnsitz von Descartes.

100,5 km: Kreuzung.

R. ein Weg zu den Ruinen des *Château de Largoët* oder ****Tours d'Elven** am Ufer eines Teiches mit einem imposanten, 44 m hohen achteckigen Wehrturm aus dem 14. Jh. (wenden Sie sich an den Pförtner).

115 km: **Vannes,** s. Rte 6, km 112.

Fortsetzung der Strecke nach Saint-Brieuc. – Ausfahrt aus Dinan auf der *Rue de Brest* und der N 176 (Pl. IV, A 1–2). – Überquerung der Heide von Plélan. – **114** km: r. von der Straße sieben Granitkreuze.
123 km: *Jugon,* 470 Ew., am Zusammenfluß von Arguenon und Roselle; die Roselle erweitert sich im S zum sehr großen, 4 km langen *Etang de Jugon;* Häuser aus dem 14. und 15. Jh.; *Hôtel Sevoy* aus dem Jahr 1634.

12 km im NNW auf der D 16 die Ruine des **Château de la Hunaudaye* (1378; Besichtigung).

Die N 176 verläßt Jugon über einen steilen Abhang und mündet in (136 km) *Noyal* in die N 12.
140 km: **Lamballe** (s. Rte 2, km 125); Ausfahrt in Richtung W auf der N 12. – **153** km: *Yffiniac;* Steigung (r. **Aussicht* auf die Bucht von Saint-Brieuc). – **157** km: r. auf die Schnellstraße nach Saint-Brieuc über das Gouëdic-Tal (Viadukt).
160 km: **Saint-Brieuc,** s. Rte 2, km 145.

Von Saint-Brieuc nach Brest über das Landesinnere; s. Rte. 2; – **über die Nordküste der Bretagne:** s. Rte 12.

3. Von Saint-Brieuc nach Rostrenen (Quimperlé) und Quimper. – 130 km nach SW auf der N 778, D 790, D 3, D 769, D 1, D 15; schöne, kurvenreiche Strecke.
Ausfahrt in Richtung SW auf der N 778, der Route de Loudéac (Pl. IV, A 4).
8 km: *Saint-Julien.*

3 km im NO: *Camp de Péran,* vermutlich keltische Befestigungsanlagen.

11 km: Straßenkreuzung; die N 778 führt weiter nach *Loudéac* (30 km; s. Rte 4, km 121); in Richtung Quimper r. auf die D 790 einbiegen.
19 km: **Quintin,** 3.600 Ew., der Ort liegt über dem Gouet, der hier einen Teich bildet. Altes *Schloß* der Herzöge von Lorges aus dem 17. und 18. Jh. Alte Häuser auf dem Platz und in der Straße zur Kir-

che. – Die D 790 führt das Gouet-Tal hinauf, am Château de Robien aus dem 18. Jh. vorbei (r.); anschließend steigt sie bis auf 281 m an (r. die 326 m hohe *Crête de Kerchouan)* und führt wieder bergab, bis zur Überquerung des Oust. – 35 km: *Corlay* (s. Rte 6,2, km 81); Kreuzung mit der D 767.

43,5 km: **Saint-Nicolas-du-Pélem,** 2.450 Ew.; in der Kirche (16. Jh.) ein *Kirchenfenster mit der Darstellung der Leidensgeschichte Christi. Brunnen Saint-Nicolas. Über dem Ort das *Château du Boisboissel* aus dem 16. Jh. und der Menhir von Coat-Castel.

→ 2 km nach SO zur *Kapelle Saint-Eloi* aus dem 17. Jh. (Fest am 24. Juni).

→ 9 km nach NW über Lanrivain (D 50), dann 15 Min. zu Fuß zur **Toul-Goulic* oder *Perte du Blavet,* wo der Fluß Blavet in einem Gewirr von felsigen Trümmern verschwindet.

☞ 59 km: **Rostrenen** (s. Rte 4, km 168). – Weiter auf der Straße nach Carhaix (N 164). – Nach 3,5 km l. auf die D 3 abbiegen, welche den oberen Teil des Kanals Nantes—Brest überquert; der Kanal, auf der r. Seite, überquert die Linie zwischen dem Blavet und dem Aulne durch die Tranchée de Glomel (2 km lang).

66,5 km: *Glomel,* am großen Teich von Coron (76 ha), dem Wasserreservoir des Kanals, gelegen; Kirche aus dem 15. und 16. Jh. mit Glockenturm aus dem 18. Jh.

Die Straße steigt an, vorbei am Gipfel des *Mont Noir* (303 m), und führt dann rasch über (77 km) *Tréogan* talwärts, vorbei an der *Forêt de Conveau.* – 80,5 km: Einmündung in die D 769, welche ansteigt, die Montagne Noire überquert und bis (86,5 km) *Gourin* (s. Rte 15,4, km 67) führt. Hinter Gourin auf der D 1 nach Quimper, r. an der Montagne Noire vorbei bis (95,5 km) *Roudouallec,* wo man auf die D 15 stößt. – 108 km: *Coray,* in 231 m Höhe.

130 km: **Quimper,** s. Rte 5, km 205.

15 – Morlaix

***Morlaix,** Département Finistère, eine Handelsstadt mit 20.500 Ew., liegt am Anfang des Mündungstrichters des Dossen (oder „Rivière de Morlaix“), der von den Flüssen Jarlo und Keffleur gebildet wird; die Gezeiten sind bis hierher wirksam. Der mächtige Eisenbahnviadukt gibt Morlaix eine originelle Note. Er scheint die Stadt vom Hafen zu trennen, der sich im Mündungsgebiet, 12 km vom Meer befindet. In Morlaix gibt es besonders viele alte Häuser; die Stadt ist ein beliebtes Ausflugszentrum zur Küste hin und ins Landesinnere.

Geschichte. – Morlaix *(Mons Relaxus)* bestand schon am Ende der römischen Herrschaft und gehörte dann den Grafen von Léon. Doch erst unter Philipp August, um 1200, erlangte die Stadt einige Bedeutung, als sie in die

Ländereien der Grafen der Bretagne einbezogen und gräfliche Residenz wurde. Mehrere Male wurde sie von den Engländern erobert. 1548 kommt Mary Stuart im Alter von fünf Jahren und acht Monaten nach Roscoff, um mit dem französischen Dauphin verlobt zu werden. Sie wird in Morlaix triumphal empfangen. Durch die Ausdehnung des Handelshafens wurde Morlaix die bedeutendste Stadt der unteren Bretagne; erst unter Ludwig XIV. wurde sie von Brest überholt.

Der *Pferdemarkt* von Morlaix (15. und 16. Oktober) war lange Zeit der wichtigste von ganz Frankreich.
Die typische Kopfbedeckung der Frauen, die *„Queue de Homard"* (Hummerschwanz) auf streng aufgestecktem Haar, sieht man nur noch sehr selten.

Das **Hôtel de Ville** (Pl. XIV, B 2; 1838) trennt die *Place Emile-Souvestre* von der *Place des Otages* mit dem monumentalen ***Viadukt** aus Granit (1861; 284 m lang, 59 m hoch), der die Eisenbahnlinien Paris—Brest trägt. 1 km im S führt die Straße N 12 über einen neuen Straßenviadukt.
Im N des alten Viadukts der **Hafen** mit der *Place Cornic* (Pl. XIV, B 1–2); am Quai de Tréguier 10, das Hôtel de Kergos aus dem 17. Jh. Der Kai führt zur ***Promenade du Cours Beaumont.**
Von der *Place des Otages* führen einige Stufen zur **Kirche Saint-Melaine** (Pl. XIV, B 2; 1489) im spätgotischen Stil; der Baldachin der Taufbecken ist aus geschnitztem Eichenholz (1660). Die *Rue Ange-de-Guernisac* hinter der Kirche ist von schönen alten Häusern eingefaßt. Sie führt zur *Place de Viarmes*. Der Platz wird von der *Rue au Fil* mit der *Place des Jacobins* (Pl. XIV, C 2–3) verbunden; die ehemalige *Kirche des Dominikanerklosters* aus dem 13. Jh., im 14. und 15. Jh. umgebaut (*Fensterrose aus dem 14. Jh.), beherbergt das **Museum** (Eingang Rue des Vignes; Pl. XIV, C 2–3).
Öffnungszeiten: 9–12 und 14–18 Uhr; Dienstag geschlossen.
Großer Saal mit regionaler Kunst und einer schönen *Sammlung moderner Maler: Porträts von Gustave Geffroy von *Raffaelli,* von Marcel Proust von *Hélène Dufau,* von Madame Andler von *Gustave Courbet,* von Michel Bouquet von *Thomas Couture;* Porträt von G. Geoffroy, eine Bronze von *Rodin;* Gemälde von *Delacroix, Boudin, Monet, Denis, Zingg,* usw.

Etwas weiter südl. befindet sich die *Kirche Saint-Mathieu* (Pl. XIV, C 3) mit Renaissanceturm; *Statue der Notre-Dame du Mur* aus Holz (spätes 15. Jh.).
Von der Kirche folgt man der *Rue Basse* und *Rue du Mur* (Pl. XIV, C 3 bis B 2); auf Nr. 33 das ***Haus der Herzogin Anne** aus dem späten 15. Jh., restauriert; interessant ist vor allem die **geschnitzte Holztreppe* im Inneren. Hinter den Markthallen in der ***Grand-Rue** eine Reihe alter Häuser: Nr. 14 die Maison Pouliquen (Pl. XIV, B 2), Nr. 9 eine mit kleinen Statuen verzierte Fassade, usw. Die Straße mündet in die *Rue Carnot* (Pl. XIV, B 2) mit der *Rue de l'Hospice;* am Ufer der Keffleut Reste der alten *Stadtmauern.*

Umgebung.
Die Sehenswürdigkeiten der Umgebung von Morlaix kann man in drei Hauptgruppen aufteilen:

1. Die Küste und die Badeorte von Locquirec, 23,5 km im NO, s. Rte 12, *Primel-Trégastel* (s. u.), *Carantec,* 13 km im NW, s. u., und *Roscoff,* 28 km im NW, s. u.
2. Der Berg und der Wald in der Gegend von Huelgoat, 29 km im SSO, s. u.; *Monts d'Arrée; Forêt de Huelgoat.*
3. Die großen Kunstzentren der Bretagne: *Saint-Jean-du-Doigt,* s. u.; 17,5 km im NNO, *Saint-Pol-de-Léon,* 23 km im NW, s. u., *Saint-Thégonnec,* 13 km im SW; s. Rte 2, km 242, *Guimiliau,* 20 km im SW, s. Rte 2,2, *Sizun,* 33 km im SW, s. Rte 10, km 271, und *Pleyben,* 48 km im SSW, s. u.

Teilweise befinden sich diese Sehenswürdigkeiten auf der Straße nach Brest (s. Rte 2) oder auf der Küstenstraße (s. Rte 12), doch die meisten sind in den folgenden Nebenrouten beschrieben.

Außerdem: **Plougonven,** 11,5 km im SO auf der D 9, Pl. XIV, C 3, mit besonders wertvollen architektonischen Sehenwürdigkeiten im Stil der Bretagne aus dem 15. und 16. Jh.: Kirche, Kapelle, Beinhaus und **Kalvarienberg* (1554).

☞ **1. Von Morlaix nach Saint-Jean-du-Doigt und Primel-Trégastel.** – 23 km im NNO auf der D 76, D 46, D 79 und D 46. Ausfahrt aus Morlaix auf dem Quai de Tréguier und der D 786 (Pl. XIV, A 1), die in Haarnadelkurven dem r. Dossen-Ufer folgt. Nach ca. 1 km biegt man auf die D 76 ab, die weiter am Dossen oder „Rivière de Morlaix" entlangführt.
3 km: Straßenkreuzung.

➞ R. nach (500 m) **Ploujean,** Kirche mit romanischem Schiff aus dem 11. Jh. und Glockenturm aus dem Jahr 1586; hinter der Kirche Denkmal des Marschalls Foch von *F. Renaud* (1932).

☞ 6,5 km: die D 76 überquert den Dourduff und führt dann sein r. Ufer hinauf. – 9 km: l. befindet sich *Plouézoc'h* mit einer Kirche mit originellem Portal an der Fassade und **Kirchturm* aus dem Jahr 1627. Leicht r. einbiegen. – 9,5 km: *Chapelle Saint-Antoine.* – 10 km: Straßenkreuzung; l. auf die D 46 abbiegen. – 15 km: Straßenkreuzung; l. kommt man direkt nach Plougasnou und Primel (D 46, Abkürzung von 2 km), doch unsere Route geht auf der D 79, r., weiter, um Saint-Jean nicht zu versäumen.

16,5 km: ***Saint-Jean-du-Doigt,** malerisches Dorf, 700 m vom Meer entfernt, durch seine Wallfahrt (23.–24. Juni) und seine Kunstdenkmäler berühmt. Am Friedhof ein **Brunnen* (1691) und eine *Grabkapelle* (1577) vor der **Kirche* aus dem 15. und 16. Jh.; schöner viereckiger Turm (das Innere fiel einem Brand im Jahr 1955 zum Opfer). – Die D 79 führt weiter nach N bis zum *Strand* von Saint-Jean und Plousgasnou; hier zweigt man l. ab.

19 km: **Plougasnou** (81 m); *Kirche aus dem 16. Jh.; offene *Kapelle (1580) mit Steinkanzel. – Bei der **Talfahrt zum Meer* auf der D 46 sieht man l. den kleinen Hafen Diben.

23 km: **Primel-Trégastel,** Badeort der Gemeinde Plougasnou in sehr schöner Lage zwischen einem kleinen Fischerhafen und dem Strand von Primel (1 km lang). Dazwischen befindet sich die ****Pointe de Primel** mit eindrucksvollen rötlichen Felsen. 1 km im SO die *Kapelle Sainte-Barbe;* *Rundblick.

2. Von Morlaix nach Carantec, Saint-Pol-de-Léon und Roscoff. – 31 km nach NW auf der D 769, D 73, D 173, D 58 und N 169, der Umweg über Carantec eingeschlossen.
Ausfahrt aus Morlaix auf dem Quai de Léon und der D 769 (Pl. XIV, A 1) am r. Dossen-Ufer.
4,5 km: Straßenkreuzung; l. auf die D 173 nach Carantec einbiegen; schöne *Fahrt den Mündungstrichter entlang. – 6,5 km: *Locquénolé,* gegenüber dem Zusammenfluß mit dem Dourduff. – Die Straße führt vom Fluß weg. – 12 km: Sie verlassen die direkte Straße nach Saint-Pol (D 173) und fahren r. auf der D 73 nach Carantec weiter.
15 km: **Carantec,** 2.600 Ew., Familienbadeort an der Spitze einer Halbinsel zwichen der Mündung der Rivière de Morlaix im O und der Mündung der Penzé im W; Strände *Grève Blanche und Plage du Kèlenn.*

500 m im N der Fels *Chaise du Curé* (*Rundblick). Im O Kiefernwälder und die *Pointe de Pen-al-Lann;* gegenüber die *Insel Louet* (Leuchtturm) und (1 km im NO auf einem Felsen) das *Château du Taureau* aus dem 16. und 17. Jh.

2 km im N die *Insel Callot;* Kapelle Notre-Dame, Wallfahrt am 15. August.

4 km im SSW: *Henvic;* malerischer Glockenturm.

Von Carantec folgt man der Straße nach Saint-Pol in Richtung SW. – 17 km: Straßenkreuzung; r. auf die D 173 einbiegen. Sie wird von der D 58 verlängert, die über die Mündung der Penzé (20 km: Pont de la Corde) führt und kurz vor Saint-Pol auf die D 769 trifft.
26 km: ****Saint-Pol-de-Léon,** 8.800 Ew., eine der schönsten Kunststädte der Bretagne, wegen ihrer Glockentürme berühmt. Der Ort ist auch Marktzentrum einer auf Obst und Gemüse spezialisierten Region.
Die überwiegend in romanischer Gotik erbaute ****Kathedrale** ist ein wunderbarer Bau aus dem 13.–14. Jh. (Fassade, Schiff und Seitenschiffe), 15. Jh. (Querschiff und Chor) und 16. Jh. (zweite Galerie des Kreuzgangs und Kapellen).

W-Fassade mit zwei 55 m hohen *Türmen* mit Helmspitzen aus Maßwerk (spätes 13. Jh.). Im südl. Seitenschiff eine Fensterrose (15. Jh.), darüber eine Galerie mit einer Kanzel an der Außenseite. Im Inneren gotisches ***Gestühl** (1512) und romanischer *Weihwasserbehälter* aus dem 12. Jh., Steinaltäre aus dem 15. Jh. und Grabmäler aus dem 16. und 17. Jh. – Im N der Kathedrale das **Hôtel de Ville** im ehemaligen Erzbischöflichen Palais aus dem 18. Jh. Am Kirchenhaupt ein altes Haus aus dem Jahr 1535.
Die *Grande-Rue* mit einigen *alten Häusern* (Nr. 9, 12, 30) führt nach S zur ***Chapelle du Kreisker** aus dem 14. Jh. mit berühmtem 77 m hohem Mittelturm (1. Hälfte des 15. Jh.), der zahlreichen Kirchtürmen der Bretagne als Vorbild diente.

1 km im O der kleine Hafen und Strand *Pempoul,*
5 km im NW der Strand *Santec.*

5,5 km im NW: *Dossen* bei der Küste Sieck.
7 km im W über Sibiril das *Château de Kérouzéré* aus dem 15. Jh.

Von Saint-Pol nach Brest: s. Rte 11,3; – **nach Brignonan** (s. Rte 11,3): 31 km in Richtung W über *Plouescat.*

Nach Saint-Pol fährt man in Richtung N auf der D 769 weiter. – Nach einem Bahnübergang l. zwei Dolmen.
31 km: ***Roscoff,** 3.800 Ew., Fischer- und Handelshafen (Obst und Gemüse), bedeutendes Bade- und Kurzentrum mit mehreren Sanatorien und Kuranstalten (Thalassotherapie). *Biologische Station* der Universität von Paris (zu besichtigen das **Aquarium).* Am Hauptstrand die spätgotische *Kirche Notre-Dame-de-Kroaz-Baz: *Glockenturm* aus der Renaissance (1550) mit übereinanderliegenden Balkonen; im Inneren sieben **Alabaster-Flachreliefs* (15. Jh.). Vor der Kirche zwei Beinhäuser aus dem 17. Jh. Im W der *Strand Roc'h-Roum;* im O der sehr rege Hafen und die *Pointe de Bloscon* mit einem Schalentier-Aquarium und Kapelle Sainte-Barbe.

In der *Rue Amiral-Réveillère* zwischen der Kirche und dem Hafen einige Häuser aus dem 16. und 17. Jh.; auf Nr. 25 die *Maison de Marie-Stuart* (Arkadendorf) zum Andenken an die Ankunft der kleinen Marie Stuart in Roscoff (1548). Im ehemaligen *Kapuzinerkloster* ein riesiger Feigenbaum (Besichtigung möglich, Spende).

➞ 1 km im NW von Roscoff die Insel **Ile de Batz** (Motorboote). 1.000 Ew., 4 km lang, von Sandstränden eingerahmt; Anbau von Obst und Gemüse. Der Hafen und der Ort liegen in der Anse de Kernoc'h. In der Kirche die Stola des Hl. Pol (orientalischer Stoff aus dem 11. Jh.). 68 m hoher *Leuchtturm.* An der Ostspitze die halb im Sand vergrabenen Ruinen der romanischen Chapelle du Pénity.

☞ **3. Von Morlaix nach Quimper.** – 81 km nach SW auf der D 785; malerische Überquerung der Monts d'Arrée und der Montagne Noire.
Ausfahrt aus Morlaix auf der Straße nach Brest (N 12). – 6,5 km: Straßenkreuzung; l. auf die D 785. – 10 km: *Pleyber-Christ;* Kirche aus Gotik und Renaissance mit Portal aus dem Jahr 1667 (Apostelstatuen). – 17,5 km: Kreuzung.

➞ R. nach (500 m) *Plounéour-Ménez;* Kirche aus dem 17. Jh. mit hohem Turm im alten Friedhof (Monumentaltor aus dem 17. Jh.).

☞ Die Straße steigt an den Hängen der Monts d'Arrée an. Überquerung der Kammlinie beim (21 km) *Col du Roc'h Trévezel* in 231 m Höhe, am Fuße der Nadelfelsen des ***Roc'h Trévezel** (364 m); man kreuzt die D 764 (s. Rte 10, km 257). – Die D 785 beherrscht nun l. das Becken Cuvette de Botmeur inmitten eines Berg-Amphitheaters mit den *Moorlandschaften des Yun-Elez;* hier wurde mit Dämmen ein Stausee angelegt: am O-Ufer bei *Brennilis* das Atomkraftwerk Monts d'Arrée.

28 km: Straßenkreuzung *Corncam;* r. führt die Route du Faou weg.

Die ***Route du Faou** ist eine der malerischsten Straßen der Bretagne. Sie führt in zahlreichen Haarnadelkurven am Abhang der *Monts d'Arrée* entlang und bietet wunderbare Ausblicke.
Sie führt über (4 km) *Saint-Rivoal.* Bei der Straßenkreuzung bei km 12,5 führt r. die Straße des Guts Menez-Meur (Regionalpark Armorique) weg. Anschließend Fahrt durch die *Forêt du Cranou* nach (22,5 km) *Rumengol* (s. Rte 11,4) und (25,5 km) **Le Faou** (s. Rte 11,4, km 32); von dort kann man nach (83,5 km) **Morgat** (s. Rte 4, km 273) weiterfahren.

30 km: r. führt eine gute Straße zum (1 km) *Mont Saint-Michel de Brasparts* (380 m), dessen Spitze von einer Kapelle gekrönt ist (***Rundblick* bis 60 km bei gutem Wetter).
37 km: **Brasparts;** große Pfarre: Kirche aus dem Jahr 1551 mit **Renaissance-Portal* (Statuen von Christus und den Aposteln, 1589), Kalvarienberg mit Schmerzensmutter, Beinhaus.

7 km nach NO zum sogenannten *Rundu,* einem malerischen Einbruch in der Kammlinie der Monts d'Arrée.

5 km im O: *Lannédern;* Kreuz mit Figuren und Beinkapelle aus dem 17. Jh.; Kirche mit Tor aus dem Jahr 1662 (Kirchenfenster mit Darstellung der Leidensgeschichte; Grab des Hl. Edern aus dem 15. Jh.).

48 km: **Pleyben** (s. Rte 4, km 226), wegen seiner Baudenkmäler berühmt. – Die Straße überquert die Aulne, die bei (52,5 km) *Pont-Coblant* kanalisiert wurde, und steigt dann auf die *Montagne Noire* an. – 59 km: *Chapelle des Trois-Fontaines* aus dem 15. und 16. Jh.. – 64,5 km: *Briec,* 4.000 Ew., Verbindung mit der Straße nach Carhaix und Quimper (s. Rte 11,3). – 74,5 km: Kreuzung mit der N 170.
81 km: **Quimper,** s. Rte 5, km 205.

4. Von Morlaix nach Carhaix und Lorient. – 128 km nach SSO auf der D 769, 764, 769 und N 24; hübsche Überquerung der Monts d'Arée und der Montagne Noire; in Le Faouet kann man in Richtung Quimperlé abzweigen, 105 km von Morlaix entfernt.
Ausfahrt aus Morlaix auf der Straße nach Brest und dann l. auf die D 769 (Pl. XIV, A 3), welche auf einer Strecke von 14 km das Tal des Queffleut hinaufführt. – 14 km: *Le Plessis.*

2,5 km im SW die Reste der *Zisterzienserabtei Relecq* mit romanischer Kirche aus dem 12. Jh. und Ruinen des gotischen Kapitelsaals.

Die Straße steigt in Richtung Monts-D'Arrée an und überquert die Kammlinie zwischen den Felsen du Cragou (268 m) l. und dem Fels Saint-Barnabé (293 m) r. – 23,5 km: r. *Berrien* (hübsche Kirche aus dem 15. bis 16. Jh.), von wo man direkt nach (5,5 km) *Huelgoat* weiterfahren kann. – 29 km: Straßenkreuzung mit der D 764; r. die Straße nach Huelgoat (3,5 km; s. Rte 10, km 241,5) und l. die Straße nach Carhaix. Im weiteren Verlauf der Route geben wir die Kilometerzahl direkt an; für den Besuch von Huelgoat müssen weitere sieben km dazugezählt werden.

Die D 764 führt das Argent-Tal hinunter und überquert die Aulne, – 36,5 km: *Poullaouen;* dreischiffige Kirche aus dem 16. Jh. mit Fassade aus dem 18. Jh. – Die Straße führt ein Tal hinunter und überquert die Hière.
47 km: **Carhaix** (s. Rte 4, km 189); weiter auf der D 769; Abfahrt ins Hière-Tal, Überquerung des Kanals Nantes—Brest in (52,5 km) *Port-de-Carhaix,* wieder bergauf in Richtung *Montagne Noire* und Überquerung der Kammlinie *(Forêt de Conveau).* – 63 km: l. 500 m zur *Kapelle Saint-Hervé* aus dem 16. Jh. (Wallfahrt am ersten Sonntag im September).
67 km: **Gourin** (158 m), 5.500 Ew., an der Südflanke der Montagne Noire (Wallfahrt am letzten Sonntag im September; bretonische Kampfspiele, Pferderennen). Kirche aus dem 15. und 16. Jh. mit Renaissance-Glockenturm. Kapelle Notre-Dame des Victoires aus dem 16. Jh.

➞ 4,5 km im NW der *Fels von Toulaeron* (326 m).

Von Gourin nach Rostrenen und Saint-Brieuc oder nach Quimper: s. Rte 14,3.

☞ 84 km: **Le Faouët** (s. Rte 5,1), wo man nach **Quimperlé** abbiegen kann (weitere 21 km auf der D 790). – Die D 769 führt durch eine wilde Landschaft mit zahlreichen Kiefernwäldern. – 90,5 km: *Meslan;* Kirche aus dem Jahr 1577 mit zwei romanischen Arkaden. – Überquerung des Scorff-Tals.
104 km: **Plouay,** 4.100 Ew., Kirche aus dem 12./13. Jh.

➞ 11,5 km im NNO auf der D 178 die **Kirche Kernascléden* (s. Rte 5,1); Rückfahrt über das Scorff-Tal und die **Forêt de Pont-Kalle;* (13,5 km auf der D 110; *Ausflug von insgesamt 15 km).

118 km: **Hennebont** (s. Rte 6, km 106); weiter auf der N 24 in Richtung SW bis (128 km) **Lorient,** s. Rte 6, km 96.

Hotelverzeichnis

Die Auswahl und Einstufung der in unserer Liste angeführten Hotels ist mit Sorgfalt und Gründlichkeit vorgenommen worden. Begreiflicherweise war es nicht möglich (und auch gar nicht beabsichtigt), sämtliche Beherbergungsbetriebe aufzuzählen, wohl aber wurde mit Hilfe der französischen Fremdenverkehrsämter eine ausgewogene Auswahl der verschiedenen Kategorien getroffen. Da Preise und Telephonnummern sich häufig ändern, wurde bewußt auf eine Angabe verzichtet. Der Leser kann aber aus der Einstufung des Hotels leicht den ungefähren Preisrahmen abschätzen.

L Luxusklasse
I Hotel erster Klasse
II Hotel für gehobene Ansprüche
III gute Mittelklasse
IV für einfache Ansprüche

Die Abkürzung LF steht für Logis de France, A. F. für Auberges de France (s. Praktische Hinweise). Zusätzlich bringt das Hotelverzeichnis eine Reihe von praktischen Informationen, die für die Reisenden von Nutzen sind: die Telephonvorwahl (Tel. Vw.) des Ortes sowie die Adressen und Telephonnummern der lokalen Büros der staatlichen Fremdenverkehrsstelle (S. I., Syndicat d'Initiative), die in fast allen größeren Orten vertreten ist. Die Bezeichnung Z gibt Auskunft über die Zimmerzahl.

Die Blauen Führer nehmen keine Anzeigen an. Die Einschaltung der erwähnten Betriebe ist völlig kostenlos. Wir bitten die Leser, uns ihre eigenen Eindrücke und Empfehlungen mitzuteilen; wir sind jederzeit bereit, unsere Hotelliste aufgrund dieser Empfehlung zu ergänzen und, wo nötig, abzuändern.

AUDIERNE
PLZ 29113, Tel. Vw. 98
Information: S.I., Place de la Libertè, Tel. 701220
Hotels:
II **Hôtel Le Goyen,** LF, **Z** 34
III **Hôtel Le Cabestan, Z** 19
III **Hôtel Le Cornouaille,** LF, **Z** 10
III **Hôtel de la Plage, Z** 30
IV **Hôtel des Dunes, Z** 20
IV **Hôtel Le Roi Gradlon, Z** 13

AURAY
PLZ 56400, Tel. Vw. 97
Information: S.I., Place de la République, Tel. 240975
Hotels:
III **Hôtel Le Branhoc**
III **Hôtel Les Evocelles, Z** 8
III **Hôtel du Loch, Z** 30
IV **Hôtel l'Armoric, Z** 11
IV **Hôtel Le Belvédère, Z** 9
IV **Hôtel Le Cadoudal, Z** 13
IV **Hôtel Le Celtic, Z** 13
IV **Hôtel de la Gare et des Voyageurs, Z** 18
IV **Hôtel Le Marin, Z** 10
IV **Hôtel Le Moderne, Z** 10
IV **Hôtel Le Terminus, Z** 12

BAULE (LA)
PLZ 44500, Tel. Vw. 40
Information: S.I., Place de la Victoire 8, Tel. 243444
Hotels:
L **Castel Marie-Louise, Z** 30
L **Hermitage, Z** 230
I **Hôtel Royal, Z** 110
II **Hôtel Alcyon, Z** 32
II **Hôtel Alexandra, Z** 36
II **Hôtel Les Alizés,** LF, **Z** 32
II **Hôtel Bellevue-Plage, Z** 34
II **Hôtel Le Christina, Z** 36
III **Hostellerie du Bois, Z** 16
III **Hôtel du Bois d'Amour, Z** 22
III **Hôtel de Bretagne, Z** 24
III **Hôtel La Closerie, Z** 13
III **Hôtel Concorde, Z** 42
III **Hôtel des Dunes, Z** 38
III **Hôtel Hélios, Z** 32
III **Hôtel Lutétia, Z** 12
III **Hôtel Mariza, Z** 24
III **Hôtel La Palmeraie,** LF, **Z** 23
III **Hôtel Le Pavillon des Fleurs, Z** 27
III **Hôtel Riviera, Z** 20
III **Hôtel Saint-Christophe, Z** 35

BELLE-ISLE-EN-TERRE
PLZ 22810, Tel. Vw. 96
Information: S.I., Tel. 433038
Hotel:
III **Relais de l'Argoat, Z** 10

BÉNODET
PLZ 29118, Tel. Vw. 98
Information: S.I., Avenue de la Plage, Tel. 910014
Hotels:
II **Hôtel Gwel Kaer, Z** 24
II **Hôtel Kastel Moor, Z** 23
II **Hôtel Ker Moor, Z** 70
II **Hôtel Menez Frost, Z** 47
III **Hôtel A l'Ancre de Marine,** LF, **Z** 25
III **Armoric Hôtel, Z** 38
III **Hôtel Le Minaret, Z** 13
III **Hôtel de la Poste, Z** 38

BREST
PLZ 29200, Tel. Vw. 98
Information: S.I., Place du Général-Leclerc, Tel. 442496
Hotels:
L **Hôtel Océania-Sofitel,** Rue de Siam 82, **Z** 82
I **Novotel,** B.P. 349 – Gouesnou, **Z** 85
II **Continental,** Square la Tour d'Auvergne, **Z** 75
II **Hôtel des Voyageurs,** Avenue Georges-Clemenceau 15, **Z** 39
III **Hôtel Bellevue,** Rue Victor-Hugo 53, **Z** 26
III **Hôtel de France,** Avenue Amiral-Réveillère, **Z** 40
III **Hôtel Vauban,** Avenue Clemenceau 17, **Z** 53

CAMARET-SUR-MER
PLZ 29129, Tel. Vw. 98
Information: S.I., Tel. 279360
Hotels:
III **Hôtel de France, Z** 22
IV **Hôtel du Styvel, Z** 13
IV **Hôtel Vauban, Z** 14

CANCALE
PLZ 35260, Tel. Vw. 99
Information: S.I., Place de l'Eglise, Tel. 89 63 72
Hotels:
III Hôtel Le Continental, LF, **Z** 21
III Hôtel Pointe du Grouin, LF, **Z** 16
IV Hôtel Bellevue, Z 19
IV Hôtel Emeraude, Z 19
IV Hôtel de l'Europe, Z 14
IV Hôtel du Phare, Z 7

CARHAIX
PLZ 29270, Tel. Vw. 98
Information: S.I., Rue Brizeux, Tel. 93 04 42
Hotel:
III Hôtel Le Gradlon, Z 43

CARNAC
PLZ 56340, Tel. Vw. 97
Information: S.I., Avenue des Druides, Tel. 52 13 52
Hotels:
II Hôtel Tal Ar Mor Novotel, Z 106
III Hôtel Armoric, Z 25
III Hôtel Celtique, Z 35
III Hôtel Chez Nous, Z 23
III Hôtel Les Genêts, Z 35
III Hôtel L'Hermine, Z 10
III Hôtel Lann Roz, LF, **Z** 12
III Hôtel de la Marine, LF, **Z** 36
III Hôtel Les Paludiers, Z 7
III Hôtel Le Plancton, LF, **Z** 30
III Hôtel du Tumulus, Z 27
III Hôtel Ty Breiz, Z 20

CHÂTEAUBRIANT
PLZ 44110, Tel. Vw. 40
Information: S.I., Rue du Château 40, Tel. 81 04 53
Hotels:
II Hôtel La Ferrière, Z 25
III Hôtel Châteaubriant, Z 35
IV Hôtel Le Paris Océan, Z 7

CHÂTEAULIN
PLZ 29150, Tel. Vw. 98
Information: S.I., Quai Cosmao, Tel. 86 02 11
Hotels:
III Hôtel Au Bon Accueil, LF, **Z** 59
IV Hôtel Le Chrismas, Z 20
IV Hôtel Nicolas, Z 18

COMBOURG
PLZ 35270, Tel. Vw. 99
Information: S.I., Place A.-Parent, Tel. 73 00 18
Hotels:
III Hôtel du Château et des Voyageurs, LF, **Z** 33
III Hôtel du lac, LF, **Z** 30
IV Hôtel de France, Z 15

CONCARNEAU
PLZ 29110, Tel. Vw. 98
Information: S.I., Place Jean-Gaurès, Tel. 97 01 44
Hotels:
I Hôtel La Belle Etoile, Z 32
II Hôtel Ty Chupen Gwenn, Z 15
III Hôtel Atlantic, Z 28
III Grand Hôtel, Z 33
III Hôtel Le Jockey, Z 14
III Hôtel Modern, Z 19
III Hôtel des Sables Blancs, LF, **Z** 49

CONQUET (LE)
PLZ 29217, Tel. Vw. 98
Information: S.I., Tel. 89 08 46
Hotels:
III Hôtel de la Pointe Ste-Barbe, Z 33
IV Hôtel de Bretagne, Z 16

CROISIC (LE)
PLZ 44490, Tel. Vw. 40
Information: S.I., Place de la Gare, Tel. 23 00 70
Hotels:
III Hôtel Les Nids, LF, **Z** 28
III Grand Hôtel de l'Océan, Z 20
IV Hôtel L'Estacade, Z 10
IV Hôtel Les Jonchères, Z 10
IV Hôtel Perthuy du Roy, Z 11

CROZON-MORGAT
PLZ 29160, Tel. Vw. 98
Information: S.I., Bd. de la Plage, Tel. 27 21 65, 27 07 92
Hotels:
III Hostellerie de la Mer, LF, **Z** 26
III Hôtel Moderne, LF, **Z** 34
III Hôtel de la Ville d'Ys, Z 42
IV Hôtel de la Baie, Z 25
IV Hôtel des Grottes, Z 16

IV Hôtel Julia, Z 22

DINAN
PLZ 22100, Tel. Vw. 96
Information: S.I., Place du Théatre, Tel. 397540
Hotels:
II Hôtel d'Avaugour, Place du Champ-Clos 1, LF, **Z** 27
III Hôtel Marguerite, Place Du-Guesclin 29, LF, **Z** 19
III Hôtel des Remparts, Rue du Château 6, **Z** 31

DINARD
PLZ 35800, Tel. Vw. 99
Information: S.I., Bd. Fèarth 4, Tel. 469412
Hotels:
I Le Grand Hôtel, Avenue Georges V 46, **Z** 100
II Hôtel Roche-Corneille, Rue G.-Clèmenceau 4, **Z** 22
III Hôtel des Bains, Avenue Georges V 38, **Z** 40
III Hôtel Balmoral, Rue du Mar.-Leclerc 28, **Z** 33
III Hôtel des Dunes, Rue G.-Clemenceau 5, **Z** 32
III Hôtel Emeraude Plage, Bd. Albert-Ier 1, **Z** 49
III Hôtel Au Mont-St.-Michel, Bd. Chôtelier 54, **Z** 22
III Hôtel Printania, Avenue Georges V 5, **Z** 77

DOL-DE-BRETAGNE
PLZ 35120, Tel. Vw. 99
Information: S.I., Rathaus, Tel. 481537
Hotels:
III Hôtel Le Logis de la Bresche-Arthur, LF, **Z** 24
IV Hôtel de Bretagne, LF, **Z** 30

DOUARNENEZ
PLZ 29100, Tel. Vw. 98
Information: S.I., Rue du Dr.-Mèvel, Tel. 921335
Hotels:
III Auberge de Kerveoc'h, Route de Kerveoc'h, LF, **Z** 10
III Hôtel Le Bretagne, Rue Duquay-Trovin 23, LF, **Z** 27

FAOU (LE)
PLZ 29142, Tel. Vw. 98
Information: S.I., Tel. 819044
Hotels:
III Hôtel Le Relais de la Place, Z 40
III Hôtel La Vieille Renommée, Z 38

FOUGÈRES
PLZ 35300, Tel. Vw. 99
Information: S.I., Place Gambetta 3, Tel. 990548
Hotels:
III Hôtel Les Voyageurs, Place Gambetta 10, **Z** 36
IV Hôtel Moderne, Rue du Tribunal 15, LF, **Z** 26

GUINGAMP
PLZ 22200, Tel. Vw. 96
Information: S.I., Place du Vally 2, Tel. 437389
Hotels:
III Hôtel d'Armor, Z 23
IV Hôtel L'Escale, Z 17

HÉDÉ
PLZ 35630, Tel. Vw. 99
Information: S.I., Rathaus, Tel. 454618
Hotel:
III Hostellerie du Vieux Moulin, LF, **Z** 14

HENNEBONT
PLZ 56700, Tel. Vw. 97
Information: S.I., Tel. 362452
Hotels:
I Château de Locguénolé, Z 38
II Hôtel L'Hermine, Z 9
III Auberge de Toul Douar, Z 32
IV Hôtel du Centre, Z 40
IV Hôtel de France, Z 24

JOSSELIN
PLZ 56120, Tel. Vw. 97
Information: S.I., Rathaus, Tel. 222417
Hotel:
III Hôtel du Château, LF, **Z** 36

LAMBALLE
PLZ 22400, Tel. Vw. 96

Information: S.I., Place du Martray 2, Tel. 31 05 38
Hotels:
II **Hôtel d'Angleterre,** Bd. Jobert 29, LF, **Z** 35
III **Hôtel Manoir de Portes, Z** 15
III **Hôtel La Tour d'Argent, Z** 31

LANDERNEAU
PLZ 29220, Tel. Vw. 98
Information: S.I., Quai de Léon 26, Tel. 85 13 09
Hotel:
III **Hôtel Le Clos du Pontic, Z** 20

LANDIVISIAU
PLZ 29230, Tel. Vw. 98
Information: S.I., Place des Halles, Tel. 68 00 30
Hotels:
III **Hôtel l'Étendard,** Rue Gèn.-de-Gaulle 8, **Z** 35
III **Hôtel du Léon,** Place du Champ-de-Foire 3, LF, **Z** 50

LANNION
PLZ 22300, Tel. Vw. 96
Information: S.I., Quai d'Aiguillon, Tel. 37 07 35
Hotels:
III **Hôtel Campanile, Z** 28
III **Hôtel Terminus,** LF, **Z** 16

LESCONIL
PLZ 29138, Tel. Vw. 98
Information: S.I., Tel. 87 86 99
Hotels:
III **Hôtel des Dunes, Z** 48
III **Hôtel de la Plage, Z** 28
III **Hôtel du Port, Z** 34

LOCMARIAQUER
PLZ 56740, Tel. Vw. 97
Information: S.I., Tel. 57 33 05
Hotels:
III **Hôtel Le Relais de Kerpenhir, Z** 16
IV **Hôtel Lautram,** LF, **Z** 25

LOCMINÉ
PLZ 56500, Tel. Vw. 97
Information: S.I., Tel. 60 00 37
Hotels:
IV **Hôtel L'Argoat,** LF, **Z** 23
IV **Hôtel de Bretagne, Z** 9

LOCRONAN
PLZ 29136, Tel. Vw. 98
Information: S.I., Tel. 91 70 14
Hotels:
III **Hôtel Au Fer à Cheval, Z** 35
IV **Hôtel du Prieuré, Z** 13

LOCTUDY
PLZ 29125, Tel. Vw. 98
Hotels:
III **Hôtel Le Rafiot, Z** 9
IV **Hôtel de Bretagne, Z** 15
IV **Hôtel des Iles, Z** 11

LORIENT
PLZ 56100, Tel. Vw. 97
Information: S.I., Place Jules-Ferry, Tel. 21 07 84
Hotels:
II **Hôtel de Bretagne,** Place de la Libération 6, **Z** 34
II **Hôtel Novotel (Caudan),** Zac de Bellevue B.P. 10, **Z** 60
II **Hôtel Richelieu Mapotel,** Place Jules-Ferry 31, **Z** 58
III **Hôtel Armor,** Boulevard Franchet-d'Esperey 11, **Z** 21
III **Hôtel Atlantic,** Rue du Couédic 30–33, **Z** 26
III **Hôtel Christina,** Rue du Poulorio 10, **Z** 15
III **Hôtel Climat de France (Caudan),** Z.A. de Lann Séverin, **Z** 39
III **Hôtel Cléria,** Boulevard Franchet-d'Esperey 27, **Z** 36
III **Hôtel Du Guesclin,** Rue Du Guesclin 24, **Z** 24
III **Hôtel Ibis (Caudan),** Zac de Bellevue B.P. 10, **Z** 40
III **Hôtel Léopold,** Rue Waldeck-Rousseau 11, **Z** 32
III **Hôtel Terminus et Gare,** Rue Beauvais 5–7, **Z** 60
III **Hôtel Le Victor-Hugo,** Rue Lazare-Carnot 26, **Z** 30

LOUDÉAC
PLZ 22600, Tel. Vw. 96
Information: S.I., Tel. 28 00 34
Hotels:
III **Hôtel De France,** Rue Cadèlac 1, LF, **Z** 23

III Hôtel des Voyageurs, Rue Cadèlac 10, LF, **Z** 32

MORLAIX
PLZ 29210, Tel. Vw. 98

Information: S.I., Place des Otages, Tel. 62 14 94
Hotels:
II Hôtel Minimote, (St-Martin-des Champs), **Z** 22
III Hôtel de l'Europe, Z 66
III Hôtel Les Bruyères (Plouigneau), **Z** 32
III Hôtel Fontaine, Z 35
IV Hôtel Calvez, Z 10
IV Hôtel des Halles, Z 14

MUR-DE-BRETAGNE
PLZ 22530, Tel. Vw. 96

Information: S.I., Tel. 28 51 32
Hotel:
III Auberge Grand'Maison, Z 15

MUZILLAC
PLZ 56190, Tel. Vw. 97

Information: S.I., Tel. 41 53 04
Hotel:
IV Auberge de Pen Mur, Z 7

NANTES
PLZ 44000, Tel. Vw. 40

Information: S.I., Place du Change, Tel. 47 04 51
Hotels:
I Hôtel Frantel, Rue du Docteur Zamenhof 3, **Z** 150
II Hôtel Astoria, Rue de Richebourg 11, **Z** 45
II Hôtel Mapotel Central, Rue du Couedic 4, **Z** 143
II Hôtel Novotel (Carquefou), **Z** 98
II Hôtel de la Vendée, Allée Commandant-Charcot 8, **Z** 89
III Hôtel Cholet, Rue Gresset 10, **Z** 38
III Hôtel Duquesne, Allée Duquesne 12, **Z** 27
III Grand Hôtel de Nantes, Rue Santeuil 2, **Z** 43
III Hôtel Graslin, Rue Piron 1, **Z** 47
III Grand Hôtel de Paris, Rue Boileau 2, **Z** 58
III Hôtel Terminus, Allée Allée du Commandant-Charcot 3, **Z** 36

NOYAL-PONTIVY
PLZ 56300, Tel. Vw. 97
Hotel:
III Hôtel Le Villeneuve, Z 7

NOZAY
PLZ 44170, Tel. Vw. 40
Hotel:
IV Hôtel Gergaud, Z 8

PAIMPOL
PLZ 22500, Tel. Vw. 96

Information: S.I., Place de la Rèpublique, Tel. 20 83 16
Hotels:
II Hôtel Le Barbu, Z 18
II Hôtel Le Relais Brenner, Z 32
II Hôtel Le Repaire de Kerroc'h, Z 7
III Hôtel De Goelo, Z 32
III Hôtel de La Marne, Z 16

PERROS-GUIREC
PLZ 22700, Tel. Vw. 96

Information: S.I., Place de l'Hôtel-de-Ville 18, Tel. 23 21 15
Hotels:
II Grand Hôtel de Trestraou, Z 72
II Hôtel du Levant, Z 19
II Hôtel Morgane, LF, **Z** 28
II Hôtel Le Printania, Z 38
III Hôtel Le Clos d'Armor, Z 22
III Hôtel Les Feux des Iles, Z 15
III Hôtel de France, Z 30
III Hôtel Saint-Yves, Z 20
III Hôtel Le Sphinx, LF, **Z** 11

PERROS-GUIREC-PLOUMANAC'H
PLZ 22700, Tel. Vw. 96
Hotels:
III Hôtel du Parc, Z 12
III Hôtel des Rochers, Z 16

PLANCOET
PLZ 22130, Tel. Vw. 96

Information: S.I., Tel. 84 10 48
Hotel:
III Hôtel de la Gare, Z 14

PLOERMEL
PLZ 56800, Tel. Vw. 97

Information: S.I., Place Lamennais, Tel. 74 02 70

Hotels:
IV Hôtel du Commerce, Z 20
IV Hôtel St-Marc, Z 8

PLOZÉVET
PLZ 29143, Tel. Vw. 98
Information: S.I., Tel. 58 30 73
Hotel:
III Hôtel Moulin de Brenizenec, Z 10

PONTIVY
PLZ 56300, Tel. Vw. 97
Information: S.I., Place A.-Briand, Tel. 24 04 10
Hotels:
III Hôtel Friedland, Z 12
III Hôtel Martin, LF, **Z** 30
III Hôtel Napoléon, Z 15
III Hôtel du Porhoet, Z 28
IV Hôtel Robic, Z 29

PONT-L'ABBÉ
PLZ 29120, Tel. Vw. 98
Information: S.I., Tel. 87 24 44
Hotels:
III Hôtel de Bretagne, Z 20
III Château de Kernuz, Z 10
III Hôtel de la Tour d'Auvergne, Z 28

PORNICHET
PLZ 44380, Tel. Vw. 40
Information: S.I., Place A.-Briand, Tel. 61 08 92
Hotels:
II Hôtel Sud Bretagne, Bd. de la Rèpublique 44, LF, **Z** 40
II Hôtel Fleur de Thé, Av. H.-Sellier, **Z** 43

PORT-LOUIS
PLZ 56290, Tel. Vw. 97
Hotels:
II Hôtel Avel Vor, LF, **Z** 25
III Hôtel du Commerce, LF, **Z** 40

PORT-MANEC'H
PLZ 29139, Tel. Vw. 98
Hotels:
III Hôtel Ar Moor, Z 36
III Hôtel du Port, Z 36

POULIGUEN (LE)
PLZ 44510, Tel. Vw. 40
Information: S.I., Port Sterwitz, Tel. 42 31 05
Hotels:
III Grand Hôtel Neptune et Farfadets, Z 44
IV Hôtel Beau Rivage, Z 48
IV Hôtel Le Galion, Z 15

QUIBERON
PLZ 56170, Tel. Vw. 97
Information: S.I., Rue de Verdun 7, Tel. 97
Hotels:
L Sofitel Diététique Novotel, Pointe de Goulvars, **Z** 78
L Sofitel Thalassa, Pointe de Goulvars, **Z** 113
II Hôtel Beau Rivage, Rue de Port-Maria, **Z** 48
II Hôtel Ker Noyal, Rte de St.-Clèment, **Z** 92
II Hôtel Le Relais des Iles, Z 24
III Hôtel Bellevue, Rue Tiviec, LF, **Z** 40
III Hôtel Europa, Z 56
III Hôtel Le Grand large, Z 18
III Hôtel A l'Ideal, Z 51
III Hôtel de la Mer, Z 27
III Hôtel Navirotel, Z 21
III Hôtel La Petite Sirène, Z 14
III Hôtel Roch Priol, Z 32
III Hôtel Ty Breiz, Z 32

QUIMPER
PLZ 29000, Tel. Vw. 98
Information: S.I., Rue du Roi-Gradlon, Tel. 95 04 69
Hotels:
II Hôtel Le Griffon, Route de Bénodet 131, **Z** 50
III Hôtel Gradlon, Rue de Brest 30, **Z** 25
III Hôtel Ibis, Rue Gustave-Eiffel, **Z** 70
III Hôtel Minimote, Route de Brest „Le Gourvilly", **Z** 35
III Hôtel Moderne, Avenue de la Gare 21, **Z** 60
III Hôtel La Sapinière, Route de Bénodet 286, **Z** 40
III Hôtel de la Tour d'Auvergne, Rue des Réguaires 13, LF, **Z** 45
III Hôtel Le Transvaal, Rue Jean-Jaurès 57, LF, **Z** 44

IV **Hôtel Celtic,** Rue de Douarnenez 13–15, **Z** 31

QUIMPERLÉ
PLZ 29130, Tel. Vw. 98

Information: S.I., Pont du Bourgneuf, Tel. 96 04 32
Hotels:
II **Hôtel L'Hermitage, Z** 20
III **Auberge de Toulfoen, Z** 9

QUINTIN
PLZ 22800, Tel. Vw. 96

Information: S.I., Tel. 74 84 01
Hotel:
III **Hôtel du Commerce,** LF, **Z** 14

REDON
PLZ 35600, Tel. Vw. 99

Information: S.I., Rue des Etats 2, Tel. 71 06 04
Hotels:
III **Hôtel de Bretagne,** LF, **Z** 17
IV **Hôtel de la Gare, Z** 7
IV **Hôtel Le Relais, Z** 18

RENNES
PLZ 35000, Tel. Vw. 99

Information: S.I., Place de la Rèpublique, Tel. 79 01 98
Hotels:
I **Novotel Rennes Alma,** Avenue du Canada, **Z** 99
I **Hôtel Frantel,** Place du Colombier, **Z** 140
II **Central Hôtel,** Rue Lanjuinais 6, **Z** 43
II **Hôtel Du Guesclin Minimote,** Place de la Gare 5, **Z** 66
II **Hôtel Le Président,** Avenue Janvier 27, **Z** 34
III **Hôtel Angelina,** Quai Lamennais 1, **Z** 25
III **Hôtel Anne de Bretagne,** Rue Tronjolly 4, **Z** 42
III **Hôtel de Bretagne,** Place de la Gare 7, **Z** 46
III **Hôtel du Cheval d'Or, Z** 40
III **Hôtel Climat de France,** Zac Beauregard Sud-Villejean, **Z** 42
III **Garden Hôtel,** Rue Duhamel 3, **Z** 21
III **Hôtel Ibis,** N. 157, La Perrière, Cesson-Sévigné, **Z** 76
III **Hôtel Maréchal Joffre,** Rue Maréchal-Joffre 6, **Z** 22
III **Hôtel Minimote,** Route de Paris Cesson-Sévigné, **Z** 36
III **Hôtel Le Pingouin,** Place du Haut-des-Lices 7, **Z** 40
III **Hôtel Le Sévigné,** Avenue Janvier 47, **Z** 48
III **Hôtel Le Victor Hugo,** Rue Victor-Hugo 14, **Z** 24
III **Hôtel Le Voltaire,** Rue de Guébriant 10, **Z** 32
III **Hôtel Aux Voyageurs,** Avenue Janvier 28, **Z** 32

ROCHE-BERNARD (LA)
PLZ 56130, Tel. Vw. 99

Information: S.I., Tel. 90 60 51
Hotels:
III **Hôtel de Bretagne, Z** 15
III **Auberge des Deux Magots, Z** 15
IV **Auberge Bretonne, Z** 10

ROSCOFF
PLZ 29211, Tel. Vw. 98

Information: S.I., Chapelle Ste-Anne, Rue Gambetta, Tel. 69 70 70
Hotels:
II **Hôtel Regina,** Rue Hoche 2, **Z** 50
III **Hôtel Bellevue,** Rue Jeanne-d'Arc, **Z** 23
III **Hôtel Le Gulf Stream,** LF, **Z** 32

ROSPORDEN
PLZ 29140, Tel. Vw. 98

Information: S.I., Tel. 59 27 26, 59 20 35
Hotels:
IV **Hôtel Arvor, Z** 34
IV **Hôtel Au Gai Logis,** LF, **Z** 18
IV **Hôtel La Vieille Auberge,** LF, **Z** 8

SAINT-BRIEUC
PLZ 22000, Tel. Vw. 96

Information: S.I., Autobusbahnhof, Bd. Waldeck-Rousseau, Tel. 33 32 50
Hotels:
II **Hôtel Alexandre Ier,** Place Du Guesclin 19, **Z** 43
II **Hôtel Le Griffon,** Rue de Guernesey, **Z** 45

II **Hôtel La Pomme d'Or** (Langueux), **Z** 46
III **Hôtel Le Chêne Vert,** Autobahnausfahrt St-Laurent, **Z** 52
III **Hôtel du Commerce,** Place Du Guesclin 2, **Z** 18
III **Hôtel Ker Izel,** Rue du Gouet 20, **Z** 22
III **Mon Hôtel,** Rue Jean-Métairie 19, **Z** 48
III **Hôtel Pignon Pointu,** Rue J.-J. Rousseau 16, **Z** 17
IV **Hôtel Relais Beaufeuillage,** Rue de Paris 2, **Z** 28
IV **Hôtel Beau Soleil,** Rue Docteur Rahuel, **Z** 15
IV **Hôtel Le Goéland,** Boulevard Charner 34, **Z** 12
IV **Hôtel L'Hermitage,** Rue Houvenagle 9, **Z** 14
IV **Hôtel de la Paix,** Boulevard Charner 30, **Z** 21
IV **Hôtel Paris-Brest,** Rue de la Gare 37, **Z** 15
IV **Hôtel Tout va bien,** Rue Jules-Ferry 113, **Z** 17

SAINT-CAST-LE GUILDO
PLZ 22380, Tel. Vw. 96

Information: S.I., Place Gèneral-de-Gaulle, Tel. 41 81 52
Hotels:
II **Hôtel „Ar Vro",** LF, **Z** 47
III **Hôtel des Arcades, Z** 26
III **Hôtel des Dunes, Z** 27
III **Hôtel l'Espérance, Z** 26
III **Hôtel l'Etoile des Mers, Z** 19
III **Hôtel des Mielles, Z** 18
IV **Hôtel d'Angleterre et Panorama, Z** 38
IV **Hôtel Bon Abri, Z** 43
IV **Hôtel du Centre et des Plages, Z** 24
IV **Hôtel Julia, Z** 25

SAINT-GUÉNOLÉ-PENMARC'H
PLZ 29131, Tel. Vw. 98

Information: S.I., Place A.-Dupany, Tel. 94 60 19
Hotels:
III **Hôtel de la Mer, Z** 17
III **Hôtel Moguerou, Z** 54
III **Hôtel Les Ondines, Z** 20
III **Hôtel Sterenn, Z** 16

SAINT-MALO
PLZ 35400, Tel. Vw. 99

Information: S.I., Tel. 99
Hotels:
II **Hôtel Ajoncs d'Or,** Rue des Forgeurs 10, **Z** 21
II **Hôtel Central Mapotel,** Grande-Rue 6, **Z** 46
II **Hôtel Du Guesclin,** Place Du Guesclin 1, **Z** 23
II **Hôtel Elizabeth,** Rue des Cordiers 2, **Z** 10
II **Hôtel Mercure,** Chaussée du Sillon 2, **Z** 68
II **Hôtel des Thermes,** Boulevard Hébert 100, **Z** 82
II **Hôtel Le Valmarin,** Rue Jean-XXII 7, **Z** 10
III **Hôtel Alba,** Rue des Dunes 17, **Z** 22
III **Hôtel de l'Arrivée,** Boulevard de la République 52, **Z** 19
III **Hôtel Le Beau Rivage,** Avenue du Père Umbricht 17, **Z** 20
III **Hôtel Bristol,** Place de la Poissonnerie 4, **Z** 24
III **Hôtel Châteaubriand,** Boulevard Hébert 8, **Z** 21
III **Hôtel Le Continental,** Chaussée du Sillon 55, **Z** 26
III **Hôtel de la Digue,** Chaussée du Sillon 49, **Z** 54
III **Hôtel de France et de Chateaubriand,** Place Chateaubriand, **Z** 60
III **Hôtel la Grotte aux Fées,** Chaussée du Sillon 36, **Z** 42
III **Hôtel Le Louvre,** Rue des Marins 2/4, **Z** 47
III **Hôtel Le Manoir,** Boulevard Hébert 102, **Z** 17
III **Noguette Hôtel,** Rue de la Fosse 9, **Z** 12
III **Hôtel Le Rochebonne,** Boulevard Chateaubriand 15, **Z** 39
III **Hôtel Résidence Surcouf,** Rue de la Plage 15, **Z** 16
III **Hôtel de l'Univers,** Place de Chateaubriand, **Z** 73

SAINT-MICHEL-EN-GRÉVES
PLZ 22300, Tel. Vw. 96

Information: S.I., Tel. 35 74 41

Hotel:
III Hôtel de la Plage, Z 38

SAINT-NAZAIRE
PLZ 44600, Tel. Vw. 40

Information: S.I., Place F.-Blancho, Tel. 22 40 65
Hotels:
II Hôtel du Berry, Place de la Gare 1, **Z** 27
III Hôtel du Dauphin, Rue J.-Jaurès 33, **Z** 23
IV Hôtel Atlantic, Bd. de la Libèration 76, **Z** 10
IV Hôtel La Galathée, Z 12
IV Hôtel Lapeyre, Z 28
IV Hôtel Océanic, Z 15
IV Hôtel de Touraine, Z 18

SAINT-QUAY-PORTRIEUX
PLZ 22410, Tel. Vw. 96

Information: S.I., Place de Verdun, Tel. 70 40 64
Hotels:
III Hôtel Le Gerbot d'Avoine, LF, **Z** 26
IV Hôtel Le Bretagne, LF, **Z** 15
IV Hôtel de la Jetée, Z 30
IV Modern Hôtel, Z 38

TRÉBEURDEN
PLZ 22560, Tel. Vw. 96

Information: S.I., Place Crech'Hèry, Tel. 23 51 64
Hotels:
II Manoir de Lan Kerellec, Z 11
III Family Hôtel, LF, **Z** 25
III Hôtel Ker An Nod, LF, **Z** 20
III Hôtel Ti Al Lannec, Z 24
IV Hôtel La Potinière, Z 14

TRÉGASTEL-PLAGE
PLZ 22730, Tel. Vw. 96

Information: S.I., Place Ste-Anne, Tel. 23 88 67
Hotels:
II Armoric Hôtel, Z 55
II Hôtel Belle Vue, LF, **Z** 33
III Hôtel des Bains, Z 30
III Hôtel Le Beau Séjour, Z 20
III Hôtel de la Grève Blanche, Z 28
III Grand Hôtel de la Mer et de la Plage, Z 40

VAL-ANDRÉ (LE) – PLENEUF
PLZ 22370, Tel. Vw. 96

Information: S.I., Casino, Tel. 72 20 55
Hotels:
III Hôtel Le Clemenceau, Z 23
III Grand Hôtel du Val André, Z 39
III Hôtel du Petit Prince, Z 55
IV Hôtel de France, Z 55
IV Grand Hôtel des Bains, Z 26
IV Hôtel de la Mer, Z 20
IV Hôtel Regina, Z 28

VANNES
PLZ 56000, Tel. Vw. 97

Information: S.I., Rue Thiers 29, Tel. 47 24 34
Hotels:
II Hôtel Maneche Océan, Rue du Colonel Maury 31, **Z** 42
II Hôtel La Marebaudière, Rue Aristide-Briand 4, **Z** 40
III Hôtel Anne de Bretagne, Rue Olivier-de-Clisson 42, **Z** 20
III Hôtel Ibis, Rue Emile-Jourdan, **Z** 59
III Hôtel A l'Image Sainte-Anne, Place de la Libération 8–10, **Z** 30
III Hôtel Le Roof, Halbinsel Conleau, **Z** 11
IV Hôtel Le Bretagne, Rue du Mené 34, **Z** 12
IV Hôtel La Chaumière, Place de la Libération 12, **Z** 12
IV Hôtel de Clisson, Rue Olivier-de-Clisson 11, **Z** 12
IV Hôtel La Marée Bleue, Place Bir Hakeim 8, **Z** 16
IV Hôtel Modern', Rue de la Boucherie 2, **Z** 27
IV Hôtel Nizan, Avenue Victor-Hugo 57, **Z** 25
IV Hôtel Le Relais du Golfe, Place du Général-de-Gaulle 10, **Z** 14
IV Hôtel Le Relais Nantais, Rue Aristide-Briand 38, **Z** 15
IV Hôtel de Verdun, Avenue de Verdun 10, **Z** 24

VITRÉ
PLZ 35500, Tel. Vw. 99

Information: S.I., Place St. Yves, Tel. 750446
Hotels:
III Hôtel Petit Billot, Z 23
IV Hôtel Le Chêne Vert, Z 22

VIVIER-SUR-MER (LE)
PLZ 35960, Tel. Vw. 99
Hotels:
III Hôtel de Bretagne, Z 22
IV Hôtel de la Mer et Emeraude, Z 17

Register

KARTEN

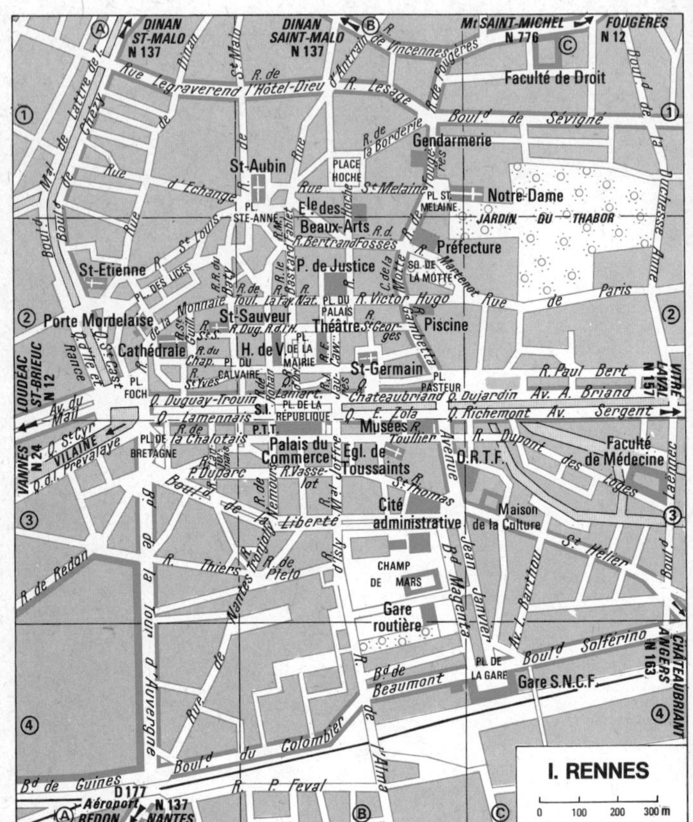

DINAN
ST-MALO
N 137
DINAN
SAINT-MALO
N 137
Mt SAINT-MICHEL
N 776
FOUGÈRES
N 12
Faculté de Droit
Gendarmerie
St-Aubin
PLACE HOCHE
Notre-Dame
JARDIN DU THABOR
Beaux-Arts
Préfecture
P. de Justice
St-Etienne
St-Sauveur
Porte Mordelaise
Théâtre
Piscine
Cathédrale
H. de V.
St-Germain
LOUDEAC
ST-BRIEUC
N 12
VITRE
LAVAL
N 157
S.I.
PL. DE LA RÉPUBLIQUE
P.T.T.
Musées
Palais du Commerce
Egl. de Toussaints
O.R.T.F.
Faculté de Médecine
VANNES
N 24
VILAINE
Cité administrative
Maison de la Culture
CHAMP DE MARS
Gare routière
CHATEAUBRIANT
ANGERS
N 163
PL. DE LA GARE
Gare S.N.C.F.
D 177
Aéroport
REDON
N 137
NANTES
I. RENNES
0 100 200 300 m

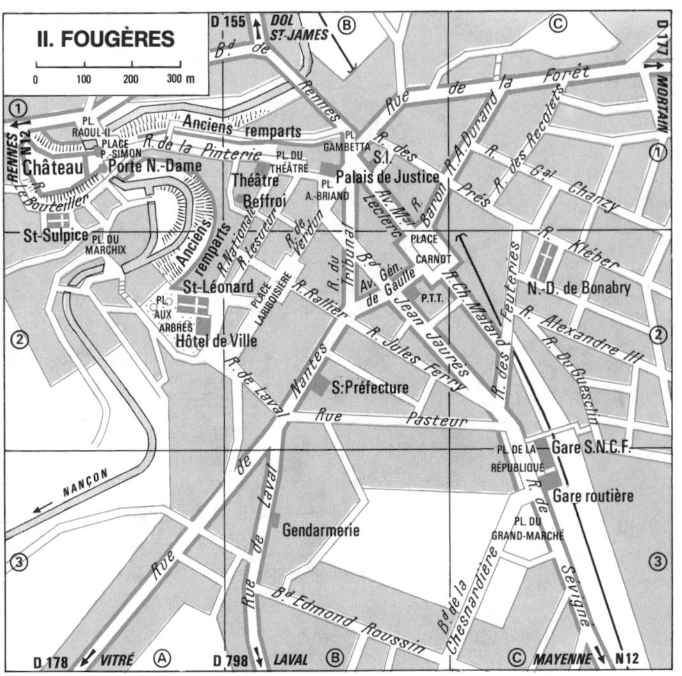
II. FOUGÈRES
0 100 200 300 m
D 155
DOL
ST-JAMES
Bd de Rennes
Rue de la Forêt
D 177
MORTAIN
RENNES N 12
PL. RAOUL-II
PLACE P.-SIMON
Château
Porte N.-Dame
Anciens remparts
R. de la Pinterie
PL. DU THÉÂTRE
PL. GAMBETTA
S.I.
Palais de Justice
Théâtre
Beffroi
PL. A.-BRIAND
R. des Prés
R. A. Durand
R. des Recolets
R. Gal Chanzy
R. Le Bouteiller
St-Sulpice
PL. DU MARCHIX
R. Nationale
R. Lesueur
R. de Verdun
R. du Tribunal
Av. Mal Leclerc
R. Baron
PLACE CARNOT
R. Kléber
N.-D. de Bonabry
St-Léonard
PLACE LARIBOISIÈRE
Av. Gén. de Gaulle
P.T.T.
R. Ch. Malard
R. Alexandre III
PL. AUX ARBRES
Hôtel de Ville
R. Rallier
R. Jules Ferry
Jean Jaurès
R. des Feuteries
R. Du Guesclin
R. de Laval
Nantes
S.-Préfecture
Rue Pasteur
PL. DE LA RÉPUBLIQUE
Gare S.N.C.F.
Gare routière
NANÇON
Rue de Laval
Gendarmerie
PL. DU GRAND-MARCHÉ
R. de Sévigné
Bd de la Chesnardière
Bd Edmond Roussin
D 178 VITRÉ
D 798 LAVAL
MAYENNE N 12

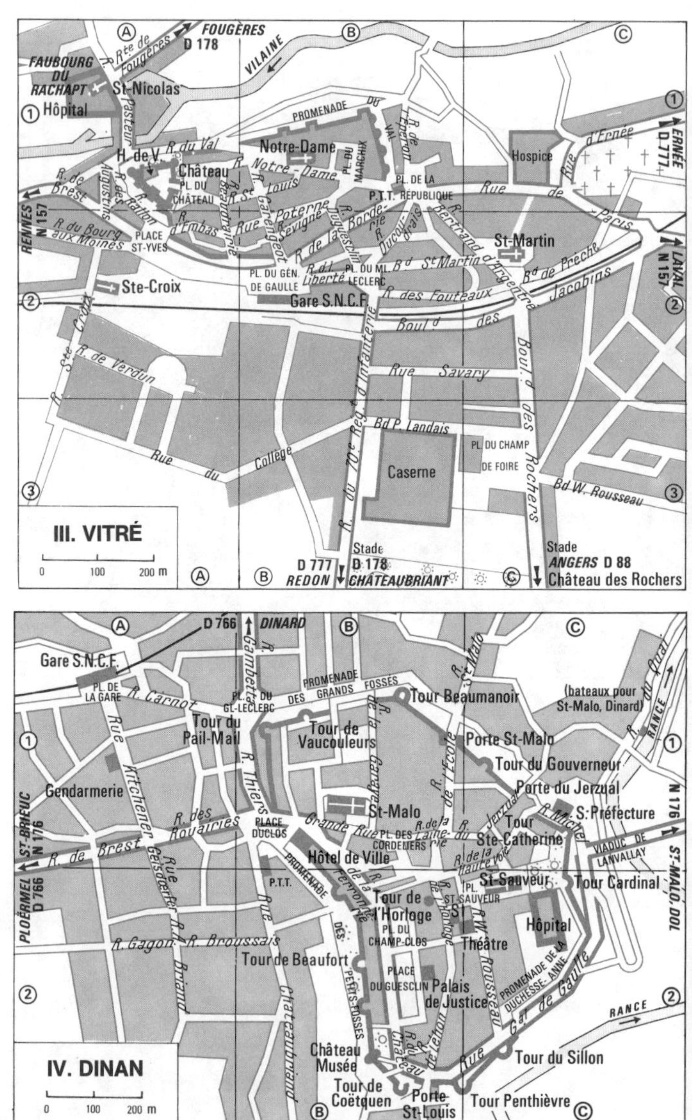
III. VITRÉ
IV. DINAN
FOUGÈRES D 178
VILAINE
FAUBOURG DU RACHAPT
St-Nicolas
Hôpital
Notre-Dame
Château
H. de V.
PL. DU CHÂTEAU
PLACE ST-YVES
Ste-Croix
PL. DU GÉN. DE GAULLE
PL. DU ML. LECLERC
Gare S.N.C.F.
P.T.T.
PL. DE LA RÉPUBLIQUE
Hospice
St-Martin
Caserne
PL. DU CHAMP DE FOIRE
Stade
RENNES N 157
ERNÉE D 777
LAVAL N 157
D 777 REDON
D 178 CHÂTEAUBRIANT
ANGERS D 88
Château des Rochers
Gare S.N.C.F.
PL. DE LA GARE
D 766 DINARD
Tour du Pail-Mail
Tour de Vaucouleurs
Tour Beaumanoir
Porte St-Malo
Tour du Gouverneur
Porte du Jerzual
S:Préfecture
(bateaux pour St-Malo, Dinard)
RANCE
Gendarmerie
St-Malo
PLACE DUCLOS
Hôtel de Ville
Tour Ste-Catherine
St-Sauveur
Tour Cardinal
VIADUC DE LANVALLAY
P.T.T.
Tour de l'Horloge
PL. DU CHAMP-CLOS
Théâtre
Hôpital
Tour de Beaufort
PLACE DU GUESCLIN
Palais de Justice
Château Musée
Tour de Coëtquen
Porte St-Louis
Tour du Sillon
Tour Penthièvre
ST-BRIEUC N 176
PLOËRMEL D 766
N 176 ST-MALO, DOL
0 100 200 m

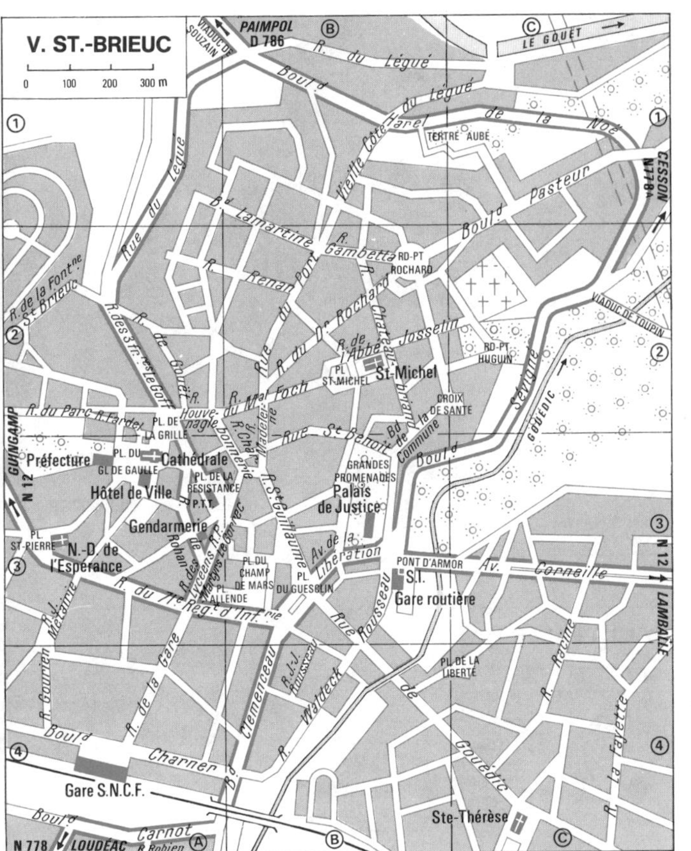
V. ST.-BRIEUC
0 100 200 300 m
PAIMPOL
D 786
VIADUC DE SOUZAIN
LE GOUËT
R. du Légué
Boul^d de la Noë
TERTRE AUBÉ
CESSON
N 778 A
Bd. Lamartine
R. Gambetta
RD-PT ROCHARD
Boul^d Pasteur
R. Renan
Rue du Légué
R. de la Font^ne St Brieuc
VIADUC DE TOUPIN
R. du Dr Rochard
R. de l'Abbé Josselin
RD-PT HUGUIN
St-Michel
PL. ST-MICHEL
R. du M^al Foch
CROIX DE SANTE
GOUËDIC
Rue St Benoit
Bd de la Commune
R. du Parc
R. Fardel
PL. DE LA GRILLE
GUINGAMP
N 12
Préfecture
PL. DU GL DE GAULLE
Cathédrale
PL. DE LA RÉSISTANCE
P.T.T.
Hôtel de Ville
GRANDES PROMENADES
Palais de Justice
Gendarmerie
PL. ST-PIERRE
N.-D. de l'Espérance
R. de Rohan
PL. DU CHAMP DE MARS
PL. ALLENDE
PL. DU GUESCLIN
Av. de la Libération
PONT D'ARMOR
Av. Corneille
S.I.
Gare routière
LAMBALLE
R. du 71e Rég^t d'Inf^rie
R. de la Gare
R. Gourien
Clemenceau
R. J.-J. Rousseau
R. Waldeck
Rue Rousseau
PL. DE LA LIBERTÉ
R. Racine
R. de Gouëdic
R. La Fayette
Boul^d Charner
Gare S.N.C.F.
Ste-Thérèse
Boul^d Carnot
N 778
LOUDÉAC
R. Robien

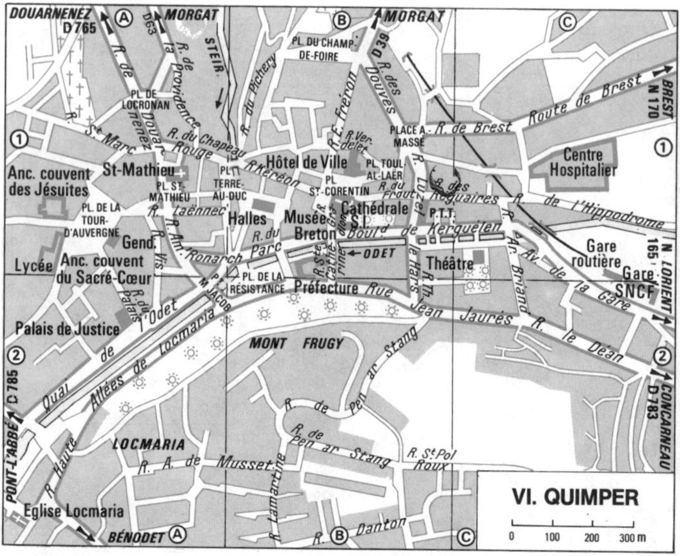

VI. QUIMPER

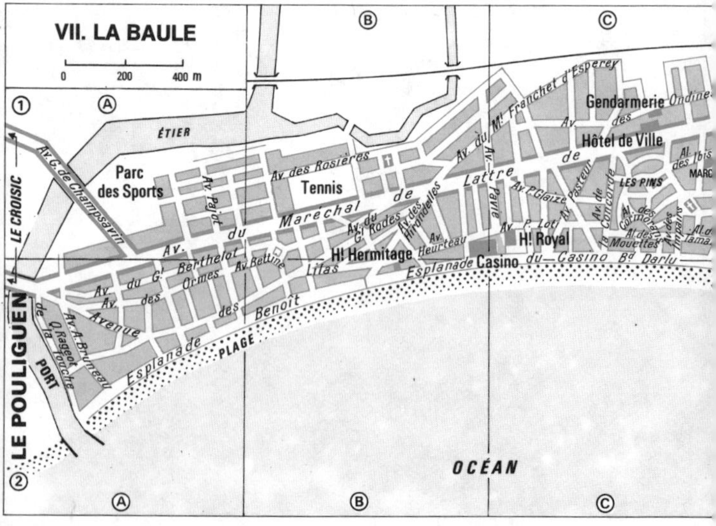

0 100 200 300 m

VII. LA BAULE

0 200 400 m

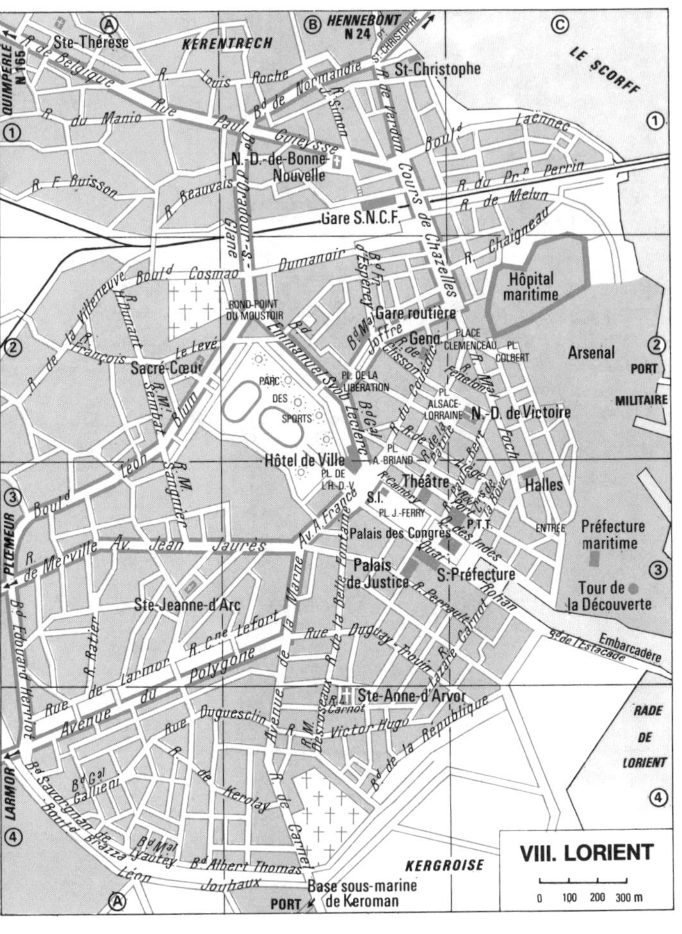
VIII. LORIENT
0 100 200 300 m
HENNEBONT
N 24
QUIMPERLÉ
N 165
PLŒMEUR
LARMOR
LE SCORFF
KERENTRECH
KERGROISE
RADE DE LORIENT
PORT MILITAIRE
Ste-Thérèse
St-Christophe
N.-D.-de-Bonne-Nouvelle
Gare S.N.C.F.
Hôpital maritime
Arsenal
Gare routière
Gend.
PLACE CLEMENCEAU
PL. COLBERT
N.-D. de Victoire
Sacré-Cœur
PARC DES SPORTS
ROND-POINT DU MOUSTOIR
Hôtel de Ville
Théâtre
S.I.
Halles
P.T.T.
Palais des Congrès
Palais de Justice
S.-Préfecture
Préfecture maritime
Tour de la Découverte
Embarcadère
Ste-Jeanne-d'Arc
Ste-Anne-d'Arvor
Base sous-marine de Keroman
PORT
ENTRÉE

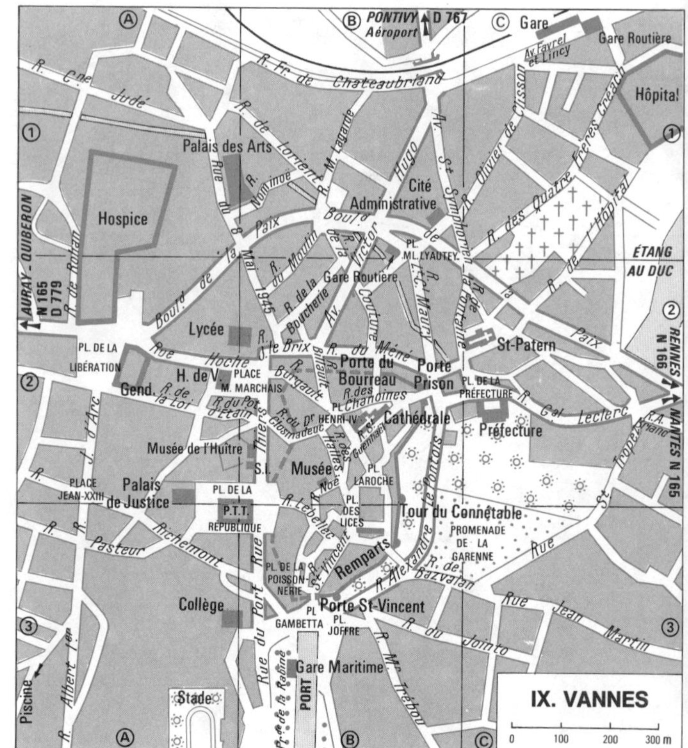
IX. VANNES
0
100
200
300 m
PONTIVY
Aéroport
D 767
Gare
Gare Routière
Hôpital
R. Fr. de Chateaubriand
Av. Favrel et Lincy
R. Cne Judé
R. de Lorient
R. M. Lagarde
Hugo
Av. St Symphorien
R. Olivier de Clisson
R. des Frères Créach
Palais des Arts
Rue du 8 Mai 1945
R. Nominoë
Cité Administrative
Hospice
AURAY - QUIBERON N 165 D 779
R. de Rohan
Bould. de la Paix
Bould. de la Paix
R. du Moulin
R. de la Gare Routière
R. des Quatre
R. de l'Hôpital
PL. ML. LYAUTEY
ÉTANG AU DUC
R. de la Boucherie
Av. Victor
R. Lt. Cl. Maury
R. de la Fontaine
Coutures
Lycée
R. J. le Brix
R. du Méné
St-Patern
RENNES N 166
PL. DE LA LIBÉRATION
Rue Hoche
H. de V.
PLACE M. MARCHAIS
Gend.
R. de la Loi
R. Billault
R. Burgault
Porte du Bourreau
Porte Prison
PL. DE LA PRÉFECTURE
R. Gal Leclerc
R. des Chanoines
R. du Pot d'Etain
R. Thiers
R. du Closmadeuc
PL. Dr HENRI-IV
Cathédrale
R. St Guenhaël
Préfecture
R. A. Briand
NANTES N 165
R. J. d'Arc
Musée de l'Huître
R. des Halles
S.I.
Musée
R. Noë
PL. LAROCHE
R. le Pontois
R. St Tropez
PLACE JEAN-XXIII
Palais de Justice
PL. DE LA P.T.T. RÉPUBLIQUE
R. Lebellec
PL. DES LICES
Tour du Connétable
PROMENADE DE LA GARENNE
R. Pasteur
Richemont
Rue du Port
R. St Vincent
Remparts
R. Alexandre
R. de Bazvalan
Rue
PL. DE LA POISSONNERIE
Collège
PL. GAMBETTA
Porte St-Vincent
PL. JOFFRE
Rue Jean Martin
R. du Jointo
R. Albert 1er
Piscine
Gare Maritime
R. Mr Trébou
Stade
Pr. de de la Rabine
PORT
A
B
C
1
2
3

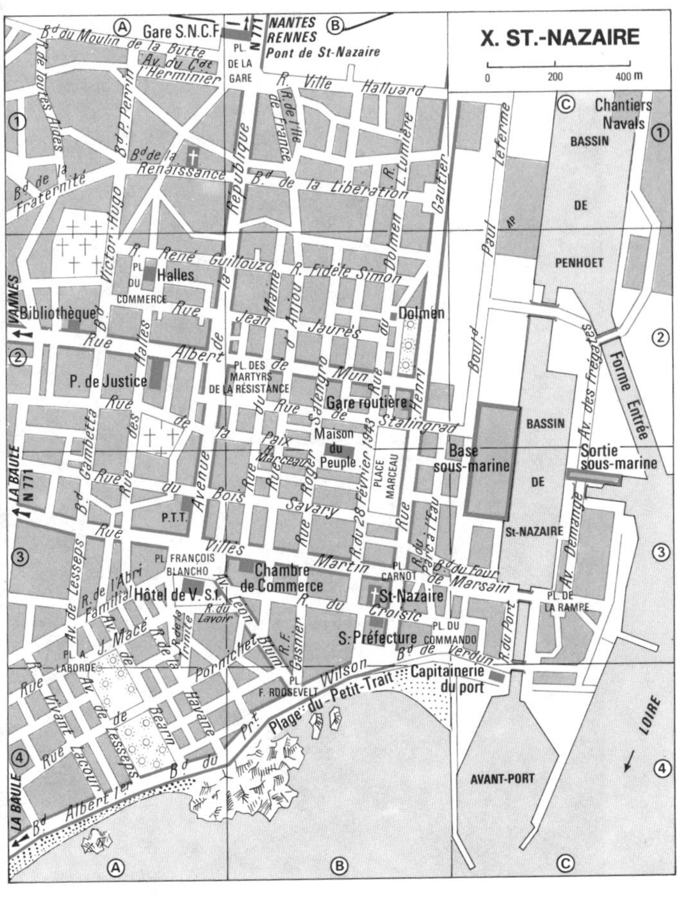

X. ST.-NAZAIRE
0
200
400 m
Gare S.N.C.F.
NANTES
RENNES
Pont de St-Nazaire
N 771
PL. DE LA GARE
Chantiers Navals
BASSIN DE PENHOET
Forme Entrée
BASSIN DE St-NAZAIRE
Base sous-marine
Sortie sous-marine
AVANT-PORT
LOIRE
VANNES
LA BAULE N 771
LA BAULE
Bibliothèque
Halles
PL. DU COMMERCE
P. de Justice
PL. DES MARTYRS DE LA RÉSISTANCE
Gare routière
Dolmen
Maison du Peuple
PLACE MARCEAU
P.T.T.
PL. FRANÇOIS BLANCHO
Chambre de Commerce
Hôtel de V. S.I.
PL. CARNOT
St-Nazaire
S. Préfecture
PL. DU COMMANDO
PL. DE LA RAMPE
Capitainerie du port
PL. F. ROOSEVELT
PL. A. LABORDE
Plage du Petit-Trait
Bd du Moulin de la Butte
Av. du Cdt l'Herminier
R. Ville Halluard
R. de l'Ile de France
R. de toutes Aides
Bd P. Perrin
Bd de la Renaissance
Bd de la Fraternité
Bd de la Libération
R. L. Lumière
Gautier
Bd Paul Leferme
Victor Hugo
R. René Guillouzo
R. Fidèle Simon
Rue du Dolmen
Rue Jean Jaurès
Rue Albert de Mun
Rue de Stalingrad
Rue du Maine
Rue d'Anjou
Rue Henri Gautier
Rue de la Paix
Rue Marceau
Rue Roger Salengro
R. du 28 Février 1943
Rue Savary
Rue des Halles
Bd Gambetta
Rue de la République
Avenue de la République
Rue du Bois Savary
Rue Villes Martin
Bd de Lesseps
Av. de Lesseps
R. de l'Abri Familial
Av. J. Macé
R. de la Trinité
R. du Lavoir
Av. Léon Blum
R. F. Gasnier
Rue du Croisic
R. du Parc à l'Eau
Bd du Four de Marsain
Bd de Verdun
R. du Port
Bd Wilson
Prt Pornichet
Rue Havane
Rue de Béarn
Rue Vivant Lacour
Bd du Prt Albert Ier
Av. des Frégates
Av. Demange

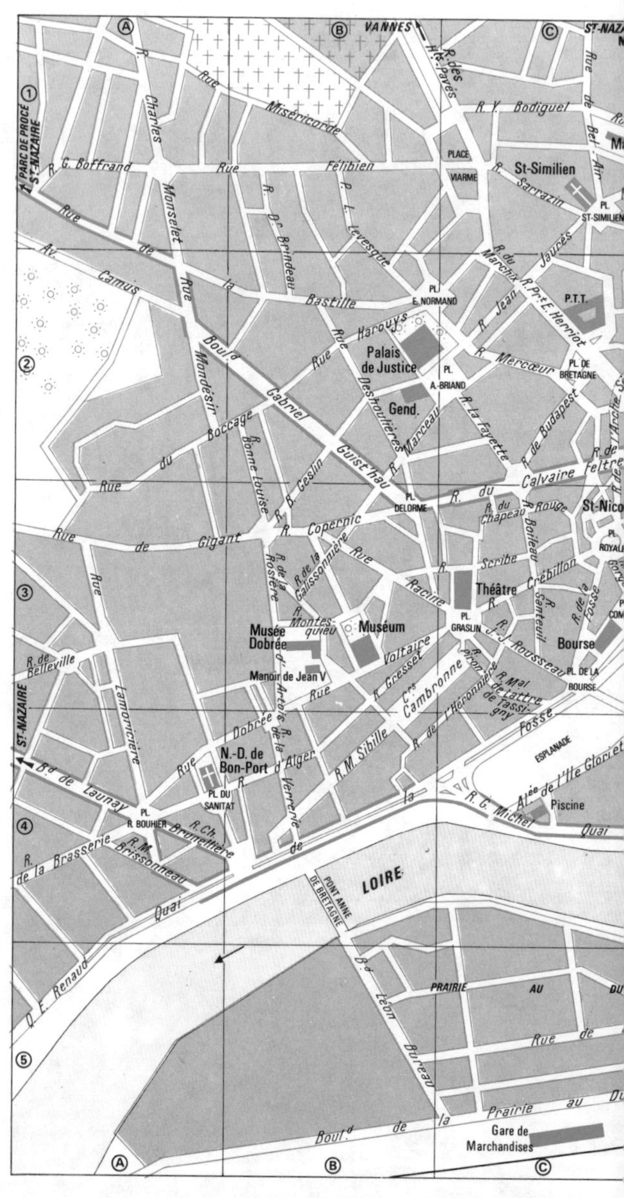
VANNES
ST-NAZAIRE
PARC DE PROCÉ ST-NAZAIRE
R. Charles
Rue Miséricorde
R. des Hts-Pavés
R. Y. Bodiguel
Rue de Bel-Air
PLACE VIARME
St-Similien
R. Sarrazin
PL. ST-SIMILIEN
R. G. Boffrand
Rue Félibien
R. Dr Brindeau
P. L. Levesque
Monselet
Rue de la Bastille
Av. Camus
PL. E. NORMAND
R. du Marchix
Jaurès
R. Jean
R. Prt E. Herriot
P.T.T.
Rue Harouys
Palais de Justice
PL. A.-BRIAND
R. Mercœur
PL. DE BRETAGNE
Bould Gabriel Guist'hau
Rue Mondésir
Rue Deshoulières
Gend.
R. Marceau
R. La Fayette
R. de Budapest
R. de Feltre
R. de l'Arche Sèche
Rue du Boccage
R. Bonne Louise
R. B. Geslin
Rue du Calvaire
PL. DELORME
R. du Chapeau Rouge
R. Boileau
St-Nico
PL. ROYALE
Rue de Gigant
R. Copernic
Rue Racine
R. Scribe
R. Crébillon
R. de la Rosière
R. de la Galissonnière
Théâtre
R. Santeuil
R. de la Fosse
Rue
R. Montesquieu
Muséum
Musée Dobrée
PL. GRASLIN
R. J.-J. Rousseau
Bourse
R. de Belleville
Voltaire
R. Gresset
R. Piron
Crs Cambronne
R. Mal de Lattre de Tassigny
PL. DE LA BOURSE
Manoir de Jean V
Rue Dobrée
R. d'Artois
L'Amoricière
R. de l'Héronnière
Fosse
ESPLANADE
ST-NAZAIRE
R. de la Verrerie
N.-D. de Bon-Port
R. d'Alger
R. M. Sibille
Alée de l'Ile Gloriet
Bd de Launay
Rue
PL. DU SANITAT
R. G. Michel
Piscine
PL. R. BOUHIER
R. Ch. Brunellière
Quai de la
R. de la Brasserie
R. M. Brissonneau
PONT ANNE DE BRETAGNE
LOIRE
Quai
Q. E. Renaud
Bd Léon Bureau
PRAIRIE AU DU
Rue de
Boutd de la Prairie au Du
Gare de Marchandises
A
B
C
1
2
3
4
5

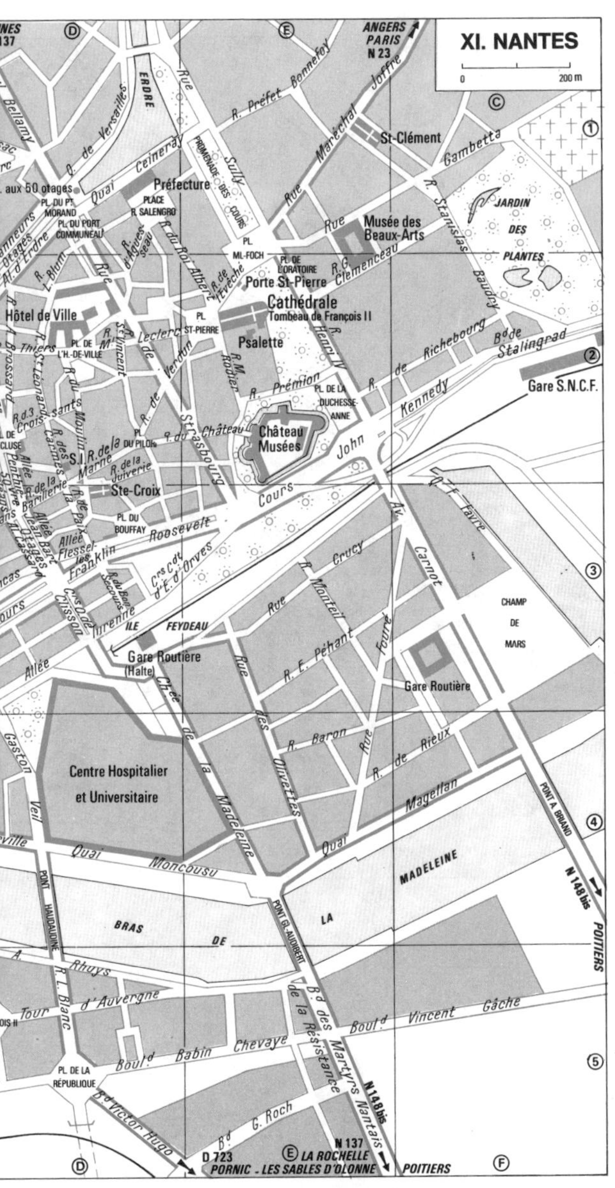
XI. NANTES
0
200 m
ANGERS
PARIS
N 23
St-Clément
Préfecture
Musée des
Beaux-Arts
JARDIN
DES
PLANTES
Porte St-Pierre
Cathédrale
Tombeau de François II
Psalette
Hôtel de Ville
Gare S.N.C.F.
Château
Musées
Ste-Croix
CHAMP
DE
MARS
Gare Routière
Gare Routière
(Halte)
ILE
FEYDEAU
Centre Hospitalier
et Universitaire
MADELEINE
BRAS
DE
LA
PONT A BRIAND
N 148 bis
POITIERS
PL. DE LA
RÉPUBLIQUE
D 723
PORNIC - LES SABLES D'OLONNE
N 137
LA ROCHELLE
N 148 bis
POITIERS
R. Préfet Bonnefoy
Rue Maréchal Joffre
Gambetta
R. Stanislas Baudry
Bd de Stalingrad
R. de Richebourg
John Kennedy
Cours
Roosevelt
Franklin
Rue Crucy
R. Monteil
Rue Fouré
Av. Carnot
Q. F. Favre
R. E. Péhant
R. Baron
R. de Rieux
Quai Magellan
Quai Moncousu
Rue des Olivettes
Ch.ée de la Madeleine
PONT HAUDAUDINE
PONT GL-AUDIBERT
Bd des Martyrs Nantais
Bd de la Résistance
Boul.d Vincent Gâche
Boul.d Babin Chevaye
Bd G. Roch
Bd Victor Hugo
Tour d'Auvergne
R. L. Blanc
Rhuys
Quai Ceineray
Q. de Versailles
Rue Sully
PROMENADE DES COURS
ERDRE
PL. ML-FOCH
PL. DE L'ORATOIRE
R. G. Clémenceau
PL. ST-PIERRE
R. du Roi Albert
R. de l'Evêché
R. Leclerc
R. de Verdun
R. de Strasbourg
R. M. Rodier
R. Prémion
R. Henri IV
PL. DE LA DUCHESSE-ANNE
PLACE R. SALENGRO
PL. DU PT MORAND
PL. DU PORT COMMUNEAU
PL. DE L'H.-DE-VILLE
PL. DU PILORI
PL. DU BOUFFAY
S.I.
Crs Cdt d'E. d'Orves
Allée Turenne
Allée Flesselles
Cs O. de Clisson
Gaston Veil
Quai
Allée
Bellamy
R. Thiers
R. St Léonard
R. du Moulin
R. de la Juiverie
R. de la Marne
R. de la Barillerie
R. de la Paix
R. des Carmes
Allée Jean Bart
Rue

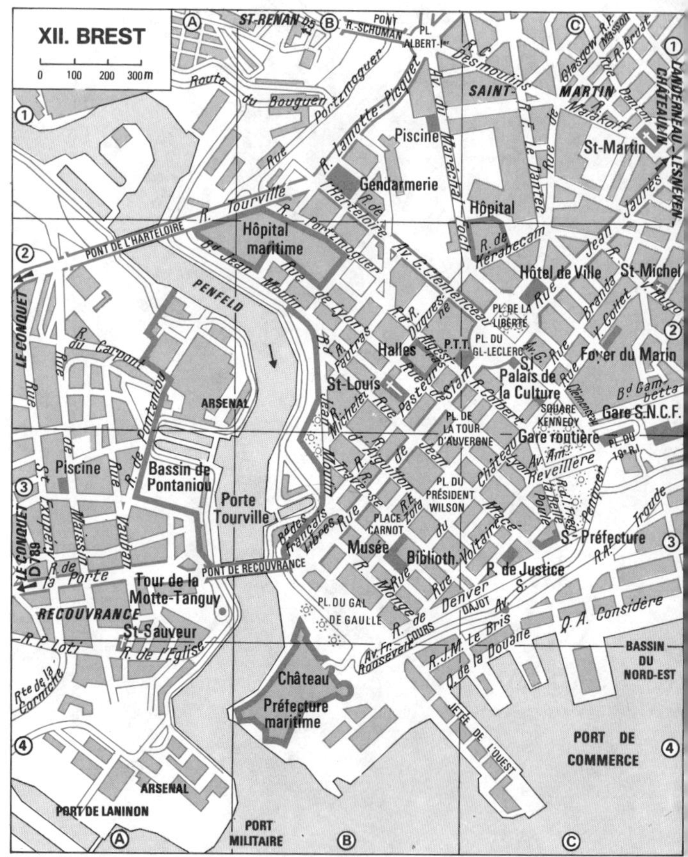
XII. BREST
0 100 200 300 m
Hôpital maritime
PENFELD
ARSENAL
Bassin de Pontaniou
Porte Tourville
PONT DE RECOUVRANCE
Tour de la Motte-Tanguy
RECOUVRANCE
St-Sauveur
Château
Préfecture maritime
PORT MILITAIRE
PORT DE LANINON
PORT DE COMMERCE
BASSIN DU NORD-EST
Gendarmerie
Piscine
Hôpital
Hôtel de Ville
St-Michel
St-Martin
SAINT-MARTIN
Halles
St-Louis
Palais de la Culture
Foyer du Marin
Gare S.N.C.F.
Gare routière
Musée
Biblioth.
P. de Justice
S. Préfecture
PL. DE LA LIBERTÉ
PL. DU GL-LECLERC
SQUARE KENNEDY
PL. DE LA TOUR-D'AUVERGNE
PL. DU PRÉSIDENT WILSON
PLACE CARNOT
PL. DU GAL DE GAULLE
PONT DE L'HARTELOIRE
PONT R.-SCHUMAN
PL. ALBERT-Ier
ST-RENAN D5
LE CONQUET
LE CONQUET D789
LANDERNEAU-LESNEVEN-CHÂTEAULIN
JETÉE DE L'OUEST
COURS DAJOT

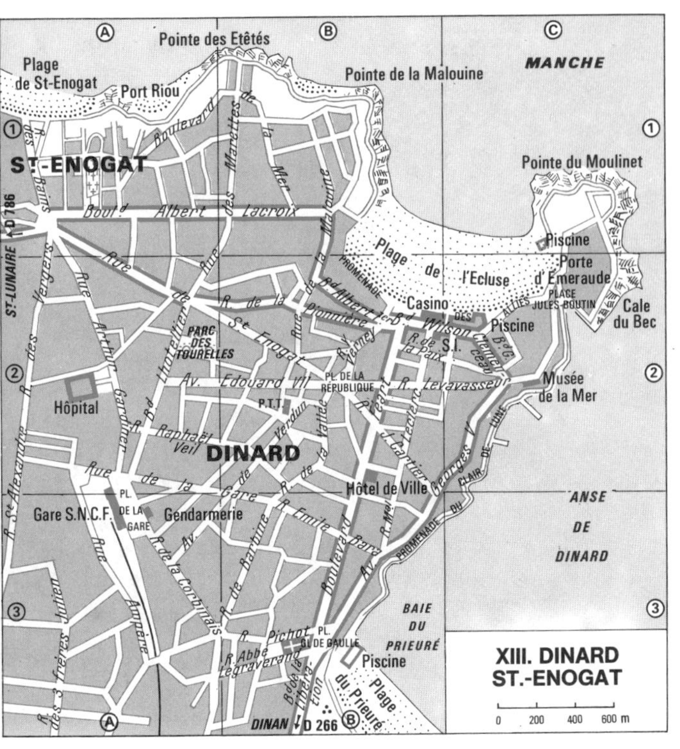
Pointe des Etêtés
MANCHE
Plage de St-Enogat
Port Riou
Pointe de la Malouine
ST-ENOGAT
Pointe du Moulinet
Boulevard des Marettes
Rue de la Mer
Boulᵈ Albert Lacroix
Rue de la Malouine
D 786
ST-LUNAIRE
Plage de l'Ecluse
Piscine
Porte d'Emeraude
Place Jules Boutin
Cale du Bec
Casino
Piscine
S.I.
Musée de la Mer
Hôpital
Parc des Tourelles
Av. Edouard VII
Pl. de la République
R. Levavasseur
P.T.T.
DINARD
Hôtel de Ville
Gare S.N.C.F.
Pl. de la Gare
Gendarmerie
Rue de la Gare
R. Emile Bara
ANSE DE DINARD
BAIE DU PRIEURÉ
Piscine
Plage du Prieuré
Pl. Gl de Gaulle
R. Pichot
R. Abbé Legraverand
DINAN D 266
XIII. DINARD ST.-ENOGAT
0 200 400 600 m

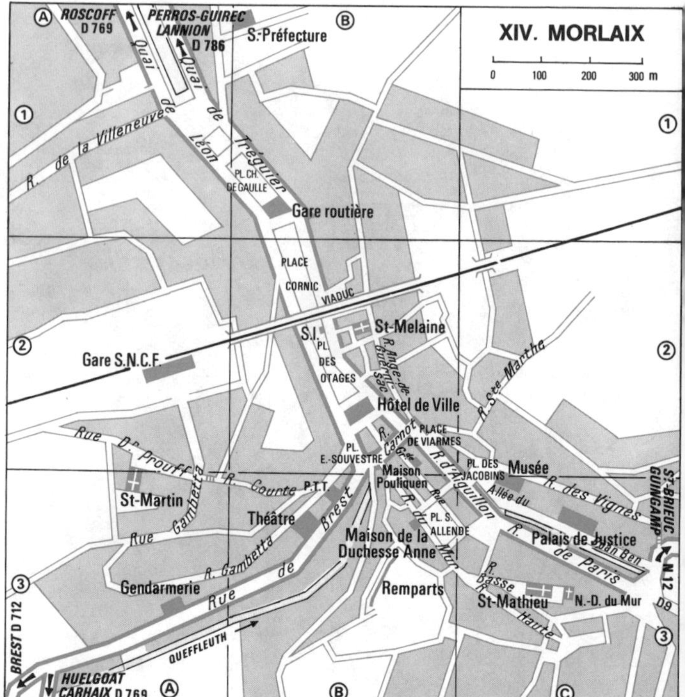

XIV. MORLAIX
0
100
200
300 m
ROSCOFF D 769
PERROS-GUIREC LANNION D 786
S.-Préfecture
Quai de Léon
Quai de Tréguier
R. de la Villeneuve
PL. CH. DE GAULLE
Gare routière
PLACE CORNIC
VIADUC
S.I.
St-Melaine
PL. DES OTAGES
Gare S.N.C.F.
R. Ange-de-Guernisac
R. Ste-Marthe
Hôtel de Ville
PLACE DE VIARMES
R. Carnot
Rue Dr. Prouff
PL. E.-SOUVESTRE
Maison Pouliquen
R. d'Aiguillon
PL. DES JACOBINS
Musée
R. des Vignes
ST-BRIEUC GUINGAMP
R. Courte
P.T.T.
St-Martin
Rue Gambetta
Théâtre
Rue de Brest
R. du Mur
PL. S. ALLENDE
Allée du
R. Palais de Justice
Jean Ben
R. de Paris
Maison de la Duchesse Anne
R. Gambetta
N 12
Gendarmerie
Remparts
R. Basse
St-Mathieu
N.-D. du Mur
D9
R. Haute
QUEFFLEUTH
BREST D 712
HUELGOAT CARHAIX D 769

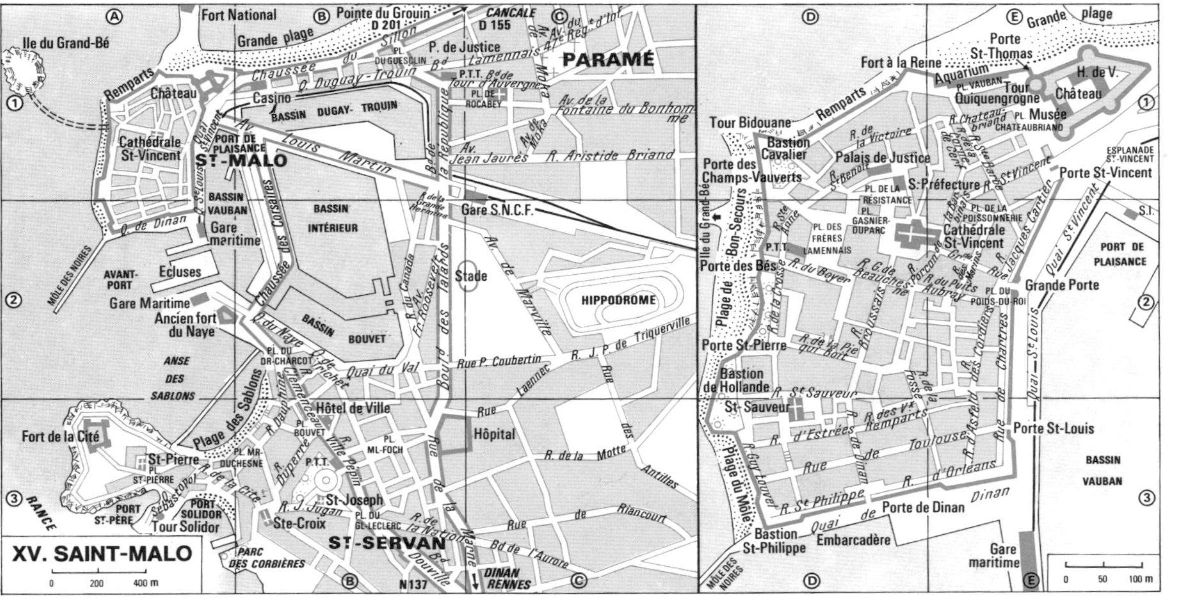
XV. SAINT-MALO
0 200 400 m
ST-MALO
PARAMÉ
ST-SERVAN
Ile du Grand-Bé
Remparts
Château
Cathédrale St-Vincent
Fort National
Grande plage
Pointe du Grouin D 201
CANCALE D 155
P. de Justice
Casino
BASSIN DUGAY-TROUIN
PORT DE PLAISANCE
BASSIN VAUBAN
Gare maritime
BASSIN INTÉRIEUR
BASSIN BOUVET
Ecluses
AVANT-PORT
Gare Maritime
Ancien fort du Naye
ANSE DES SABLONS
MÔLE DES NOIRES
Gare S.N.C.F.
Stade
HIPPODROME
Hôpital
Hôtel de Ville
Fort de la Cité
St-Pierre
PORT ST-PÈRE
PORT SOLIDOR
Tour Solidor
RANCE
Ste-Croix
St-Joseph
PARC DES CORBIÈRES
DINAN RENNES
N137
Plage des Sablons
Fort à la Reine
Porte St-Thomas
Aquarium
Tour Quiquengrogne
H. de V.
Musée
Tour Bidouane
Bastion Cavalier
Palais de Justice
S.-Préfecture
Porte des Champs-Vauverts
Porte St-Vincent
ESPLANADE ST-VINCENT
PORT DE PLAISANCE
S.I.
Plage de Bon-Secours
Ile du Grand-Bé
Porte des Bés
Grande Porte
Porte St-Pierre
Bastion de Hollande
St-Sauveur
Porte St-Louis
BASSIN VAUBAN
Plage du Môle
Porte de Dinan
Bastion St-Philippe
Embarcadère
Gare maritime
0 50 100 m

XVI. MONT SAINT-MICHEL

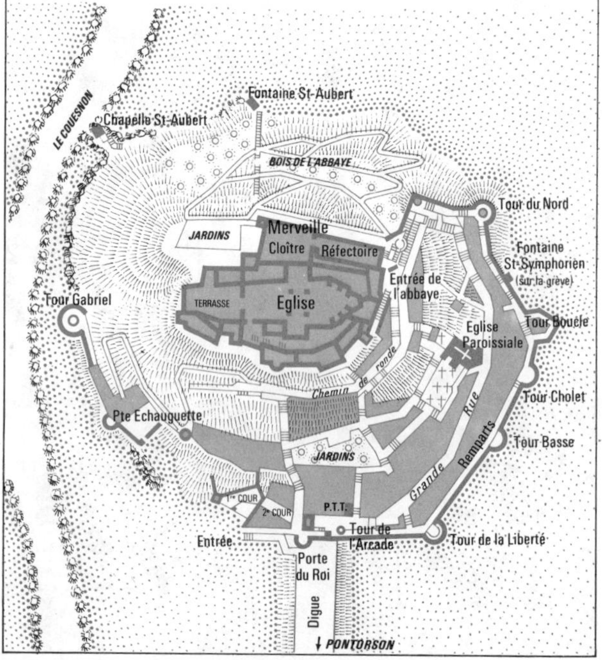

Fontaine St-Aubert
Chapelle St-Aubert
LE COUESNON
BOIS DE L'ABBAYE
Tour du Nord
JARDINS
Merveille
Cloître
Réfectoire
Fontaine
St-Symphorien
(sur la grève)
Entrée de
l'abbaye
Tour Gabriel
TERRASSE
Eglise
Eglise
Paroissiale
Tour Boucle
Chemin de ronde
Tour Cholet
Pte Echauguette
Rue
Tour Basse
JARDINS
Remparts
Grande
1re COUR
2e COUR
P.T.T.
Tour de
l'Arcade
Tour de la Liberté
Entrée
Porte
du Roi
Digue
↓ PONTORSON